MAX VERSTAPPEN

JAMES GRAY

MAX VERSTAPPEN

CONOCE A LA NUEVA ESTRELLA DE LA FÓRMULA UNO

indicios

Argentina – Chile – Colombia – España
Estados Unidos – México – Perú – Uruguay

Título original: *Max Verstappen*
Editor original: Icon Books
Traducción: Andrés Ruster López

1.ª edición Septiembre 2022

Copyright © James Gray 2022
All Rights Reserved
Copyright © 2022 *by* Ediciones Urano, S.A.U.
Plaza de los Reyes Magos, 8, piso 1.º C y D – 28007 Madrid
www.indicioseditores.com

ISBN: 978-84-15732-55-6
E-ISBN: 978-84-19251-64-0
Depósito legal: B-13.137-2022

Fotocomposición: Ediciones Urano, S.A.U.

Impreso por: Romanyà-Valls – Verdaguer, 1 – 08786 Capellades (Barcelona)

Impreso en España – *Printed in Spain*

ÍNDICE

PRÓLOGO

«Necesitamos un milagro.»

El jefe de Red Bull, Christian Horner, lo decía en serio. Max Verstappen estaba tratando de perseguir a Lewis Hamilton en las etapas finales de la carrera por el título más dramática de la era moderna, los dos pilotos empatados en puntos antes de la carrera, pero el piloto británico estaba ahora por delante en la pista. En las gradas, miles de aficionados holandeses ataviados de naranja, con las uñas mordidas hasta la médula, apretaron sus manos juntas en oración a cualquier deidad que pensaran que podría ayudar a que Max cerrara la brecha que los separaba.

Ese día, Mercedes tenía el automóvil más rápido. Abu Dabi era un lugar en el que habían dominado las carreras, pero Red Bull había estado lo suficientemente cerca para que Verstappen consiguiera la *pole position* el sábado. Sin embargo, Hamilton tuvo un arranque perfecto desde la línea y se puso al frente, a pesar de correr con neumáticos medianos que eran más duros. Los neumáticos blandos de Max deberían haberle dado ventaja, pero Hamilton la anuló. La Fórmula Uno es un deporte de opciones contrapuestas: si reduces la carga aerodinámica para tener más velocidad en las rectas, tendrás menos agarre en las curvas; gasta más dinero en un piloto y tendrás menos para desarrollar el automóvil; entra a poner neumáticos nuevos y sé más rápido o mantén la posición en pista pero con neumáticos más lentos.

La estrategia de neumáticos es crucial: los neumáticos más blandos son más rápidos, pero no duran tanto tiempo, por lo que Max sabía que tenía que hacer la primera parte de la carrera rápido. Correr detrás de

Hamilton no era parte del plan y podría acabar en derrota. Se abalanzó por el interior de la horquilla.

Durante semanas, las charlas en el *paddock* habían sido sobre qué tan agresivo correría Max en la carrera final de una temporada que será recordada por muchos, debido a una serie de choques entre él y Hamilton. Apenas pasadas seis curvas, Verstappen demostró que sería una guerra sin cuartel.

Hamilton, a sabiendas de que un accidente que dejara a ambos fuera de la carrera le daría el título a Verstappen, no tomó la curva. En Mónaco se habría dado contra la pared. En Silverstone hubiera quedado atrapado en la grava. Pero en Abu Dabi hay un espacio infinito. Eludió las curvas seis y siete, yendo derecho. Max tomó las curvas como corresponde y salió de ellas a un segundo detrás de Hamilton. Su pulgar izquierdo apretó el botón de radio.

«Él tiene que devolverme la posición», suplicó Max en la radio, un mensaje menos para su equipo y más para el director de carrera Michael Masi, el muy difamado árbitro que tiene que dilucidar tales incidentes. El australiano no estuvo de acuerdo y Hamilton continuó a la cabeza. Los abogados de Red Bull garabatearon furiosamente. Los de Mercedes probablemente también lo hicieron.

Nadie cuestionaba si habría una protesta después de la carrera. Casi inevitablemente la habría. Era simplemente una cuestión de quién protestaría qué. Ambos esperaban que fuera el otro.

Y durante la mayor parte de la carrera, incluso cuando Sergio Pérez jugó un papel invaluable reteniendo a Hamilton para que Max se acercara al líder. Parecía como si Mercedes fuese la que iba a estar de fiesta y Red Bull la que litigase en la noche del Medio Oriente y más allá.

Entonces, se produjo el milagro. Nicholas Latifi, quien finalizó 17° en el campeonato mundial de pilotos, tuvo un impacto sísmico en una carrera por el título mundial que probablemente nunca vuelva a tener. El conductor de Williams golpeó contra las barreras protectoras a cinco vueltas para el final, bloqueando la pista y haciendo salir al coche de seguridad. Esto eliminó la ventaja que llevaba Hamilton y permitió a Max acudir a boxes para poner neumáticos nuevos.

Pero Red Bull necesitaba un poco más de polvo milagroso. Habían quedado una serie de coches rezagados entre Hamilton y Verstappen en la cola que se formó detrás del coche de seguridad. Formaban una barrera protectora para Hamilton, que en ese momento estaba probablemente comenzando a planear el discurso de aceptación que le coronaría campeón del mundo por octava vez, todo un récord.

Sin embargo, el destino tuvo un giro final para él. El director de carrera Masi ordenó a los coches rezagados que se desdoblaran, pero sólo a aquellos que corrían el riesgo de interferir en la carrera por la victoria. ¿Si hubiese ordenado desdoblarse a todos aquellos que estaban detrás de Verstappen, la carrera habría terminado detrás del coche de seguridad. Simplemente no había tiempo para que todos lo hicieran. Hamilton ganaría el título por delante de Verstappen yendo a tan sólo 110 kilómetros por hora. Hubiera habido mucho más drama y vértigo en la rotonda fuera del circuito. Masi no quería eso, así que hizo una llamada. El coche de seguridad se detuvo cuando faltaba una vuelta para el final y a los dos poderosos conductores se les dio un minuto y medio para ordenar el pequeño asunto de quién se llevaría el título mundial. Fue una situación de muerte súbita, como la Fórmula Uno nunca había visto, y puede que nunca vuelva a ver. La última prueba de valor.

En los pits, los nervios, las uñas y los planes de carrera hacía rato que se habían perdido. El jefe de Mercedes, Toto Wolff, una figura cada vez más mediática a medida que transcurría el año, habló directamente en la radio a Masi.

«Michael, esto no está bien», dijo Wolff. Sabía que Hamilton tenía llantas viejas y Verstappen nuevas. Se necesitaría otro milagro para que el piloto de Mercedes lo detuviera.

Las cosas no estaban menos tensas en el box de Red Bull de al lado. Mientras Wolff tiende a sentarse frente a un monitor en el garaje, Horner prefiere estar en el pit con Adrian Newey, cuya brillantez técnica ha estado en el corazón de tantos éxitos en Red Bull, sentado a su izquierda. Los ojos de Horner estaban abiertos como si él mismo estuviera conduciendo el coche, escaneando las innumerables pantallas con todos los datos posibles para detectar cualquier signo de problemas u oportunidades de ventaja. La verdad era que no había nada que pudiera hacer. Todo dependía de Max.

El propio conductor estaba prácticamente en silencio. Hacía unos momentos había expresado su frustración por la «típica» decisión de no dejar que los coches se desdoblaran y darle a él una oportunidad contra Hamilton. Al apartarse, hubo un entendimiento mutuo en las ondas de radio de lo que esto significaba. Su ingeniero Gianpiero Lambiase le habló con calma acerca de los modos de motor requeridos para la última vuelta. Después de dar sus instrucciones técnicas, simplemente dijo: «Esto es todo». 90 segundos después, estaba gritando:

«OH DIOS MÍO, MAX».

La respuesta de Max fue un grito ininteligible de pura emoción, el tipo de grito que no se ha venido forjando durante unos segundos, minutos u horas, sino durante toda la vida. Desde prácticamente el minuto que nació, la vida de Max tenía como objetivo este momento.

Esta es la historia de cómo llegó allí.

1

NACIDO PARA COMPETIR

En un deporte gobernado por el cronómetro, tener un buen sentido del tiempo es importante. A Max Verstappen nunca le ha faltado. Incluso su nacimiento fue en el momento adecuado.

Con una fecha de parto estimada para principios de octubre, era probable que su madre, Sophie Kumpen, tuviera que recurrir a amigos y familiares para que la apoyaran en los días posteriores al parto de su primer hijo, en lugar de a su marido Jos. Esto no se debía a que él no quisiera estar allí, sino a que era una época del año muy ajetreada para un piloto de F1 a tiempo completo, que incluiría el viaje más largo de la temporada, a Japón.

En cambio, Jos corrió en Nürburgring el 28 de septiembre de 1997 mientras su mujer cruzaba las piernas en su casa de Bélgica. Luchó por un raro top ten para Tyrrell antes de retirarse, a diecisiete vueltas del final de la carrera cuando iba en la undécima posición. Algunos bromearon con que así comenzaría antes el viaje de 200 kilómetros de vuelta a Bélgica para no perderse el nacimiento de su hijo; ya había conducido más kilómetros en la pista antes de verse obligado a abandonar. Afortunadamente para ambos padres, Max nació el 30 de septiembre de 1997, dos días después del Gran Premio de Luxemburgo. Incluso si se hubiera visto obligado a conducir su languideciente Tyrrell a casa, Jos se habría asegurado de llegar a tiempo.

Max Emilian Verstappen parecía ser un bebé bastante sano. El sitio web personal de Jos, que sorprendentemente ya existía a finales de los años noventa, registra el nacimiento con un detalle extrañamente forense: el peso de su hijo fue de 3,23 kilogramos, su longitud de 48,5 centímetros y el parto duró apenas unos cuarenta minutos. Max, según se cita, «había elegido el momento adecuado para salir». Y continúa prediciendo que «si Max ha heredado el talento para las carreras de sus dos padres, ha nacido un nuevo piloto de F1 para el año 2020». La clarividencia de ese comentario, que resultó no ser lo suficientemente optimista si se tiene en cuenta que Max debutó en la F1 cuatro años antes, no era simplemente la exuberancia de un nuevo padre. El pedigrí de automovilismo de Verstappen júnior era impresionante.

«Debo decir que el primer año no estuve mucho con el bebé», dijo en una entrevista en 2021, y agregó: «Los bebés no hacen gran cosa, y tampoco soy un experto con los pañales». Su experiencia residía en las pistas.

Jos tuvo dos apodos en su carrera: *Jos the boss* (Jos el Jefe) y *Vercrashen* (por su propensión a chocar). Esos apodos resumen de forma bastante sucinta cómo era visto por la comunidad de pilotos: como un personaje fuerte y dominante, lleno de talento pero con la desafortunada costumbre de terminar las carreras contra un muro.

Jos se crio a pocos kilómetros de Hasselt, Bélgica, donde creció Max, en la ciudad holandesa de Montfort, al otro lado de la frontera entre ambos países. Desde los ocho años, subió a los karts, y en 1984 y 1986 ganó el Campeonato de Holanda. En la era moderna, podría haber entrado por la vía rápida en una academia de pilotos o en uno de los grandes equipos con asientos en varias series. Sin embargo, tal vez por falta de financiación o de influencia política, o simplemente porque era un piloto con tanto talento y disfrutaba plenamente del éxito a ese nivel, se contentó con permanecer en la pista de karts hasta mucho más tarde. Sea cual sea la razón, Jos no hizo la transición a las carreras de coches hasta que tuvo casi veinte años. En esos años pasó de ganar campeonatos nacionales en los Países Bajos y en Bélgica a los continentales. Hacia finales de 1991 sus éxitos ya no podían ser ignorados.

Los triunfos en el Marlboro Masters de 1993 (una jornada de carreras de Fórmula 3 celebrada en el famoso circuito de Zandvoort) y en el campeonato alemán de Fórmula 3 del mismo año, le valieron la oportunidad de probar un coche de F1 para un equipo conocido entonces como Footwork, aunque Arrows es como los recordarán la mayoría de los aficionados a las carreras. Le subieron a su coche en Estoril al día siguiente del Gran Premio de Portugal, su primera conducción con los monstruosos motores V10 que predominaban en la cima del automovilismo en aquella época. Fue un tremendo paso adelante para Jos, que sólo había conducido en la F3 antes de dar el salto al Footwork en 1993. Pasó de 175 caballos de potencia a 750, más de cuatro veces más potencia bajo su pie derecho, además de tener que lidiar con una caja de cambios semiautomática, control de tracción y frenos de carbono. La velocidad extra en las curvas haría que a la mayoría de los conductores les doliera el cuello por la fuerza G. Sin embargo, *Jos the Boss* se adaptó como un pato al agua.

En su primera tanda de quince minutos, estuvo a la altura de los pilotos rezagados del Gran Premio del domingo. Después de otros cinco minutos en pista, había igualado a Aguri Suzuki, el hombre que solía estar al volante del coche que le había tocado conducir.

«Debo decir que pensé que sería bastante difícil el salto de la F3 a la F1», dijo Jos a los periodistas en ese momento. «Pero, en realidad, no fue tan difícil. En la primera vuelta pensé: "¡Mierda!" Nunca pensé que sería tan rápido. Pero en la tercera vuelta ya estaba disfrutando de verdad, es fantástico. Después de diez o quince vueltas se siente normal y te encuentras con ganas de más. Aun así, es muy rápido».

Al final del día, en el que dio 65 vueltas y quedó con el cuello y los hombros doloridos, hizo un tiempo de vuelta que le habría clasificado décimo en la parrilla si lo hubiera hecho unos días antes. Fue sólo unos 0.07 segundos más lento que Derek Warwick, el piloto principal de Footwork, con doce años de experiencia en la F1.

Sin embargo, incluso en esa primera experiencia en la F1, los medios de comunicación vieron un recordatorio de la naturaleza de dos caras de la velocidad. Verstappen regresó el jueves, todavía dolorido por sus esfuerzos de dos días antes, y aunque inmediatamente empezó a marcar tiempos, luego se perdió en el sector final de alta velocidad y se estrelló contra las barreras. Esto significó un final prematuro del día pero no pareció hacer mucho para amortiguar la emoción en torno al nombre de Verstappen. El teléfono empezó a sonar sin parar.

«Tuvimos contacto con... la mayoría de los equipos», dijo Jos en una reveladora aparición en el pódcast *Beyond the Grid* en 2019. «Hicimos un día de pruebas con McLaren en Silverstone, tuvimos contacto con Eddie Jordan, Flavio [Briatore, jefe de Benetton]».

Finalmente, Jos optó por lo que consideraba la opción más segura por encima de todo, fichando por Benetton porque le ofrecieron un contrato de dos años en lugar de uno solo. Inicialmente, iba a ser piloto de pruebas en 1994, pero cuando J. J. Lehto se lastimó el cuello en un accidente antes de la temporada, Verstappen debutó en el Gran Premio de Brasil junto a un tal Michael Schumacher. Su meteórico ascenso, después de haber pasado apenas dos años en la conducción profesional de carreras, fue extrañamente similar a lo que su hijo lograría dos décadas más tarde.

El debut de Jos no fue un cuento de hadas. Tenía mucho que demostrar después de que Schumacher le superara en casi dos segundos y saliera segundo en la parrilla, con Verstappen siete puestos por detrás. Atrapado en una frenética batalla por el octavo lugar, intentó adelantar a Eddie Irvine a las 36 vueltas de la carrera, cuando el coche de Jordan se movió para doblar a un rezagado, sin saber que estaba siendo desafiado, y chocó con él. En una escena aterradora, Verstappen no pudo detener su coche, que chocó con el McLaren de Martin Brundle, que estaba frenando, y salió despedido por los aires, dando una vuelta de campana antes de golpear de nuevo el asfalto y derrapar contra las barreras. Sorprendentemente, nadie resultó gravemente herido, a pesar de que el casco de Brundle se partió, ya que las fuerzas involucradas fueron muy grandes.

«Nunca tuve miedo y no afectó a mi confianza en absoluto. Nunca tuve problemas con eso», dijo Jos con su típica bravuconería.

También se quedó fuera en su segunda carrera: «siempre intentaba igualar el ritmo de Michael, [los accidentes] no me impedían intentarlo», antes de que Lehto volviera de su lesión.

Si Jos había aprendido algo de su primera experiencia en la F1 era que físicamente no estaba a la altura, pero también había comprendido rápidamente que Benetton era el equipo preparado para Schumacher ante todo. Eso no quiere decir que no valorasen a Verstappen. Al fin y al cabo, le habían ofrecido un contrato más largo que cualquier otro equipo, y cuando Lehto no logró su mejor forma al volver de una lesión, recuperaron a Verstappen. Sin embargo, para entonces, Schumacher había ganado cinco de las seis primeras carreras y, si antes estaban predispuestos hacia él, ahora estaban totalmente del lado de Michael. Jos insiste en que lo entendió, pero la frustración de sentirse abandonado en su primera temporada en la F1, con menos de tres años de experiencia en competición a sus espaldas, resultó evidente.

«Todas las pruebas se dedicaron a los cambios de reglamento [de mitad de temporada], no a ayudarme a coger confianza en el coche para ser más rápido. No era como ahora, que realmente ayudan al otro piloto que lo necesite, pero en aquel momento no les importaba».

Cuando su hijo se encontró en una posición similar como piloto más joven de la parrilla, y compañero de equipo del mucho más experimentado Daniel Ricciardo, Max no se amilanó y no aceptó ninguna sugerencia de cumplir un papel secundario. Quizás su padre, un asesor cercano a lo largo de su vida, había aprendido una valiosa lección de su rocambolesca trayectoria en Benetton.

A pesar de las dificultades, el acceso de Jos al circo más rápido del automovilismo fue motivo de celebración en Montfort y la ciudad se convirtió, según Frans, el padre de Jos, en «un lugar de peregrinación». Durante años, Frans regentó un pub llamado Cafe De Rotonde, llamado así por la gran rotonda en el centro de la ciudad en la que se encuentra, y cuando su hijo corría, hacía un gran negocio. «Sobre todo en los primeros años, era una cosa de locos», dijo Frans en 2015. «En aquella época, toda la calle se cerraba y había una gran carpa que la atravesaba. Tenía dieciocho televisores y el público era de 2.000 o 3.000 personas. Así fue durante las carreras de Hungría y Bélgica, donde Jos terminó tercero. Después, fue un completo caos: toda la rotonda estaba abarrotada». Incluso ahora, sólo viven 3.000 personas en todo Montfort.

Pero no es una exageración. Unas borrosas imágenes en VHS del día del Gran Premio de Hungría de 1994, en el que Jos condujo desde la duodécima posición de la parrilla hasta el tercer puesto, mientras que su compañero de equipo en Benetton, Michael Schumacher, se llevó la victoria, muestran a Frans sostenido a hombros por algunos clientes de un pub que, por sus expresiones de dolor, parecen haber subestimado su corpulento cuerpo. En el exterior, la acera está repleta de sombrillas y barriles de cerveza utilizados como mesas. Un grupo de hombres vestidos con trajes tradicionales flamencos, que para los no iniciados no desentonarían en una cervecería alemana a pocos kilómetros de allí, cantaban «Jos, Jos, Jos», así como algunas canciones muy cargadas de letra que han escrito sobre sus hazañas y su heroísmo. Uno de ellos lleva una foto firmada por Jos metida en la cinta del sombrero.

«Jos consiguió provocar eso y creo que Max va a provocar aún más», dijo Frans. No hay presión, chico.

Para cuando su nieto llegó a la F1, Frans había dejado el pub y se había trasladado al otro lado de la rotonda para regentar una heladería, pero eso no impidió que siguiera de fiesta, aunque con algo menos de alcohol. Cuando Max debutó en la F1 en Australia, la carrera era demasiado temprano en los Países Bajos como para realizar cualquier tipo de evento, pero su carrera en Malasia comenzaría a las 9 de la mañana, una hora razonable para que Frans obtuviera una licencia para empezar a repartir desayunos con helado.

Instaló una carpa junto a la tienda y la equipó con un sistema de altavoces y grandes televisores antes de llenarla hasta los topes con *Montfortenaars*. Con su Toro Rosso, Max terminó séptimo, superando a su compañero de equipo Carlos Sainz y a los dos pilotos del equipo más veterano, Red Bull. Hubo escenas de júbilo en Montfort. Se vendieron muchos helados. Frans dijo: «Soy el abuelo más orgulloso de Holanda, más bien… del mundo. Nunca lo he ocultado».

La tradición continuó con el traslado de la fiesta de una carpa temporal al Zaal Housmans, un café situado a un par de cientos de metros de la rotonda, propiedad del amigo de Frans, Harald Hendrikx. El día de la carrera, la calle estaba prácticamente bloqueada por los aficionados que intentaban aparcar cerca del bar, con banderas holandesas con el nombre de Max o Jos pintadas colgando de las ventanas, y con gorras y camisetas de Red Bull Racing por todas partes.

Las carreras se mostraban en un enorme proyector situado al final de la sala, con recuerdos y, a veces, un retrato gigante de la cara de Max sentado en el escenario, más a menudo anfitrión de una banda local o de una noche de micrófono abierto, junto a la pantalla. Todo el local estaba adornado con banderas y pancartas de apoyo.

Al contrario de lo que podría pensarse, Frans no estaba en esto por el dinero. El «Opa» más orgulloso del mundo convenció a Harald de que los precios de la cerveza fueran razonables y animó a familias enteras a que vinieran a pasar la tarde viendo las carreras. No estaba lucrándose, simplemente quería que todo el mundo compartiera su alegría (aunque si querían comprar alguna mercancía, también se la vendería con gusto). «Todos los Grandes Premios se celebran aquí, en Opa Verstappens, con entrada gratuita, todo el mundo es bienvenido», proclama el cartel que hay fuera de Housmans, bajo el cual se encuentra una réplica del coche de F1 de Red Bull Racing de Max.

Cuando Max ganó por primera vez en España, Frans se situó en el escenario mientras su nieto rociaba champán detrás de él, agitando una enorme bandera en señal de celebración. El confeti cayó del techo. Se bebieron cervezas. Frans ya había estado en fiestas como esta, pero nunca con un Verstappen en el escalón más alto del podio. Por fin tenían una victoria en un Gran Premio.

Frans falleció en 2019 a los 72 años, tras una larga batalla contra el cáncer, apenas unos días después de que Max ganara su octavo Gran Premio. El coche fúnebre inició su procesión desde la rotonda donde había servido cerveza para los fans de Jos en los años noventa, hasta el vestíbulo donde el rostro de Max adorna cada superficie. Salió de su bar por última vez con los habitantes del pueblo sosteniendo bengalas rojas en el aire. A pesar de su presencia en las paredes, Jos y Max brillaban por su ausencia. El nieto acababa de ganar la carrera en Brasil y aún no había terminado su temporada de carreras. Jos, por su parte, sí asistió al funeral junto con Victoria, la hermana de Max, pero no al acto conmemorativo en Housmans. Esto dio a entender que, aunque Frans siempre había dicho que su familia estaba muy unida, no siempre fue así.

En 2016 llamaron a la policía, tras una acalorada discusión entre Jos y Frans. No está claro qué había provocado el estallido. Max acababa de terminar quinto en el Gran Premio de Hungría, lo que significa que la fiesta llevaba varias horas, lo que podría explicarlo, pero el informe policial recoge que Jos había empujado a su padre de la silla y este había caído contra la pared. Como es lógico, el incidente llegó a los medios de comunicación nacionales de Holanda. Tras intentar negar inicialmente lo sucedido, tres días después Frans retiró la denuncia, calificándola de «asunto privado entre Jos y yo», antes de añadir que «ya hemos visto antes que Jos tiene las manos sueltas, pero esto fue el colmo».

Su padre se refería al famoso temperamento de *Jos the Boss*. Como piloto, tenía fama de ser alguien con quien mejor no cruzarse, pero una vez retirado, se encontró fuera del paddock de la F1, donde la naturaleza del deporte parecía legitimar algún que otro arrebato o enfrentamiento; ahora estaba en el «mundo real», donde sus acciones tenían consecuencias reales.

Frans tampoco se quedaba corto. En mayo de 1998 estalló una discusión en una pista de karts de la ciudad belga de Lanaken entre Jos, que estaba allí con su padre, su grupo de amigos y otro grupo que quería utilizar las instalaciones. Rápidamente se convirtió en una pelea, en la que un hombre de 45 años resultó con el cráneo fracturado y Jos fue identificado como el culpable ante el tribunal. Según la legislación belga, un acuerdo económico con la víctima puede reducir la condena del acusado, y efectivamente los Verstappen, ambos declarados culpables de agresión, sacaron el talonario y recibieron sendas suspensiones de condena de cinco años.

En el momento del incidente, Jos estaba sin coche. Tyrrell lo dejó de lado por la sencilla razón de que no era lo suficientemente rápido y, tras volver a probar en Benetton, no le ofrecieron un contrato porque no podía conseguir patrocinios. Estaba desesperado por volver a subirse a un coche de F1 lo antes posible, ya que su reputación de velocidad bruta hacía que su nombre nunca estuviera lejos de los periódicos y las revistas cuando alguien tenía problemas.

Por lo tanto, es fácil ver cómo podría haber estado ansioso por descargarse, con un ego todavía lo suficientemente inflado para creer que había sido agraviado si se le pedía que compartiera o incluso abandonara una pista de karting parroquial. Afortunadamente para él, el caso tardó dos años en pasar por los tribunales y la controversia no impidió que Stewart le diera un volante tan sólo un mes después de la ampliamente difundida gresca, en sustitución del malogrado Jan Magnussen (cuyo hijo Kevin llegaría a competir contra Max en la F1).

El temperamento de Jos no pareció desvanecerse a pesar de que estuvo a punto de pasar por la cárcel. Volvió a comparecer ante los tribunales en 2008, una vez más debido a una agresión, y la madre de Max, Sophie, era la supuesta víctima. Para entonces, la pareja se había separado y ella tenía una orden de alejamiento contra él, pero fue acusado de una agresión y de una serie de mensajes de texto amenazantes. Se le declaró inocente del cargo más grave de violencia, pero se le declaró culpable de incumplir la orden de alejamiento y, no por primera vez, se le impuso una pena de prisión en suspenso.

También en enero de 2012, el público holandés abrió sus periódicos para descubrir que Verstappen padre había sido detenido de nuevo, esta vez bajo la sospecha de intento de asesinato. Jos había sido detenido en la ciudad holandesa de Roermond tras un incidente con su exnovia Kelly van der Waal. Algunos sugirieron que había conducido su coche contra ella, lo que explicaba la gravedad de la acusación. El caso se archivó dos semanas después y en 2014 la pareja se reconcilió y se casó. La ceremonia fue pequeña y se celebró en gran parte en secreto. Kelly y él, junto con unos pocos invitados, viajaron a la isla caribeña holandesa de Curaçao en enero para casarse en la playa. Jos llevaba un traje de tres piezas de color beige con zapatos blancos brillantes, mientras que su pareja lucía un vestido de novia sin tirantes de corte sirena y escote ligeramente acaramelado. Fue un escenario y una ocasión como para que los recuerdos durasen años, pero el matrimonio sólo duró tres.

La pareja tuvo descendencia; Kelly dio a luz a una hija, Blue Jaye, una hermanastra de Max diecisiete años menor que él, a la que acogió felizmente en la familia al igual que hizo con su hermana pequeña Victoria cuando llegó un buen puñado de años antes. Jos tuvo un cuarto hijo con su pareja Sijtsma el 4 de mayo de 2019, un niño llamado Jason Jaxx, y los cuatro hermanos pasan tiempo juntos en familia con cierta regularidad.

Max es un hermano mayor cariñoso y amable. Acababa de cumplir dos años cuando su madre volvió a casa del hospital con una hermanita para él, pero era amable y simpático, un hábil pacificador.

«Victoria era la jefa», recordaba años después su madre, Sophie. «Max siempre le daba el libro de colorear o lo que fuera para mantener la paz. Eso resume su carácter: abierto y dulce. Max es una persona emocional y siempre querrá resolver las cosas hablando primero». Y añade, como un desprecio a su exmarido: «Ese instinto feroz de carrera lo heredó de Jos. La dulzura la heredó de mí».

La vida familiar no fue una lucha en la casa de los Verstappen en los primeros años; Jos estaba ganando un buen dinero en la F1, aunque podría haberlo hecho mejor si no hubiera perdido su puesto de conducción después de una retención de contrato por parte de Jordan que lo dejó en la estacada una vez más. También tuvo la mala suerte de no poder volver con Honda a la F1 cuando el proyecto se desmoronó debido a la repentina muerte de su amigo y antiguo jefe de Tyrrell, Harvey Postlethwaite. Sin embargo, su progreso se vio tal vez frenado por el hecho de que su mánager, Huub Rothengatter, seguía creyendo que podía obtener de los equipos cuantiosos retenes por los servicios de Jos, a pesar de que el apodo de *Vercrashen* le seguía rondando por el paddock. «Nadie aparca un coche mejor que Jos Verstappen», decía el chiste, ya que a menudo se encontraba parado al lado de la pista.

El pequeño Max ignoraba felizmente la naturaleza altamente política del paddock de la F1. Para él, su padre era un héroe viajero y conquistador al que odiaba ver partir. Lloraba cuando Jos se iba de casa para un fin de semana de carreras, no sólo porque su padre se iba, sino también porque sabía que iba a correr y quería ir con él. Se aferraba a Jos y sollozaba. Quería estar en el circuito, donde todo olía a gasolina y velocidad.

Incluso antes de que pudiera caminar o hablar, Max jugaba con coches o bicicletas de juguete, obsesionado con cualquier cosa con ruedas. Sus padres trataron de seguir su afición, insistiendo en que nunca le presionaron, sino que le dejaron hacer lo que quería. Cuando tenía dos años, Jos le compró un quad por Navidad. Eran las primeras Navidades de los Verstappen como familia de cuatro personas, con Victoria nacida en octubre, así que tal vez Jos sólo intentaba mantener la paz, pero lo más probable es que estuviera iniciando el entrenamiento de su hijo. Más de una década después, tras una espectacular salvada en mojado durante el Gran Premio de Brasil, Max citó su época de piloto de quads en la nieve al explicar cómo hacía para evitar que un coche de F1 derrapara. A medida que crecía, y los quads y las motos de motocross se hacían más grandes y potentes, se paseaba con sus amigos, haciendo carreras con ellos y jugando en la nieve o el barro. Él mismo no está seguro de si trataba de perfeccionar sus habilidades compitiendo o simplemente se divertía; el resultado era el mismo: el desarrollo de una comprensión innata del agarre en pista, especialmente en condiciones difíciles.

Su madre, Sophie, afirma: «Con su primera bicicleta sin rueditas, que le había regalado Mercedes, aún puedo verle derrapar y hacer giros. La velocidad ya existía desde el principio».

Max tenía otros intereses de niño. Jugaba al fútbol, no muy bien hay que decirlo, pero era zurdo y se esforzaba, dos cualidades que suelen ser prioritarias para los entrenadores de fútbol juvenil, y su padre se dio cuenta de que siempre tenía un buen equilibrio al correr durante el partido, probablemente por haber pasado tanto tiempo en bicicletas de uno u otro tipo. Rara vez disfrutaba en la escuela, pues le costaba quedarse quieto y mirar la pizarra. Se sentía atrapado. A veces pedía ir al baño y no volvía. Cuando cumplió los once años y empezó la enseñanza secundaria, Jos eligió el colegio al que iría porque el director había aceptado ser flexible, ya que el karting de Max le obligaría a viajar al extranjero. Mientras Max mantuviera sus notas por encima de cierto nivel, tendría los días libres que necesitara para hacer los viajes a competiciones más grandes y mejores. A las 15.15 horas de un viernes salía corriendo por la puerta del colegio y se subía a la furgoneta con su padre para ir a un circuito de karts en Italia, Holanda o Alemania. A veces, lo único que llevaba en la mochila era un juego de calzoncillos de repuesto. Todo lo demás estaba en el taller.

Sin embargo, le gustaba la geografía, probablemente la única asignatura que le interesaba. Las paredes de su habitación no estaban cubiertas de pósteres de sus pilotos favoritos, como Ayrton Senna o Michael Schumacher, o de las estrellas de su equipo de fútbol favorito, el PSV Eindhoven, o incluso del gran Johan Cruyff, cuyo enfoque, según él, marcaría más tarde su forma de entender las carreras; en su lugar, tenía fotos de diferentes países y un mapa del mundo. Quería saber dónde estaba todo y poder señalar la ciudad en la que se encontraba su padre esa semana.

La primera vez que pudo ir con su padre, su primera experiencia real de los coches de F1 hasta donde Jos o Max pueden recordar, fue cuando Verstappen estaba probando coches para Arrows en el año 2000.

«Cuando fuimos a probar lo llevé conmigo, sólo él y yo; alguien del equipo lo cuidaba cuando yo estaba conduciendo», dijo Jos. El equipo tenía una guardería para Max, pero los coches en la pista eran suficientes para fascinarlo. Mantenerlo alejado del circuito fue quizás una lucha mayor que mantenerlo entretenido.

Llegó a un punto en el que llevar a Max con él era menos complicado que dejarlo en casa en Bélgica, y la figura de Max se convirtió en algo habitual, corriendo por el paddock y entrando y saliendo de los garajes. Comenzó en 2001 en Malasia, cuando Max tenía sólo tres años y medio y Jos estaba en su segundo año en Arrows, la única vez en su carrera que completó dos temporadas consecutivas con el mismo equipo.

No puede haber sido del todo agradable para Max, ya que las temperaturas del viernes por la tarde alcanzaron los 37,6 grados centígrados y la humedad era del 50 %, aunque sus propios recuerdos eran que todo el lugar parecía un gigantesco parque infantil.

«Terminar es lo más importante», dijo un pesimista Jos después de clasificarse decimoctavo el sábado. El equipo se había visto obligado a sustituir el motor durante los entrenamientos del sábado y el coche seguía subvirando mucho y necesitaba una mejora de la suspensión delantera que no llegaría a tiempo para la carrera. En el circuito más exigente físicamente de todos, no parecía estar deseando que llegara la carrera ni esperaba producir nada en la primera aparición de su hijo en un fin de semana de Gran Premio. Lo que siguió fue una carrera que los aficionados modernos de su hijo habrían reconocido.

Después de una salida abortada, Verstappen pasó de la decimoséptima a la sexta posición en la primera vuelta, tras un ajuste de último momento del embrague que pareció funcionar y que le permitió superar varios huecos aparentemente imposibles. El comentarista Murray Walker comentó: «¿Cómo diablos ha llegado hasta ahí?», para luego explicar a los espectadores que, efectivamente, era el Arrows de Verstappen el que estaba en posición de obtener puntos, antes de señalar que «esta es la oportunidad de *Jos the boss*, y él lo sabe».

La lluvia comenzó a caer a las pocas vueltas de la carrera y pilló a Michael Schumacher y Rubens Barrichello, los Ferraris, líderes, en la misma curva. Afortunadamente para ellos, las amplias zonas de salida de pista de Sepang les permitieron mantener los coches en marcha y montar el neumático correcto, pero permitió a gente como Verstappen avanzar aún más. En un momento dado, estaba corriendo en segundo lugar detrás de David Coulthard cuando en sus espejos retrovisores apareció su excompañero de equipo, Schumacher, viniendo por detrás. El alemán llevaba neumáticos intermedios, más rápidos pero menos capaces de soportar grandes cantidades de agua en la pista, mientras que Jos llevaba los *full wets* de lluvia. Verstappen, que fue compañero de equipo en Benetton, estaba decidido a complicarle la vida a Schumacher. Y lo consiguió. Después, Jos se tomó como un cumplido que el actual campeón del mundo dijera que se había sentido «abatido» al intentar adelantarle, aunque finalmente consiguió pasarle y ganó la carrera.

Jos terminó justo fuera de los puntos en un agonizante séptimo lugar, el último coche en permanecer en la vuelta de cabeza: Schumacher había superado a todos los demás. El holandés se debatía entre las emociones de un resultado mucho mejor de lo que cualquiera podría haber previsto y la pérdida de un valioso punto en el campeonato por un margen tan estrecho. La lluvia incluso le había quitado hierro a las duras condiciones. Sin embargo, cuando llegó a ver a Max de nuevo, todavía estaba comprensiblemente agotado.

Un amigo fotografió a los dos sentados en la zona de hospitalidad en la parte trasera del garaje de Arrows en Sepang. En la foto, Jos lleva su mono de carreras atado a la cintura. Max, con el pelo mucho más rubio que en la edad adulta, se ha vestido para la ocasión, con una camisa de cuadros de manga corta y cuello abotonado. Él le hace un gesto a su padre con dos dedos levantados, mientras Jos le mira extrañamente. Con una mano en el brazo de su padre, Max parece que le está dando una severa reprimenda. «Ibas segundo, papá, podrías haber terminado segundo», parece decir. Pocos habrían predicho que ese mismo chico celebraría su vigésimo cumpleaños con una victoria en esa misma pista dieciséis años después.

2

UNA BANDERA HOLANDESA
PARA UN PILOTO BELGA

Los Países Bajos no son tradicionalmente conocidos como una potencia del automovilismo. Es un deporte que, en general, surge como subproducto de otras industrias: La obsesión de Estados Unidos por la NASCAR es el resultado directo de los contrabandistas que construyeron coches a medida para dejar atrás a la policía; en Finlandia, las habilidades de conducción en todas las condiciones son una parte esencial de la supervivencia, lo que explica su amor por el rally; los regímenes italiano y alemán situaron la producción de coches en el centro de su plan económico y sus coches dominaron, y siguen dominando, la gama alta del automovilismo; el Imperio británico también situó a Inglaterra en la vanguardia de la tecnología automovilística en la primera mitad del siglo XX.

Sin embargo, para los holandeses, el camino hacia la pasión por la gasolina no está tan claro. Tradicionalmente una gran nación marinera, su tierra plana y fértil hizo poco para inyectar las carreras en sus venas y no había gigantes multinacionales del motor con sede en los Países Bajos para impulsar sus equipos. Mientras que Max Verstappen es, en gran medida, el presente y el futuro del automovilismo holandés, no está del todo claro cuándo se originó el pasado.

La primera vez que se vieron coches de carreras en los Países Bajos fue, al parecer, en 1898. En aquella época, se calcula que sólo había doce coches en todo el país, así que cuando la carrera París-Amsterdam-París pasó por el país en julio, no pasó desapercibida. La carrera fue organizada por el Automobile Club de France e inspiró la inauguración de un organismo holandés similar —el Nederlandsche Automobiel Club—, que más tarde se convirtió en el Koninklijke Nederlandsche Automobiel Club (KNAC) gracias al reconocimiento real, para «promover la industria del automóvil en los Países Bajos». Organizaban viajes y conferencias del club, ejercían presión sobre los gobiernos e incluso construían hoteles para mejorar la vida de los automovilistas cuando el coche empezaba a conquistar Europa. En 1913 se ganaron el título de «reales» al ayudar a las fuerzas armadas a seguir el ritmo del progreso automovilístico cuando se acercaba la guerra en el continente. También lucharon por los derechos de los civiles en la carretera, solicitando al gobierno que no introdujera límites de velocidad ni peajes. Las tres cosas que querían promover entre sus miembros eran: la seguridad vial, las habilidades de conducción y las competiciones de velocidad.

Antes de la Primera Guerra Mundial, en Scheveningen, otro balneario cercano a La Haya, se celebraron algunas carreras que se pueden calificar de primitivas, ya que las carreras en serio no se celebraron en los Países Bajos hasta pasadas unas décadas. Los coches deportivos se popularizaron, o al menos entraron en la conciencia pública, en la década de 1930, cuando el príncipe Bernhard, miembro de la KNAC durante más de 60 años, llevó a Holanda su Ford V8 biplaza, y también se le veía a menudo en un Alfa Romeo 8C 2900 italiano, del que sólo se construyeron 40 unidades. Era una figura popular, aunque a menudo controvertida, con una gran afición por los coches rápidos, los barcos y los aviones, pero su participación en la Segunda Guerra Mundial le encumbró ante el público holandés. Para su boda con la princesa Juliana en 1937, la reina Guillermina encargó un Maybach Zeppelin, un coche alemán especialmente opulento con un motor de doce cilindros, y mandó construir un descapotable de cuatro plazas basado en él. Sólo un año después, en uno de sus otros coches deportivos, el príncipe se rompió el cuello y las costillas en un accidente a 160 km/h.

El alcalde de Zandvoort, Henri van Alphen, aprovechó el apetito por los coches rápidos. La ciudad era un popular balneario, a poca distancia de Ámsterdam y La Haya, y se menciona como lugar de veraneo de la familia en los diarios de Ana Frank. Con la esperanza de utilizar el evento como cartel publicitario de la estación balnearia, Van Alphen instaló un circuito urbano a través de la ciudad y consiguió atraer a varias superestrellas del automovilismo mundial para que realizaran carreras de exhibición en él. Lo más destacado del evento de 1939 fue la presencia de Manfred von Brauchitsch, uno de los mejores pilotos del mundo, que había ganado el Gran Premio de Mónaco de 1937 y que trabajaba como piloto de la entonces dominante escudería Mercedes-Benz. Condujo su Mercedes W154 por el circuito urbano, que transcurría por el centro, y se delimitaron los dos lados de la pista con apenas unas balas de paja, para deleite de los lugareños.

Sin embargo, pocos meses después estalló la guerra. Eso podría haber detenido los grandes planes de Van Alphen de convertir Zandvoort en la capital del automovilismo en los Países Bajos, pero, como todos los grandes visionarios, no se dejó desanimar.

Tras la invasión alemana de Holanda y su posterior ocupación, Van Alphen consiguió convencer a las fuerzas nazis de que continuaran con sus planes para la infraestructura de carreras de la ciudad —aunque lo disfrazó de algo muy diferente—. Les presentó un plan para un nuevo parque en el norte de la ciudad con un sendero que lo rodeaba y que casualmente se parecía un poco a un hipódromo bastante práctico. Incluyó en los planos una larga carretera recta que, según dijo, sería una buena calle para un gran desfile de la victoria una vez que la guerra hubiera terminado. Su plan era factible, pero la idea de que sería un lugar idílico para hacer senderismo era bastante inverosímil; la zona que había elegido había sido demolida en gran parte por los nazis, incluyendo cientos de casas y hoteles, para construir el Muro del Atlántico, una estructura defensiva que estaba diseñada para mantener a raya a los aliados si intentaban desembarcar en las playas holandesas.

Sin embargo, los alemanes aceptaron el plan de Van Alphen y le dieron la mano de obra necesaria para ejecutarlo, lo que tuvo como feliz consecuencia involuntaria (¿o no?) que muchos de los hombres en edad de trabajar, que de otro modo habrían sido enviados a Alemania para ayudar en el esfuerzo de guerra, se quedaran en Zandvoort para trabajar en el proyecto. Y aunque Van Alphen fue destituido como alcalde para ser sustituido por un candidato del Movimiento Nacional

Socialista (NSB), un partido político fascista que simpatizaba con la causa nazi, la construcción continuó hasta que Van Alphen fue restituido cuando el país fue liberado en 1945 y el NSB fue ilegalizado. Van Alphen se retiró por voluntad propia en 1948, y el circuito de Zandvoort se inauguró ese mismo año, pero su sucesor, Hector van Fenema, no olvidó la poderosa aportación de Van Alphen: el complejo recibió el nombre oficial de *Burgemeester Van Alphenweg*, literalmente «La carretera del alcalde Van Alphen».

Una vez construido el circuito, la ciudad de Zandvoort se enfrentó al siguiente reto: organizar una carrera, algo que no sabían hacer. En Gran Bretaña, sin embargo, tenían un poco más de experiencia y reclutaron a Desmond Scannell —entonces secretario del British Racing Drivers' Club y que tuvo una gran participación en los primeros días de hacer de Silverstone el lugar que es hoy— para ayudar a organizar el primer Gran Premio de Zandvoort.

«*Prijs van Zandvoort, internationale autoraces*», proclamaba con orgullo el programa de 70 céntimos con un gran anuncio de Firestone en la mitad inferior del mismo. La fecha es del 7 de agosto de 1948, posiblemente el nacimiento del automovilismo en los Países Bajos. En un país con poca historia automovilística, la carrera tuvo un carácter improvisado. No había verdaderos garajes en el circuito, así que la mayoría de los coches que competían llegaban en barco con varios días de antelación y aparcaban en medio de Harlem, la ciudad grande más cercana. Un caballero que decía ser el rey de Siam, cuyo sobrino corría, llegó al lugar para ver la carrera con su séquito y al principio se le prohibió el ingreso por parte de los revisores de entradas. Como uno de los supervisores no quería arriesgarse a un escándalo público, permitió pasar al séquito sin pedirles que compraran una entrada. No está claro si era realmente el monarca.

Al final, todas las 50.000 personas que asistieron a la histórica jornada no quedaron decepcionadas. Sammy Davis, un corredor británico que había ganado Le Mans en 1927, fue el principal asesor en el diseño del circuito; utilizó lo que tenía a su disposición, es decir, la carretera que habían construido los ocupantes alemanes, el camino de senderismo de Van Alphen y las ondulaciones naturales de las dunas.

Las curvas rodeaban los montículos y las dunas en ángulos inverosímiles, a veces inclinadas para aumentar la velocidad, otras veces fuera de la curva para alejar a los coches de la línea de carrera. En ese sentido, se parecía a un campo de golf, del que la ciudad disponía de varios para quien deseara combinar la velocidad del circuito con algo más tranquilo.

Desde el principio, con la arena que los fuertes vientos del Mar del Norte introducían en la superficie de conducción para dañar los neumáticos de cualquier coche que se atreviera a entrar en la pista, Zandvoort se consideraba un desafío a la habilidad de conducción. La primera curva de alta velocidad, al final de una larga recta, ligeramente peraltada y llamada Tarzán, sigue sin tener un consenso común sobre la forma más rápida de tomarla, lo que la convirtió en un punto de adelantamiento popular en las primeras carreras.

La parrilla de aquel primer evento de 1948 era predominantemente británica, ya que Scannell convenció a varios de sus miembros para que hicieran el viaje, muchos de los cuales formarían parte del primer Campeonato Mundial de Fórmula Uno dos años más tarde. Después de dos series de 24 vueltas, la carrera decisiva de 40 vueltas fue una batalla entre el príncipe Bira de Siam, un miembro de la familia real tailandesa que había sido enviado a Inglaterra para asistir a Eton, y que posteriormente se había establecido en Londres, y Tony Rolt, un oficial del ejército que había sido capturado poco antes de la evacuación de Dunkerque y que pasó casi dos años como prisionero de guerra en Colditz. Era más conocido como el hombre que había ayudado a construir un planeador gigante en un intento de fuga del castillo de Alemania Oriental, pero fue liberado antes de tener que utilizarlo. Como tales, ambos hombres eran celebridades menores y el hecho de que lucharan por la victoria —que finalmente se adjudicó Bira— fue un éxito para la pista que se había construido inicialmente como un intento de atraer más turistas a la localidad costera.

Los pilotos también lo disfrutaron y durante esos dos años hasta la inauguración del Campeonato Mundial de Fórmula Uno, el Gran Premio de Holanda en Zandvoort se había convertido en uno de los favoritos del calendario. Comenzó a añadir nombres famosos como Alberto

Ascari y Juan Manuel Fangio a su lista de honor. Lo que había empezado como una maniobra de marketing se había convertido en un evento deportivo serio.

Sin embargo, esta era todavía una Europa que se recuperaba tras la Segunda Guerra Mundial y una Holanda que se tambaleaba por la ocupación sostenida de los nazis. En resumen, el dinero era escaso y nada era inmune. La carrera de 1954 no se celebró debido a los gastos que suponía, mientras que la crisis de Suez de 1956 y 1957 afectó a los petroleros que llegaban a los Países Bajos y el precio del combustible era tan alto que durante dos años no se celebró la carrera. Cuando se volvió a celebrar, en 1958, otro nombre famoso, Stirling Moss, grabó su nombre en la historia de los ganadores de la pista.

Sin embargo, otras realidades del deporte del motor también empezaron a golpear. A las once vueltas de la carrera de 1960, Dan Gurney llegó a la famosa curva Tarzán a toda velocidad en su BRM, pero los frenos fallaron en el momento crucial. Aceleró en la curva peraltada y voló por encima de las vallas a más de 160 kilómetros por hora, y aterrizó en el montículo de hierba que había detrás, golpeando y matando a un espectador, un joven de dieciocho años llamado Piet Alders, de Harlem. Gurney, que se rompió el brazo en el accidente, se convirtió en un piloto mucho más precavido a causa de ello; durante el resto de su carrera, a veces tocaba suavemente el freno antes de una zona de frenada fuerte, sólo para comprobar que seguían funcionando, y en general cuidaba los frenos mejor que sus rivales.

Sin embargo, Gurney parecía ser el único del deporte que se vio seriamente afectado por el accidente. En los primeros tiempos de la F1 había poca preocupación por la seguridad, tanto de los pilotos como de los espectadores, y las muertes eran un riesgo trágico pero profesional. El periódico local *De Zandvoortse Courant* informó que la muerte de Alders fue rápidamente olvidada por la multitud. «Parecía haber sucedido muy lejos, en otro planeta», decía el reporte de la carrera. Quizá Europa se había acostumbrado demasiado a la idea de la pérdida repentina de vidas tras tantos años de guerra. Eso, o que las carreras eran demasiado apasionantes como para ignorarlas, con Jack Brabham dominando la carrera, dos grandes como Jim Clark y Graham Hill en un duelo más atrás durante toda la carrera, o Stirling Moss produciendo una brillante remontada después de sufrir un neumático pinchado que parecía capturar la imaginación del público.

A pesar de la popularidad de la carrera, el Gran Premio de Holanda nunca ha tenido un ganador holandés. En la carrera de 1952, participaron dos holandeses: Jan Flinterman y Dries van der Lof, pero ninguno de ellos volvió a correr en la F1. El primer piloto holandés habitual de un coche de F1 fue Carel Godin de Beaufort o, para darle su título completo, el conde Karel Pieter Antoni Jan Hubertus Godin de Beaufort, un aristócrata de espíritu libre que vivía en la finca familiar de Maarsbergen, a las afueras de Utrecht, y que una vez ató un puesto de salchichas a la parte trasera de su coche en Nürburgring antes de salir a dar una vuelta que acabó con un montón de madera astillada, metal doblado y salchichas arruinadas. (De niño, una vez había hecho una jugarreta similar a unos dignatarios que visitaban la casa y su padre corrió a buscar su rifle de caza. Afortunadamente, su hijo había escapado). A pesar del excéntrico sentido del humor de De Beaufort, se le conocía como un auténtico caballero del paddock y los alemanes, que le admiraban mucho, se referían a él como *Der letzte Ritter* (El último caballero), un guiño tanto a su herencia como a su carácter.

De Beaufort, que ganó Le Mans en 1957, creía que cuanto más estrecha fuera la relación entre el piloto y el mecánico, más rápido sería el coche, y que los trabajos externos de un equipo, los acuerdos de patrocinio y las injerencias de las fábricas, no hacían más que restarle valor. Era un piloto privado que poseía el coche que conducía en los Grandes Premios y lo conocía probablemente mejor que nadie.

«Mi forma de actuar es diferente a la de ellos», decía de los equipos respaldados por las fábricas contra los que competía. «Voy a un taller y les digo exactamente lo que quiero. Cuando vuelvo de una carrera, les cuento todas mis anécdotas y les enseño mis hojas de tiempos y las fotos que hice. Por la noche, los invito a cenar. Y en caso de que tengan que trabajar hasta tarde, les compraré una caja de cerveza y les llevaré un montón de comida».

También ayudaba, y era muy respetado por los mecánicos de Porsche a los que a menudo daba de comer. Así que fue un momento de celebración casi universal cuando De Beaufort se convirtió en el primer holandés en conseguir un punto en el Campeonato del Mundo de Fórmula 1, y además en su propio país. En el Gran Premio de Holanda de 1962, más recordado por ser la primera victoria de Graham Hill en una carrera, De Beaufort llevó su Porsche a casa en sexta posición para conseguir un único punto y se regocijó por haber vencido a Jo Bonnier, uno de los pilotos de fábrica «que nunca ha estado en la fábrica» y no ha tenido ningún contacto significativo con sus mecánicos. También señaló sus hojas de cronometraje, donde sus tiempos de vuelta empezaban casi todos en un minuto y 42 segundos. «Así es como he conseguido ser el Porsche más rápido de la carrera. Ese es mi estilo, ser rápido y constante durante toda la carrera».

Sin embargo, la historia de la carrera de De Beaufort terminó de una manera tristemente familiar. A lo largo de las carreras tuvo roces con la muerte, algunos debidos a su propia imprudencia y otros a la naturaleza de la época. Incluso aquel día de 1962 en el que consiguió por primera vez un punto, estuvo teñido de tristeza. Su amigo Ben Pon, al que había subido a otro Porsche más nuevo para la carrera, comenzó nervioso y, tras ser adelantado por De Beaufort, estaba desesperado por impresionar volviendo a adelantar al líder de su equipo. Hizo un trompo y salió despedido del coche.

«Cuando pasé por delante de los restos, me preocupó que no hubiera sobrevivido», dijo De Beaufort después. Milagrosamente, lo consiguió, pero juró no volver a correr en monoplazas. Fue uno de los afortunados. Su amigo no lo fue.

Más adelante, De Beaufort había desarrollado una reputación por la seguridad. A pesar de algunas de las imprudentes travesuras de sus días de juventud, el accidente mortal de Alfonso de Portago en la Mille Miglia de 1957, donde el cuerpo del español fue encontrado en dos pedazos y otros nueve pilotos murieron, empezó a ser llamado *Veilige Careltje* (Carelito el seguro) por su prudencia en las carreras. Su fallecimiento fue entonces tal vez más trágico.

De Beaufort murió tras un accidente en Nürburgring en 1964. Durante los entrenamientos, había llevado una peluca de los Beatles para entretener a los espectadores durante sus primeras vueltas, pero luego decidió empezar a buscar ritmo. En su quinta vuelta, el coche se salió de pista hacia los árboles y De Beaufort salió despedido, sufriendo fracturas en el muslo, el pecho y, sobre todo, el cráneo. Fue trasladado a un centro neurológico, pero tras dos días de atención médica, fue declarado muerto el domingo por la noche. Graham Hill y Ben Pon portaron su féretro en el funeral en la finca de Maarsbergen, donde posteriormente fue enterrado a la edad de sólo treinta años.

A pesar de que había dejado una impresión duradera en el mundo del motor, los Países Bajos luchaban por ponerse al día con el resto de Europa. El Gran Premio de Holanda parecía estar amenazado en serie, a pesar de haber superado aparentemente los retos financieros de los años 50, y Zandvoort no era ni mucho menos inmune a los peligros de una época mortal. Piet Alders no sería la única persona que perdería la vida allí. Piers Courage se estrelló durante el Gran Premio de Holanda de 1970 después de que su dirección se rompiera en el notorio bache del túnel Oost y rodara por una de las dunas. Su propia rueda delantera le golpeó la cabeza y le quitó el casco antes de que el chasis estallara en llamas.

La muerte de Courage, combinada con las deficientes instalaciones de Zandvoort, hizo que la carrera se eliminara del calendario a petición de los pilotos en 1972, y se llevó a cabo una revisión de las estructuras de seguridad. Se añadió una curva más para reducir la velocidad en el sector final, un nuevo asfalto y una nueva torre de control de la carrera, pero las áreas clave, como las barreras Armco, débilmente fijadas, quedaron sin desarrollar, los comisarios siguieron estando peligrosa e insuficientemente equipados y el carril de boxes seguía considerándose demasiado estrecho, pero la carrera se reanudó de todos modos tras pasar la inspección.

Eso hizo que fuera aún más desgarrador cuando a sólo ocho vueltas del Gran Premio de Holanda en Zandvoort en 1973, el desastre se produjo de nuevo con los ojos del mundo mirando.

Roger Williamson había ganado títulos consecutivos de Fórmula 3 y se le había ofrecido ser piloto de BRM para la temporada de 1973, pero lo rechazó y condujo para March en su lugar. Tenía sólo 25 años y corría por segunda vez en la F1 cuando sufrió un presunto fallo de neumáticos a gran velocidad en la curva a la derecha de Hondenvlak y voló contra la valla, antes de rebotar por la pista. Su coche rodó y el depósito de combustible estalló, envolviéndolo en llamas.

Lo que siguió es una de las secuencias más impactantes del archivo de la F1, y una escena que ojalá esté condenada a tiempos pasados. Otro piloto británico, David Purley, antiguo paracaidista, se detuvo y corrió hacia los restos en llamas. Intentó desesperadamente dar la vuelta al coche, sabiendo que Williamson seguía vivo porque podía oír los gritos del piloto. Los comisarios se apresuraron a socorrerle, pero, a diferencia de él, no llevaban trajes ignífugos y, por lo tanto, no pudieron ayudarle más que desplegando un extintor a distancia, que Purley no tardó en arrebatarles y trató en vano de apagar el fuego, alternando entre el extintor y el intento de hacer rodar el pesado coche hasta la extenuación. Se le concedió la Medalla George al valor, pero Williamson no pudo salvarse.

Sorprendentemente, el coche no fue retirado, ni siquiera una vez apagado el fuego. La carrera continuó con el coche cubierto por una manta. Una vez terminada la carrera, llegaron un equipo de recuperación, la policía y un juez. En la que posiblemente sea la escena más tétrica jamás presenciada en un circuito, el cuerpo de Williamson fue sacado de la cabina y colocado directamente en un ataúd. «Más vale prevenir que curar» no es uno de los proverbios más utilizados en Holanda.

La pista fue adaptada de nuevo más tarde para reducir la velocidad en el segmento que se había cobrado dos vidas en cuatro años, pero como dijo el escritor Mattijs Diepraam al recordar el incidente años después para la excelente enciclopedia de la historia de las carreras *8W*, parecía «llenar el pozo después de que la vaca se hubiese ahogado».

En total, Williamson fue el séptimo corredor que perdió la vida en Zandvoort y, desde entonces, le han seguido seis más, incluso con una serie de alteraciones significativas. Nunca se olvidará en esa parte de Holanda que, a pesar de toda la pasión que despierta el automovilismo, sigue siendo un deporte intrínsecamente peligroso.

De Beaufort había sido la mayor estrella del automovilismo holandés en los primeros años de la F1, habiendo ganado Le Mans y puntuado —en una época en la que sólo los seis primeros clasificados puntuaban— en cuatro ocasiones, pero sin duda esa cifra habría sido mayor de no ser por su prematuro fallecimiento. Gijs van Lennep fue probablemente el siguiente en dejar huella, ya que llegó a la F1 tras ganar Le Mans en 1971 junto a Helmut Marko, el hombre que ahora ayuda a dirigir los equipos de Red Bull Racing, pero le costó mucho hacerse notar, entrando y saliendo de Williams y puntuando en dos ocasiones, pero finalmente no consiguió correr más de ocho veces. Volvió a ganar Le Mans en 1976, pero no estaba muy bien considerado.

Al igual que Van Lennep, Jan Lammers ganó Le Mans, aunque lo hizo en 1988 cuando ya tenía 32 años. Empezó a correr muy pronto, ya que nació en Zandvoort en 1956 y aprendió su oficio en la escuela de Rob Slotemaker, otro holandés que se metió en la F1 pero que también perdió la vida en el circuito de Zandvoort a finales de los setenta.

Antes de obtener el carné de conducir, Lammers se había convertido en el campeón de turismos más joven de la historia de Holanda y, siendo aún adolescente, se dedicó a los monoplazas. Pronto se trasladó a Inglaterra para conducir en la Fórmula 3 europea para Hawke, pero el coche no era competitivo y regresó a su país de origen un año después.

Se unió al Racing Team Holland, uno de los pocos equipos locales de los Países Bajos y para el que tanto Slotemaker como Van Lennep habían corrido en series júnior, y ganó títulos. Al igual que Lammers, siguiendo sus pasos, ganó el título europeo de Fórmula 3 en 1978 y se ganó un asiento en la F1 tras impresionar al director del equipo Shadow, Joe Ramírez, durante una prueba en Silverstone. Lamentablemente para Lammers, fue su única temporada completa con el mismo equipo.

Lammers era un piloto polifacético, ya que había empezado en turismos y se había pasado relativamente tarde a los monoplazas, y lo demostró durante un evento especial en Zandvoort antes de su primera temporada de F1, cuando ganó tres carreras diferentes en el mismo día con tres coches bastante distintos. Lammers también había aportado dinero de patrocinio al Shadow gracias a un acuerdo con Samson, una empresa holandesa de tabaco para liar, pero no podía cambiar el hecho de que incluso entonces sus bolsillos eran mucho menos profundos y el Shadow era un carro de la compra potenciado. Su noveno puesto en

Canadá fue un pequeño milagro, pero fue revelador que, aunque la noticia de su éxito se coló en las últimas páginas, ya que era el mejor resultado de un holandés en la F1 desde hacía varios años, la noticia del cambio del ciclista Joop Zoetemelk de Mercier a la escudería holandesa TI-Raleigh acaparó muchas más páginas y protagonismo. Lammers se coló como un aparte al final de la información deportiva de *De Telegraaf*.

En su mayor parte, el automovilismo y la F1 parecían seguir siendo una preocupación secundaria o terciaria en el calendario deportivo holandés; aunque Zandvoort era un lugar pintoresco y emocionante, se había convertido en un fracaso comercial. La asistencia, que había llegado a superar los 60.000 espectadores, había disminuido, sin que ayudara la ausencia de un héroe local. (Lammers, nacido en Zandvoort, sólo corrió allí una vez y se retiró de la F1 en 1982). Bernie Ecclestone, entonces a cargo del deporte, hizo una evaluación típicamente brutal de la situación en una entrevista televisiva durante el Gran Premio de Holanda de 1985, momento en el que el desafortunado pero bien respaldado Huub Rothengatter era el único holandés en la parrilla y el aumento del precio de las entradas había hecho que el número de espectadores disminuyera aún más.

—Si se ven 15.000 o 20.000 personas en la carrera, ¿será suficiente [para mantener la carrera el próximo año]? —pregunta un esperanzado presentador holandés.

Ecclestone le mira fijamente a los ojos, hace una pausa y se limita a decir:

—No.

Presionado, sugiere que está buscando un número más cercano a 45.000.

—¿Y eso es un éxito financiero? —pregunta el entrevistador.

Ecclestone, sin mostrar casi ninguna emoción, pronuncia una brutal frase.

—No, en ese caso no sería un fracaso tan grande.

Ecclestone sonríe a medias ante su propia burla y luego se da cuenta de que probablemente debería mostrar un poco de deferencia hacia las personas cuyo sustento depende del Gran Premio de Holanda.

Y añade:

—Llevamos cinco o seis años apoyando económicamente esta carrera y ya es hora de que se valga por sí misma.

El entrevistador sugiere que la personalidad holandesa quizás no está tan predispuesta a hacer dinero (tal vez no seamos tan sabios con los peniques y las libras) y da a entender que la carrera es algo más que eso. Ecclestone, el más pragmático de los negocios, rechaza la sugerencia.

Durante los tres días, 56.000 personas acudieron a Zandvoort, pero con más de 25 solicitudes en 1986 para realizar carreras, Ecclestone ya no estaba dispuesto a invertir millones de libras en el circuito. Se fueron, y no volverían en más de 35 años. Si se comparan esas cifras con las dos millones de personas que sintonizan regularmente la cobertura de Ziggo Sport de un Gran Premio en domingo o el millón que solicitó entradas para el malogrado Gran Premio de Holanda de 2020, es una señal de lo fuerte que el apetito por la F1 podría haber sido.

A pesar de todos los argumentos económicos, el hecho es que un piloto holandés con talento ganando carreras es lo que hizo que la F1 volviera a Holanda para la temporada 2020, aunque esa carrera nunca se llevó a cabo por la pandemia de coronavirus, y que de haber estado en circulación en ese momento podría haber sido una venta mucho más fácil para el público y para Ecclestone. Sin embargo, tuvieron que esperar otra década para la llegada de Jos Verstappen, que claramente tenía el talento para ganar carreras, pero que nunca llegó a convertirse en el primer ganador de carreras holandés.

Sin embargo, la llegada de Verstappen a la F1 parece indicar un cambio en la mentalidad y la cultura de las carreras en los Países Bajos. Anteriormente, como sugirió el entrevistador de Ecclestone, había un aire de ingenuidad en el enfoque holandés, en particular en el despiadado mundo de la F1. Los pilotos y los equipos tenían éxito en las fórmulas más jóvenes, pero parecía faltar lo que se necesitaba para triunfar al más alto nivel: un potente cóctel de velocidad, habilidad en la carrera, patrocinio y pragmatismo, tanto dentro como fuera de la pista. La contribución holandesa a la F1, tal y como se ha detallado anteriormente, presenta algunas historias emocionantes que proporcionan una gran textura, pero que rara vez terminan de forma feliz.

Sin embargo, Verstappen tenía un as en la manga, y aunque algunos lo consideren más bien un comodín, Huub Rothengatter era quizás exactamente lo que el automovilismo holandés necesitaba. Rothengatter había corrido treinta veces en la F1 a mediados de la década de 1980, pero nunca llegó a puntuar. Tenía fama de encontrar la manera de robarle el volante a otros pilotos, aunque siempre en coches de baja calidad, y tenía una afición por las técnicas de marketing de guerrilla que le hicieron ganarse una reputación en el paddock. Su historia de origen incluye un gran accidente que debería haber puesto fin a su carrera, pero que pareció reforzar su decisión de llegar a la F1 por las buenas o por las malas.

Así que cuando emprendió una segunda carrera como representante, parecía haber nacido para ello. Se unió a Jos Verstappen y pronto estuvo solicitando ofertas de varios equipos de primera línea, que aumentaron hasta casi toda la parrilla para cuando completó un impresionante test de Arrows en Portugal.

La ambición de Rothengatter y su afán por Jos, sin embargo, se considera a veces como su perdición por quienes creen que Verstappen habría sido el primer ganador de carreras de Holanda si hubiera seguido un camino diferente.

Cuando en 1993 muchos los buscaron, Rothengatter y Verstappen se decantaron por Benetton, principalmente porque le ofrecían un contrato de dos años. El plan no era que corriera en 1994 junto a Michael Schumacher, pero el fuerte accidente de J. J. Lehto en los entrenamientos de pretemporada y su posterior problema en el cuello, le hicieron debutar, y consiguió dos podios consecutivos en Hungría y Bélgica. Sin embargo, seguía siendo un piloto temerario, que «primero pasaba y después preguntaba si podía pasar», y aún no había dominado los detalles de la F1. Tal vez, si hubiera aceptado la oferta de prueba de McLaren y hubiera acabado debutando con ellos en 1995, las cosas habrían sido diferentes. Tal vez, si Rothengatter no hubiera empezado a emitir grandes demandas financieras por los servicios de su cliente en 1995, Flavio Briatore hubiese optado por volver a contratarle. Y tal vez no hubieran tenido la retención de contrato con Jordan en 1998 que dejó a Verstappen sin un asiento en la F1 cuando se decantaron por Heinz-Harald Frentzen.

Lo que sí hizo Rothengatter fue llevar a Verstappen del karting a la F1 el doble de rápido, ya que sólo corrió 52 veces en cualquier tipo de coche de carreras antes de debutar en la serie más rápida, en una época en la que la mayoría de los pilotos tardaban mucho más en ganarse un puesto. Por eso, según sus propias palabras, Jos no estaba preparado. Sin embargo, la gente de Holanda sí lo estaba. Incluso antes de que debutara, el famoso club de fans, con su membresía anual de 20 libras y su revista titulada *Jos the Boss*, estaba creciendo con fuerza. Sin acción en los Grandes Premios desde que Zandvoort perdió su carrera nueve años antes, el meteórico ascenso de Verstappen y su primer podio en Hungría fue una gran noticia en su país. Su ciudad natal, Montfort, estalló en júbilo. Su abuelo Sef, de 71 años, fue citado en *De Telegraaf* diciendo: «Dadle uno o dos años y será campeón del mundo». En la portada se calificó de carrera histórica, donde Verstappen aparecía celebrándolo con su compañero de equipo Schumacher. En ese momento no estaba claro cuál de los dos alcanzaría mayores cotas, desde luego no en Holanda.

Cuatro años después nació Max, pero al otro lado de la frontera, en Bélgica. Jos se había trasladado a Mónaco al principio de su carrera, pero regresó al norte de Europa y, en una pequeña y secreta boda, se casó con Sophie Kumpen, la madre de Max, en la ciudad belga de Hasselt, donde se establecieron. Hasselt, capital de la provincia belga de Limburgo, es una ciudad flamenca situada a una hora en coche del pueblo de Montfort, donde Jos se había criado y donde su padre seguía viviendo, no muy lejos de la frontera. Max creció en Bélgica, viaja con pasaporte belga y vivió en Bélgica toda su vida hasta que se trasladó a Mónaco en 2015.

Sin embargo, a pesar de la fuerte influencia belga en su vida, Max corre con una superlicencia holandesa, lo que significa que cuando se sube al escalón más alto del podio, suena *Wilhelmus* en lugar de *La Brabançonne*, y cuando los fans de Max llenan las tribunas de toda Europa, es el naranja brillante el que los distingue en lugar de cualquier cosa que pueda llevar un Red Devil.

«He vivido en Bélgica toda mi vida, pero me siento más holandés», dijo el propio Max allá por 2015. «A causa del karting, paso más tiempo con mi padre que con mi madre. Simplemente, siempre estoy entre holandeses».

«En realidad, sólo vivía en Bélgica para dormir, pero durante el día iba a Holanda y tenía mis amigos allí. Me crie como un holandés y así es como me siento». Y también desde una edad temprana. Una foto de padre e hijo tomada poco antes de la Copa Mundial de la FIFA 2006, les muestra posando con su kart, todo el vehículo pintado de naranja, mientras Jos sostiene un balón de fútbol naranja y el ala delantera lleva el mensaje «Hup Holland hup!».

Como tantas cosas, en la cabeza de Max está muy claro. Los pilotos de carreras suelen tener esa cualidad que puede confundirse con la arrogancia o la terquedad, pero es producto de su profesión. Cuando vas a más de 300 kilómetros por hora y tienes que frenar en una curva, no hay zonas grises. No se puede debatir sobre ello ni cubrirse las espaldas; hay que frenar de una vez y con fuerza, de lo contrario se está en la grava o en el muro. Y eso se traslada a la vida.

Sin embargo, Limburgo es lo más neerlandés que hay en Bélgica. La provincia flamenca de habla neerlandesa era una sola entidad hasta que Bélgica se independizó en 1839 y parte de la zona fue designada en el lado belga de la frontera. Ahora hay dos provincias separadas, ambas llamadas Limburgo, en una de las cuales nació Max (la belga) y la otra en la que está la ciudad natal de Jos (Montfort). Mucha gente opta por vivir en el lado belga de la frontera debido a las disposiciones fiscales más favorables y a las viviendas generalmente más baratas. Así que es comprensible que en esa parte de Flandes haya un poco de fluidez en cuanto a la identidad nacional.

Se podría argumentar que Bélgica tiene una historia de automovilismo más exitosa que la de los Países Bajos. La madre de Max, Sophie, nació en el seno de una familia repleta de talento para las carreras. Su padre, Robert, que falleció en 2020 a los sesenta y nueve años tras una batalla contra el cáncer de más de quince años, fue un exitoso piloto de karts antes de dedicarse a la actividad empresarial, y también fue presidente del club de fútbol de Genk, pero seguía organizando carreras de karts en las que participaban su hija y su sobrino Anthony, en parte para calmar a la madre de este, que estaba harta de que condujera su kart por el jardín y destrozara sus parterres. Su hermano Paul, padre de Anthony, fue campeón nacional belga de rallycross en 1987 y posteriormente fundó su propio equipo de carreras. Incluso apareció en la versión belga de *Bailando con las estrellas* (fue expulsado a las tres semanas). Anthony también compitió con el equipo PK Carsport de su padre en una serie europea de coches de serie y ganó dos veces el título, antes de pasar a retiro en 2018 después de fallar en un control de drogas durante la carrera de 24 horas de Zolder, un evento que había ganado seis veces en sus días de juventud.

Sophie tampoco se quedó atrás, aunque nunca llegó a ser piloto profesional, a pesar de que podía haber contado con el apoyo del grupo Kumpen, dirigido por su tío, que incluye una empresa de construcción multimillonaria, un ala de inversión inmobiliaria estadounidense y, anteriormente, acciones del mayor fabricante belga de bicicletas, Ridley. Ella había demostrado el talento necesario para ganárselo al vencer a muchos pilotos que llegaron a lo más alto de la F1. El hombre que ahora es el jefe de su hijo en Red Bull, Christian Horner, corrió contra ella en 1989 el Campeonato Mundial de Karting Junior.

«En esa carrera había algunos pilotos de gran talento: Jan Magnussen, Jarno Trulli, Giancarlo Fisichella, Dario Franchitti. Ella estaba entre los diez mejores del mundo, seguro», dijo Horner.

Cuando ganó el prestigioso Trofeo Andrea Margutti en 1995, entre los participantes había más pilotos que llegarían a competir en la F1, pero Sophie lo dejó cuando conoció a Jos. La carrera de él ya había despegado y en 1997 Max ya había nacido.

«A veces sigo hablando con mi madre de ello y es bonito ver algunas fotos antiguas de ella compitiendo», dijo Verstappen al *Financial Times* en 2018. «Mi padre conoció a mi madre gracias a las carreras. Definitivamente, desde que yo era pequeño, siempre hablábamos de ello cuando estábamos en casa».

Si Sophie se hubiera salido con la suya, probablemente Max correría con los colores belgas en lugar de los holandeses. Cuando Max aún tenía diecisiete años, y su nombre tenía que figurar en todos los documentos porque todavía era menor de edad, declaró a un tabloide belga: «La única identificación que tiene Max es la belga. Cumple dieciocho años el 30 de septiembre, y en esa fecha, y no antes, puede optar por la nacionalidad holandesa. Mientras tanto, es belga y nada más».

Sin embargo, Max ya corría con una superlicencia holandesa y planeaba dejar Bélgica y trasladarse a Mónaco poco después de cumplir los 18 años. El regalo de dos motos acuáticas por parte de su padre Jos y su mánager Raymond dejó claro que su futuro no estaba en Flandes, a más de ciento cincuenta kilómetros del mar.

«En realidad, no ha cambiado mucho», insiste Max después de mudarse a Mónaco. Porque viajo constantemente. Y en cualquier momento puedo volver a casa, a Bélgica, de visita».

Fue tal vez el último clavo en el ataúd de las escasas esperanzas que tenían los belgas de reclamar al hombre nacido en su suelo.

Lo curioso es que Bélgica tiene un historial mucho mayor en lo que respecta al deporte del motor, especialmente en la F1. Antonio Ascari ganó el primer Gran Premio de Bélgica en 1925, trece años antes de que Henri van Alphen lanzara unas balas de heno en el centro de Zandvoort, y la carrera ha sido una parte familiar del calendario de la F1 desde la guerra.

Esto no quiere decir que los Grandes Premios en Bélgica fueran un éxito inmediato. Spa-Francorchamps, el circuito que ha albergado el primer Gran Premio belga y la mayoría de ellos, fue diseñado originalmente en 1920 para albergar una reedición de la Copa La Meuse anterior a la Primera Guerra Mundial en carreteras públicas, pero la carrera inaugural de Spa en 1921 tuvo que ser cancelada después de que sólo se inscribiera un coche. En su lugar, 23 motocicletas corrieron por el circuito. Un año más tarde, una prueba organizada por el Real Automóvil Club de Bélgica (RACB) abrió el circuito a los vehículos de cuatro ruedas en lo que se conoció como el primer Gran Premio de Bélgica.

La pista adquirió fama de ser una de las más duras y emocionantes, con cambios de elevación a través de los bosques que permanecen hasta hoy, pero también como una de las más mortíferas. En total, a lo largo de su historia, Spa se ha cobrado la vida de 48 pilotos o corredores, incluyendo la impactante muerte del francés Anthoine Hubert durante la carrera de F2 en 2019. El circuito ha sido revisado y reconstruido varias veces a lo largo de los años por motivos de seguridad y, con apenas unos 4.3 kilómetros, tiene ahora menos de la mitad de la longitud de su trazado original. Sin embargo, ha seguido siendo una carrera rentable y popular, que sin duda ha ayudado a cimentar la F1 en la psique deportiva nacional belga, pero también tuvieron a uno de los mejores corredores de los años sesenta y setenta.

El padre de Jacky Ickx había sido periodista de automovilismo y había llevado a su hijo a las carreras cuando era niño, pero el joven mostró poco interés hasta que le compró una pequeña moto. Ickx pronto se convirtió en campeón nacional y llegó a ganar también honores europeos antes de cambiar las dos ruedas por las cuatro y entrar en las carreras de turismos con Lotus.

En el año 1967, ganó el Campeonato Europeo de Fórmula 2 con Tyrrell y participó en la Fórmula 1 tanto con ellos como con Cooper, pero su título en la segunda categoría le valió un contrato a tiempo completo con Ferrari la temporada siguiente. En su quinta participación con la Scuderia, después de haber conseguido su primer podio en su país un mes antes, se convirtió en el primer belga en ganar un Gran Premio al conducir en condiciones de humedad extremas en Rouen. Sin embargo, el reportaje de Pathé se centra en el incidente por el que la carrera es más recordada, el accidente en la segunda vuelta que provocó la muerte del piloto francés Jo Schlesser después de que su Honda experimental, con chasis de magnesio, estallara en llamas. Ickx, de pie en el escalón más alto del podio por primera vez, apenas reconoció su victoria. El hecho de que las dos primeras victorias de Ickx se vieran ensombrecidas por la muerte de un colega es una muestra del desafío que representaba la F1 en sus inicios. Cuando Ickx ganó su tercera carrera en Canadá, en 1969, corría para Brabham en una batalla por el segundo puesto del campeonato; Jackie Stewart ya había sellado el título. La victoria llevó a Ickx a superar a Bruce McLaren y a Graham Hill a un segundo puesto que conservaría hasta el final de la temporada. Tras ser reincorporado por Ferrari, Ickx logró la misma hazaña por detrás de Jochen Rindt, que perdió la vida a mitad de temporada, pero sumó suficientes puntos para que se le concediera el título, y parecía seguro que el belga ganaría en algún momento un campeonato mundial. Sin embargo, el segundo puesto fue lo más cerca que estuvo de lograrlo. También fue cuarto en tres ocasiones.

Sin embargo, su carrera no estuvo exenta de laureles. Entre 1969 y 1982, ganó las 24 horas de Le Mans en seis ocasiones distintas antes de retirarse en 1985 tras verse afectado por su implicación en otra fatalidad en el automovilismo, esta vez el alemán Stefan Bellof, que murió tras una colisión con Ickx durante una carrera del Campeonato Mundial de Automóviles Deportivos en Spa. Sin embargo, Ickx es reconocido en Bélgica y en todo el mundo como uno de los mejores pilotos que nunca ganó un título mundial de F1, e incluso corrió en el Rally París-Dakar hasta los 55 años. También fue incluido en el Salón Internacional de la Fama del Automovilismo y siguió participando en el deporte como secretario de pista en Mónaco.

Le siguió Thierry Boutsen, que logró tres victorias y quince podios en su carrera en los 164 Grandes Premios que corrió, pero al igual que hasta este año su vecina Holanda, Bélgica sigue sin un campeón del mundo y lo pide a gritos. Sin embargo, aunque Max Verstappen no levante la bandera belga en el podio, el país sale ganando con su éxito. Su relativa proximidad a Alemania significaba que la venta de entradas para el espectáculo de Michael Schumacher rara vez era un problema a principios de la década de 2000, pero la carrera estuvo quince años sin agotar entradas antes de que la llegada de Max a la escena iniciara una migración anual a través de la frontera para lo que entonces era lo más parecido a una carrera en casa. En el segundo año de Verstappen en 2016, en la F1, se estima que 25.000 aficionados holandeses acudieron a Spa para verle correr. Un año más tarde, se cree que ese número se ha triplicado, ya que la carrera se ha revitalizado con alrededor de un cuarto de millón de personas que acuden cada año a Bélgica. Verstappen suele citarla como su carrera favorita, en parte por el «Muro Naranja» que se forma junto a la recta de Kemmel cada año para verlo.

Sin embargo, es naranja, y no el rojo carmesí de Bélgica. Por mucho que les guste su presencia, Verstappen siempre será el Holandés Errante.

3

PAPÁ, EL PEOR JEFE DEL MUNDO

«Nunca tuve sorpresas en la F1 porque nadie fue tan duro conmigo como mi padre». Ciertamente, Jos siempre ha sabido conectar con su hijo.

En 2012, habían estado en un evento del campeonato mundial de karting que Max describe como lo que debería haber sido «uno de los fines de semana más fáciles de mi carrera». Así de dominante era sobre el trazado. Sin embargo, el viernes quemó el embrague durante una manga, lo que le obligó a retirarse y dio a su padre mucho trabajo para poner el kart en forma para la prefinal. Sin embargo, lo hizo —ser el mecánico de Max era su trabajo a tiempo completo en este momento— y después de salir en la décima posición en la pre-final, Verstappen recuperó ocho puestos en la primera vuelta y ganó la carrera por cuatro segundos.

Eso lo llevó a la pole en la final, saliendo con un piloto llamado Daniel Bray junto a él en la primera fila. Bray era un neozelandés relativamente desconocido. Era su primer evento de la Copa del Mundo, e incluso recuerda que un oficial de prensa se le acercó y le preguntó: «¿Quién ERES?». ¿Y de dónde vienes? Él y Max habían sido los pilotos más rápidos durante todo el fin de semana y la final iba a ser un enfrentamiento entre los dos. Incluso Bray sabía que, en todo caso, estaba compitiendo por el segundo.

«Todos arriba y abajo de la grilla sabían que Max básicamente tenía el saco bien atado», dice Bray, que ahora dirige su propio equipo de karting y aprovecha sus estancias en Europa para ayudar a otros compatriotas que hacen la difícil y a menudo costosa mudanza al circuito internacional.

«Un muy buen amigo mío, Josh Hart, un campeón mundial de go-
kart, estaba hablando conmigo antes de la carrera y me dijo: "¿Tienes
algún plan para ganarle?" y dije: "No creo que tenga nada que hacer
contra él". Pero se nos ocurrió un plan que era básicamente: si él te pasa,
recupera inmediatamente la posición, mantente al frente. No lo dejes
escaparse. Salimos de la línea, dimos una vuelta, obtuve una buena salida y pasé a Max antes de la curva».

La forma en que se diseñó la pista ese fin de semana la convirtió en
una de las más rápidas del mundo. Los go-karts alcanzaban velocidades
cercanas a 190 kilómetros por hora en la recta principal y la estela que
dejaba era muy poderosa. Incluso en la clasificación, era prácticamente
imposible establecer un tiempo competitivo sin formar equipo con alguien para aprovechar su rebufo en la recta principal y todo sucedía en
unas ocho décimas de segundo.

Eso hacía que adelantar en la recta principal fuera relativamente
simple, pero romper «el remolque» (es decir, avanzar lo suficiente como
para no ser adelantado de nuevo una vuelta más tarde) no sería fácil.
Antes de la final, Max había adelantado a nueve pilotos, así que sabía
que no era una pista en la que adelantar fuese difícil.

«Ya habíamos recorrido un largo camino en el circuito y así fue
como pensé que iba a ser porque éramos los dos karts más rápidos
durante todo el fin de semana», añade Bray.

«Y luego regresamos a la pista y bajamos a la esquina frente a los
pits allí. Era un giro a la derecha súper rápido, así que estabas en quinta marcha y luego bajabas a cuarta. Apenas quitaste algo de velocidad
al go-kart. No había medidores de velocidad colocados en las curvas,
pero los coches la tomaban rutinariamente a más de 130 kilómetros por
hora. Nadie en todo el fin de semana había pasado por allí. A esa velocidad, entras tan rápido, estás mirando tan lejos en la distancia, que tan
sólo rebajas la marcha y giras».

Era un lugar imposible de pasar, pero con las palabras de castigo de Jos por su error con el embrague resonando en sus oídos, Max
se mostró impetuoso. Se zambulló por dentro y su llanta delantera

izquierda tocó la trasera derecha de Bray. El neozelandés nunca lo vio venir.

«Fue un *sorpasso* estúpido», dice Bray, quien vio sus esperanzas de un podio en su primera carrera de la Copa del Mundo frustradas por el incidente.

«Siendo realistas, por la velocidad que llevaba, todo lo que tenía que hacer era esperar tres curvas más, luego volveríamos a la recta donde lo pasé y él habría hecho exactamente lo mismo que yo, pasarme. Y luego yo hubiera hecho lo mismo y tratado de enganchame detrás de él y seguirlo. Como en las carreras de bicicletas.»

Bray se encogió de hombros ante la decepción, complacido de haber llegado a la final y haber demostrado su valía en un campo internacional de élite. La madre de Max fue directamente a disculparse por el incidente. Siendo ella misma una conductora de karts de élite, estaba claro quién había tenido la culpa. Jos también lo hizo, aunque esperó media hora para hacerlo. Necesitaba tiempo para calmarse. Reconoció que fue culpa de Max y se disculpó, pero no estaba menos enojado.

De hecho, Jos estaba furioso. De todos los consejos que le ha dado a Max a lo largo de los años, muchos de ellos son sobre estar tranquilo y paciente, consciente de su propia impetuosidad que a menudo le había costado a él su carrera deportiva, sin mencionar el hecho de que sudó sangre para poner el kart en forma para la final del fin de semana.

Perdió los nervios y recogió su equipo en la furgoneta. Max le pidió ayuda para llevar el kart de la pista a la furgoneta después de la carrera. «Hazlo tú mismo», respondió Jos con rabia. Con la ayuda de un amigo, lo cargó y ambos emprendieron el largo camino de vuelta a casa.

Max, fiel a su carácter, quería resolver las cosas. Intentó hablar con su padre sobre lo que había pasado, pero Jos no podía ni mirarle. Finalmente, se detuvieron en una gasolinera y Jos le dijo que se bajara, antes de difuminarse en la distancia.

Ahora, insiste en que sabía que la madre de Max no estaba lejos de ellos y podía recogerlo, pero la reputación de Jos le precede. Así las cosas, Jos se dio la vuelta y volvió a por su hijo, pero la reprimenda no había terminado. Condujeron los casi dos mil kilómetros hasta casa en silencio, algo doloroso para cualquiera, pero especialmente para Max, un apaciguador instintivo.

En el 2020, en un pódcast patrocinado por Aston Martin, la pareja habló largo y tendido del incidente. Max dijo que estaba disgustado después de la carrera, pero que su padre estaba con la peor de las emociones paternas: decepcionado. Decepcionado era probablemente un eufemismo. Jos no le habló durante una semana, hasta que finalmente se explicó.

«A mí me pareció que lo hacía todo demasiado relajado. Ya sabes, todo era muy fácil para él», dijo Jos.

«Pero realmente quería que sintiera el dolor. Porque tenía que pensar en lo que estaba haciendo. Esa fue la última carrera de esa temporada y la temporada siguiente lo ganamos todo. Lo que pasó en esa carrera le hizo mejor piloto».

Ese mismo año, Jos golpeó a su hijo en el casco durante un fin de semana de carrera, en medio del paddock, por cómo se había desempeñado Max durante una sesión de práctica.

«¿Qué estás haciendo? Estamos aquí, es el campeonato mundial y creo que podemos ganarlo», recuerda haber dicho Jos.

Max admite que estaba conduciendo «como una patata» y que el golpe en la cabeza fue una llamada de atención que funcionó: ganó todas las eliminatorias, la prefinal y la final ese fin de semana, pero ese gesto no pasó desapercibido. Los mecánicos cercanos estaban desconcertados por el incidente. Max todavía era un niño, aunque prodigioso, y a pesar de que Jos era su padre y los padres de karts son famosos por ser duros con sus pupilos, parecía que estaba cerca de la línea roja en más de una ocasión.

«Bastardo retrasado, cerdo estúpido, nunca lo lograrás, ese tipo de cosas», recuerda Max que le dijo su padre.

«Eso resume muy bien esa época [durante el karting]. Mi padre siempre fue muy estricto conmigo cuando las cosas no iban tan bien».

A menudo existe la sensación en el deporte de élite de que el fin justifica los medios y que los jóvenes atletas son presionados más que los niños normales. Hay muchos que sienten que incluso los fines (ganar el título mundial de 2021) no estaban justificados por los medios que eligió Jos para ayudar a su hijo a lograrlo. Incluso Helmut Marko, uno de los capataces más duros de la F1, pensó que Verstappen era «más que duro» con su hijo. Está claro que Jos no era un modelo perfecto ni un padre perfecto, pero al menos estaba totalmente comprometido, tanto en términos de tiempo como de dinero.

El jefe de equipo y copropietario de Mercedes, Toto Wolff, que también ha dirigido una agencia de gestión de pilotos, sabe más que la mayoría lo caro que puede ser llegar a la cima, y recientemente hizo un cálculo de las cifras.

«Si alguien tiene talento, mucho talento, probablemente necesite gastar un millón de euros en karting en carreras júnior, sénior e internacionales», dice Wolff. Necesitas al menos una temporada en la F4 o en la Fórmula Renault, lo que supone otros 350.000 euros si lo haces bien.

Necesitas 650.000 euros para una temporada de F3, así que estamos en 2 millones de euros. Probablemente necesites otra temporada de F3, así que estás en 2,6 o 2,7 millones de euros, y luego no has hecho ninguna GP2 o World Series. Así que digamos que estás en 3 millones de euros si eres un talento extraordinario. La GP2 es otro millón y medio de euros, así que probablemente, si quieres estar seguro, estás entre 4,5 y 5 millones de euros y sólo has hecho un año de GP2. Estás a punto de entrar en la Fórmula 1, pero no estás ahí. Necesitas entre 2 y 3 millones de euros más para conseguir el volante. Así que estamos hablando de entre 7 y 8 millones de euros».

En un momento dado, un piloto espera cubrir algunos, si no todos, de estos honorarios y costes a través de patrocinios, pero estos se disparan exponencialmente a medida que se asciende en el escalafón. Al principio, vas a necesitar a alguien con una suma de seis o siete cifras en el bolsillo y un conocimiento decente del deporte en términos de cómo gastarlo.

El sistema de academia de pilotos, en el que equipos como Ferrari, Renault, Mercedes o McLaren buscan talentos en las categorías inferiores e intentan llevarlos por la vía rápida y financiarlos para que lleguen a la cima, es ligeramente más meritocrático, pero incluso en ese caso la mayoría de los pilotos que recogen ya han gastado cientos de miles en su carrera.

No siempre fue así. Por ejemplo, es el caso de uno de los primeros grandes campeones de Fórmula 1, el argentino Juan Manuel Fangio. Abandonó la escuela a una edad temprana y empezó a trabajar en un taller mecánico antes de alistarse en el ejército, donde se notaron y mejoraron sus habilidades de conducción. Cuando volvió a la vida civil, reunió el dinero suficiente para construir un coche de carreras. Sus padres, un ama de casa y un albañil de profesión, le dejaron utilizar su caseta de jardín. Una historia así no tenía nada de particular en las primeras décadas de la F1, ya que los antecedentes de ingeniería eran lo que solía unir a los pilotos de la parrilla. Algunos tenían padres con aceite en las manos, como John Surtees, cuyo padre Jack era campeón y vendedor de motos, pero otros, como Jim Clark, habían desafiado activamente los deseos de su familia de agricultores al dedicarse al deporte del motor.

El camino moderno es quizás más diverso, pero no más meritocrático, quizás incluso menos; los lazos familiares con el deporte son comunes y con el deporte tan prohibitivamente caro para entrar, así que ayuda si tienes un padre que es un piloto, o un millonario, o preferiblemente ambos.

Como siempre, hay excepciones que confirman la regla. Damon Hill fue el primer hijo de un campeón del mundo en ganar un campeonato mundial, aunque su padre, el bicampeón mundial Graham, murió trágicamente en un accidente aéreo antes de ver a su hijo, que entonces tenía quince años. Sin embargo, curiosamente, Damon nunca expresó mucho interés por el automovilismo hasta después de la muerte de su padre. Mientras que alguien como Verstappen se habría dedicado a la conducción preescolar si la FIA hubiera sancionado una serie para menores de cinco años, Damon pasó años haciendo otras cosas. Su primer amor fueron las motos, que le parecían más agradables estéticamente. Los coches le parecían incómodos al tomar las curvas, lo que en los años 70 era así, y que incluso así no se podía ver todo el trabajo que hacía el piloto. En una moto, se veía al piloto envuelto alrededor de la máquina, aferrándose milagrosamente a la vida y metiéndola en las curvas a gran velocidad, mientras luchaba sobre su espalda como una enredadera enredada en un tubo de desagüe. Se permitió hacer un guiño a su padre, compitiendo con un diseño de casco casi idéntico al de Graham, un fondo azul marino oscuro con palas de remo blancas (su padre había sido remero antes que piloto de carreras) adornándolo alrededor de la corona.

A pesar de su evidente amor por el deporte, adoptó un enfoque de laissez-faire para tener éxito. Corría a un nivel relativamente bajo y no se molestaba en entrenar, sino que simplemente se presentaba y esperaba ganar. A veces ni siquiera era capaz de comenzar la carrera.

«Me pasé la mayor parte del tiempo andando en moto y luego todos los demás ya se me habían adelantado», dijo Hill en una entrevista en 2019.

«No tenía ni idea. No tenía a nadie que me dijera lo que tenía que hacer. Así que tuve que aprender por las malas. Había mordido más de lo que podía masticar».

El talento estaba ahí, de alguna manera. Había estado expuesto a las carreras toda su vida, había conocido a casi todos los campeones del mundo vivos, había correteado por el paddock cuando era niño y había visto a su padre ganar dos títulos mundiales, pero siempre decía que era un mero espectador con poca comprensión de lo que ocurría. A diferencia de otros, no tenía una pasión discernible por las carreras, no al menos en primera instancia.

Más tarde indicó que se reducía a una cuerda emocional eminentemente relacionable: el miedo a decepcionar a su padre.

«Cuando murió, los focos se apagaron y tuve la oportunidad de ser yo mismo. Sentí un gran alivio», escribió en su autobiografía en 2016. «No tenía que preocuparme de si mi padre aprobaba lo que hacía. Fue una sensación complicada de libertad, a costa de su vida».

«Al correr, estaba resucitando a mi padre. Mis actuaciones eran mías, pero inevitablemente contenían algún legado de la carrera de mi padre y honraban su memoria. En cierto sentido, fue una forma de conocerlo como adulto que no podría haber hecho de otra manera».

Hill Sr. había ganado el Campeonato Mundial de Pilotos en 1962 y 1968, y cuando Damon Hill logró la misma hazaña tres décadas después, en 1996, el legendario comentarista de F1 Murray Walker pronunció las inmortales palabras: «Tengo que parar porque tengo un nudo en la garganta».

Siguió un momento de silencio en el aire, una verdadera rareza para un comentarista que generalmente trataba de hablar tan rápido como los coches que describía. Algunos dijeron que Walker había sido parcial contra el rival de Hill en el título, Jacques Villeneuve, durante la temporada, algo que el locutor negó rotundamente, pero si se hubiese colado un poco de favoritismo, se le podría haber perdonado.

Ser un piloto de carreras británico en la década de 1980 no era una vida fácil. El dinero llegaba a los deportes de motor desde Europa continental, a menudo desde Italia, pero rara vez llegaba al otro lado del Canal. En su lugar, los pilotos tenían que luchar por todos los patrocinios que pudieran y, por tanto, no era fácil conseguir pilotos. Habiendo trabajado en el deporte del motor desde los años 40, conocía a Damon casi toda su vida y era el tipo de soporte que habría sido su padre.

Hill se encontró con las dificultades de correr sin esa figura paterna durante sus días sobre dos ruedas, pero también lo citó como algo que en parte lo formó. Una vez que se vio obligado a hacerlo todo por su cuenta, porque sus resultados hicieron desaparecer a sus patrocinadores, pareció aprender el valor de lo que estaba haciendo. Habiendo empezado desde cero, las cosas empezaron a encajar y la velocidad finalmente llegó. Dice que ganó todas las carreras en las que participó en 1984.

Sin embargo, la realidad se impuso entonces. Las carreras de motos tenían un mal pronóstico. Todas las razones por las que a Damon le gustaba —el equilibrio, la exposición del piloto a los elementos, la alta velocidad— venían con la advertencia de que la mayoría de los corredores se lesionaban y que la retirada voluntaria era un lujo que la mayoría de los pilotos no tenía. Las lesiones o incluso la muerte eran un resultado mucho más probable, y los beneficios económicos de este deporte comparados con sus primos de cuatro ruedas no eran los mismos.

El dinero era un problema grave. No sólo era difícil atraer patrocinadores, sino que la familia de Hill había estado a punto de quebrar por la muerte de su padre. Sucedió cuando volaba de regreso del sur de Francia tras una sesión de pruebas con un equipo de carreras que dirigía bajo su propio nombre. En el avión iban otras cuatro personas: el diseñador Andy Smallman, el director Ray Brimble y dos mecánicos,

Tony Alcock y Terry Richards, todos los cuales perecieron en el accidente. Más tarde se supo que la documentación de Hill no estaba en regla y el seguro del avión quedó invalidado. La familia de Hill no recibió ningún pago y los parientes de los otros fallecidos reclamaron a la sucesión de Hill. La lujosa mansión de 25 habitaciones en Hertfordshire, donde las fiestas en las que se alojaban los grandes y los buenos del mundo del Gran Premio se habían convertido en leyenda, dejó de ser viable. Su viuda, Bette, y sus tres hijos, Damon, Brigitte y Samantha, estaban en la ruina.

Aunque Hill nunca lo ha dicho, la idea de que la familia perdiera a otro miembro, y sin siquiera la perspectiva de una remuneración importante por el riesgo, no era sensata y se presentó la oportunidad de conducir coches de carreras. Bette le convenció para que fuera a la escuela de carreras de Winfield, en Francia, donde empezó a mostrar cierta aptitud natural.

Sin embargo, el progreso fue lento. Hill no había pasado por el karting ni por el automovilismo profesional como sus rivales. A los 24 años era un principiante tardío y, según admite, fue un poco lento para adaptarse a la cultura de las carreras. Cuando habla de los trapicheos en los que se vio envuelto más adelante en su carrera, admite abiertamente que no tenía una verdadera visión empresarial, que odiaba los contratos y que nunca entendió realmente el aspecto político de las cosas.

«Cuando mi padre se dedicaba a ello, yo me limitaba a pasar el rato. Sabía cuál era la actitud de mi padre ante las cosas y que era muy trabajador e increíblemente decidido, pero cuanto más aprendía sobre mi padre, más se esforzaba en ciertas áreas y no delegaba lo suficiente en la gente, lo que es el verdadero talento.

»Los pilotos de carreras tienden a ser una banda de un solo hombre y a encajar en un equipo. En las carreras de coches, tenías que formar parte del equipo y dejabas que esa gente te diera el equipo y tú te limitabas a conducirlo. Con mi moto, lo hacía todo yo mismo. Lo que no entendía muy bien era que había que tener a la gente adecuada a tu alrededor».

Cuando dio el salto a la fama, después de haber conseguido retazos de conducción en Le Mans, en turismos y en la Fórmula 3 y en la 3000, consiguió el puesto de piloto de pruebas en Williams. Después de seis o siete años en las categorías inferiores del automovilismo, empezó a percibir el aroma de una conducción prometedora y, de hecho, se acercó a Williams antes de que ellos se acercaran a él. El equipo le dio 30.000 kilómetros de experiencia en dos años y lo endureció en los retos físicos y políticos de la F1. Sin embargo, la inseguridad le seguía persiguiendo. «Sentía que siempre intentaba convencer a la gente de que era bueno porque había mucha prensa a mi alrededor de inicio y bastante escepticismo», dijo Hill.

«Nunca sentí que realmente fuese considerado como un buen conductor».

Ese escepticismo aumentó cuando, sorprendentemente, fue ascendido a compañero de Alain Prost en 1993, cuando había otros pilotos más experimentados disponibles. El equipo se había arriesgado con él, aunque los cínicos podrían decir que fue porque el jefe del equipo, Frank Williams, sabía que podía pagarle a Hill casi nada en comparación con otros en el mercado. El piloto les devolvió el favor, terminando tercero en su primera temporada y luego segundo en dos ocasiones antes de triunfar en 1996, tras lo cual fue abandonado sin contemplaciones por Heinz-Harald Frentzen.

Es un trágico resabio de una época en la que la seguridad de los pilotos era una idea tardía, en lugar de una prioridad, que la historia de Damon Hill sobre la pérdida de sus padres en el automovilismo no es única. Por un capricho del destino, el compañero de equipo de Hill, Villeneuve, también había perdido a su padre, otro antiguo piloto de F1, cuando era niño. Jacques acababa de cumplir once años cuando Gilles, que nunca fue campeón del mundo pero sí subcampeón en 1979 tras Jody Scheckter, se estrelló durante la clasificación del Gran Premio de Bélgica en Zolder. Chocó con la parte trasera del coche de Jochen Mass a más de 200 kilómetros por hora y el coche salió despedido por los aires durante 100 metros antes de que el propio Villeneuve saliera despedido del coche y se rompiera el cuello. Se le mantuvo con respiración asistida el tiempo suficiente para que su esposa, la madre de Jacques, Joann, llegara al hospital, pero murió poco después, a la edad de sólo treinta y dos años.

En realidad, Jacques ya estaba algo alejado de su padre, al que envió a vivir con otra familia a la edad de nueve porque «la energía en casa no era buena». Esto significaba que tenía una visión ligeramente diferente de su padre, que era compartida por muchos en el paddock. Su rival, Niki Lauda, lo describió una vez como «el diablo más loco con el que me he cruzado», algo de lo que da fe la corta pero complicada relación de Jacques con su padre.

«La forma en que me educaron, cuando estaba con él, siempre estaba haciendo locuras, cosas estúpidas, ya sea en un helicóptero, un 4x4 o en las carreteras. Esa es la única imagen que tenía de él, como piloto y no como padre», dijo Jacques en 2019.

Cree que fue deliberado, no la paternidad ausente sino la exposición a la velocidad y la adrenalina.

Jacques añadió: «No tengo muchos recuerdos de mi padre, pero lo único que sé es que quería que su hijo corriera. No tengo ninguna duda».

Durante el primer año de Gilles en la Fórmula 1, su familia viajaba con él por todo el mundo, acampando en los circuitos de los Grandes Premios en el motorhome, antes de que la escuela se convirtiera en algo más importante y la vida familiar en algo más complicado.

Es posible que el afán de Jacques por convertirse en corredor, aunque más bien su ausencia, le alejara de ello, al menos al principio. No empezó a correr en karts hasta los catorce años, pero, según él, gracias a que se había convertido en un esquiador muy hábil cuando estaba en un internado en Suiza, tenía una aptitud natural que sus instructores en Canadá nunca habían visto.

También conservaba ese espíritu temerario de su padre. Cuando esquiaba con sus amigos, saltaban desde los acantilados. Jacques siempre buscaba el más grande para saltar porque sabía que no tendrían el valor de seguirle. En la F1, iba a toda velocidad por Eau Rouge, la famosa y peligrosa seguidilla de curvas en Spa, aunque en realidad no demostraba ganar tiempo por vuelta con eso. Se trataba de hacerlo porque podía.

Sin embargo, la Fórmula 1 siempre fue su objetivo final y superó a su padre cuando ganó el título mundial a su compañero de equipo

Heinz-Harald Frentzen, en 1997, habiendo perdido el año anterior ante Hill. Al igual que su antiguo compañero de equipo en Williams, a menudo tuvo que demostrar que era un auténtico piloto de carreras y algo más que un simple apellido. Los dos podrían haber sido firmes amigos con tanto en común, pero la incomodidad de ser compañeros de equipo y luchar por un título mundial al mismo tiempo creó demasiadas fricciones. Ambos describen su relación como totalmente «profesional». Una palabra que casi todos los pilotos utilizan como término diplomático como alternativa a decir «no éramos amigos», y al final sólo estuvieron juntos una única temporada.

Algunas cosas han cambiado mucho en la F1 desde la década de 1990, pero no la presencia de nombres en la parrilla que resuenan en la historia del deporte. Además de Verstappen, hemos visto a Nico Rosberg, hijo del campeón del mundo de 1992 Keke, a Kazuki Nakajima, cuyo padre Satoru fue el primer piloto japonés de F1 a tiempo completo, al hijo del tricampeón Nelson Piquet, Nelson Jr, al hijo de Jan Magnussen, Kevin, y al hijo de Jonathan Palmer, Jolyon, inscribir sus nombres en los libros de historia de la F1 junto a los de sus padres con diferentes grados de éxito.

De hecho, es casi imposible llegar a las vertiginosas alturas de la Fórmula 1 a no ser que tus padres tengan al menos un interés pasajero en el deporte del motor. No es como el fútbol o el tenis, donde se puede pagar la cuota, dejarlos a las nueve y recogerlos a las cinco después de haber pasado el día aprendiendo todas las habilidades. Como padre de un piloto en ciernes, tienes que ser un patrocinador, un chófer, un ingeniero y un estratega. Afortunadamente, Jos pudo ser todas esas cosas y más para Max, pero también quiso asegurarse de que podría entrenar a su hijo de la manera adecuada. Tenía en mente que, tal y como se estaba desarrollando su carrera, tendría más tiempo para trabajar con él cuando cumpliera los seis años. Para entonces, Jos tendría más de treinta años y tal vez estaría a punto de dejar la F1, así que fue entonces cuando había planeado comprarle su primer kart. Pero Max, como tantas veces en su vida, quería adelantarse.

Jos dice: «Estaba con su madre en una pista de karts cerca de Genk y me llamó llorando porque vio a un niño más pequeño conduciendo y dijo que él también quería hacerlo. Así que cuando volví a casa —había estado en Canadá para una carrera— le compré un kart. Así es como empezó. Tenía cuatro años y medio».

El propio Max tiende a contar la historia, porque es un trozo bien ensayado por ambos hombres a estas alturas, de forma un poco diferente, sugiriendo que Jos no cedió tan fácilmente. Había visto a uno de sus amigos, que de hecho era más joven que él y sigue siendo un amigo hasta el día de hoy, conduciendo en la pista cerca de Genk. Sus primeras súplicas llorosas cayeron en saco roto cuando llamó a su padre para preguntarle. «Espera a tener seis años», le respondió, manteniendo su plan. Sin embargo, Max lloró durante días y su madre, que llevaba la peor parte de su campaña, fue la que llamó a Jos esta vez y le dijo: «Creo que tenemos que comprarle un kart. Ahora».

Jos intenta insistir a menudo en que habría dejado al pequeño hacer lo que quisiera, pero en una familia de pilotos tampoco conocía mucho otras posibilidades y los vehículos eran su primer y único amor. Después de eso, Jos se habría sentido, incluso él lo admite, frustrado si Max hubiera abandonado una vez que quedó claro el talento que tenía.

Para Carlos Sainz Jr., que acabaría siendo compañero de equipo de Max en Toro Rosso, también había algunas expectativas paternas importantes. Su padre, Carlos, fue dos veces campeón de rallies y los dos jóvenes tenían mucho en común cuando unieron sus fuerzas.

Como todos los padres corredores, Carlos padre se ausentaba mucho cuando su hijo crecía y, como parece inevitable, Carlos hijo se obsesionó con la conducción desde muy pequeño. Cuando tenía dos años, le compraron un pequeño coche a pilas y cuando su padre volvió un día de una carrera, vio a su hijo conduciendo por el jardín. Deslizaba el coche, hacía dónuts e incluso el «*Scandinavian flick*», una técnica utilizada en los rallies para tomar las curvas en condiciones de baja adherencia.

«¿Quién demonios le ha enseñado a hacer eso?» preguntó Carlos. Su mujer se encogió de hombros. Nadie lo había hecho. De alguna manera, llevaba la destreza en la sangre.

A medida que crecía, Carlos Jr. se aficionó rápidamente al karting. Su padre era propietario de un centro cubierto en el barrio de la Latina de Madrid, no muy lejos del Vicente Calderón, donde el Atlético de Madrid jugaba al fútbol en aquella época antes de trasladarse al nuevo estadio Wanda Metropolitano, al otro lado de la ciudad. En el complejo de karts, Carlos Jr. demostró un talento prodigioso que sugería que podría estar más interesado en correr sobre el asfalto liso que sobre la tierra, el polvo y la nieve que su padre había hecho prácticamente suya.

Su carrera podría haber ido en cualquier dirección, pero entonces un encuentro fortuito decidió las cosas por él. A los diez años, los dos Sainz fueron a Barcelona para el Gran Premio de España, donde el nombre de Carlos padre les abrió muchas puertas. Una de ellas fue la carpa de hospitalidad de Renault, donde estaba sentado el líder del mundial y héroe español Fernando Alonso. Se acercaron a conocerlo y Carlos Jr. estaba tan nervioso y emocionado que apenas podía hablar. Fernando recuerda que su padre le dijo que Junior sólo quería correr en circuitos y no en rallies. El encuentro con Fernando selló el tema. Cuando volvieron a Madrid, Carlos dijo a su familia que quería ser como Fernando Alonso. Seguramente no se creían que diez años más tarde, estaría corriendo rueda a rueda con él.

Al igual que Carlos, Max tenía un carácter fuerte y conocía su propia mente. Un año nuevo, Jos se llevó a su familia de vacaciones a Noruega, junto con su mánager y amigo íntimo Raymond Vermeulen y su familia. Se alojaron cerca de la casa de vacaciones de Michael Schumacher, y las tres familias pasaron tiempo juntas. El hecho de que Max, de cinco años de edad, no fuera el único futuro piloto de carreras presente, sino que el hijo de Michael, Mick, fuera dos años más joven, es un indicio de la naturaleza familiar de la F1. Max tenía cinco años y Jos le compró una semana de costosas clases de esquí; al final de la misma seguía prefiriendo bajar en trineo por la montaña gritando «un trineo como este va bien y rápido y es mucho más fácil que dos de esos largos esquíes». Por las tardes, ya que en Noruega anochece a las 16:00 horas en esa época del año, se dirigían al chalet de los Schumacher y jugaban a juegos de mesa. Sin duda, era muy competitivo. Jos y Michael hablaban constantemente de la Fórmula 1, de los cambios en el reglamento de la FIA y, como bromeó Jos en su momento, de «si se aplicarían a él o no». Evidentemente, la disponibilidad de

Jos se mencionaba con regularidad, por si acaso Michael podía hablar bien de él en alguna parte.

Por eso, cuando le compró a Max su primer kart, Jos no había renunciado en absoluto a la F1, aunque quería ser él quien le enseñara qué hacer con ella. Es cierto que no tenía un lugar fijo para correr, pero seguía asistiendo a casi todos los fines de semana de carreras para reunirse con los patrocinadores y los directores de los equipos, con el fin de mantener su nombre en el aire para cualquier vacante de conducción que pudiera haber. También dio sus frutos, ya que consiguió un volante con Minardi, aunque resultó ser el último y una forma bastante floja de terminar su propia carrera en la F1: sólo terminó entre los diez primeros dos veces en la temporada 2003, y en su última carrera en Japón lo doblaron dos veces y fue el penúltimo clasificado. En ese momento, ya había comenzado su tutela sobre Max, y sobre otros. Jos claramente sentía que tenía mucho que podía transmitir, seguía practicando ocasionalmente el karting de forma competitiva y entrenaba a Giedo van der Garde, que llegaría a conducir en la F1, corriendo con uno de sus karts en el campeonato mundial. Pero Giedo era un adolescente. Max era un niño, apenas un bebé, y Jos hizo lo posible por no involucrarse demasiado hasta más tarde. Afortunadamente, Max tenía un talento natural.

«Al principio no le entrené mucho. Le dejé que se divirtiera y condujera, pero nunca tuve que decirle cómo tomar las líneas de carrera o cosas así. Lo sabía porque estaba observando todo el tiempo».

Cuando Jos empezó a acercarse a la carrera de su hijo y a tomar un papel más activo, no se contuvo. Las piezas ya estaban en su sitio para que Jos trabajara con algunos de los percances y problemas que había encontrado en su propia carrera, y se asegurara de que Max no los encontrara de la misma manera.

«Toda mi carrera ayudó a que la suya fuera lo que es. Aprendí mucho de mi carrera. Se aprende más de los errores que se cometen», dijo Jos en 2019. «Me miré en el espejo y supe exactamente lo que hice mal o no hice bien y traté de enseñarle sólo las cosas buenas».

Aparte de los conocimientos técnicos y prácticos que Jos fue capaz de impartir a Max, también fue capaz de ponerle en el lugar adecuado en el momento adecuado, la mayoría de las veces, y un hombre que resultó fundamental para ello fue Raymond Vermeulen.

A mediados de los años 90, un corredor de seguros de la cercana Roermond estaba en De Rotonde en Montfort, un lugar habitual para él, y se puso a charlar con el propietario, el abuelo de Max, Frans. Raymond mencionó que le gustaba ir al karting los fines de semana y le preguntó si Frans tenía un motor que pudiera comprar para su kart. Resulta que Frans tenía uno en mente, pero habría que instalarlo y ponerlo a punto para el kart de Raymond. Siendo algo así como un aficionado, preguntó si Frans podría tener a alguien que le ayudara a hacerlo, y Frans le recomendó a su hijo Jos.

«Conocí a Jos básicamente por mi absoluta falta de talento para las carreras», bromea Vermeulen en una entrevista con el periódico local *Limburgs Dagblad*. Los dos se hicieron rápidamente amigos y Jos empezó a involucrar a Raymond en su carrera, hasta el punto de convertirse en el número dos de Huub Rothengatter. A medida que la paciencia del paddock con Rothengatter se agotaba —a menudo se le describía como un negociador obstinado y tramposo—, Raymond se involucró más. Mientras que Huub gobernaba con puño de hierro, los medios de comunicación y los equipos sentían que podían hacer negocios con el más maleable Vermeulen. Cuando se produjo el fichaje de Max por Red Bull, los únicos presentes fueron su familia y Raymond. Sigue siendo el hombre que separa al mundo de Max, que mantiene a raya a la jauría. Después de Jos, Raymond es el confidente más cercano de Max.

A veces se ve a ambos hombres en las carreras, a veces a ninguno, pero normalmente a uno o a otro. Vermeulen dice que a menudo le resulta más práctico y productivo no asistir a los fines de semana de carreras cuando se trata de hacer negocios, que es su principal preocupación. Estos días, Jos parece haber retomado su papel de padre ahora que hay grandes ejércitos de personas para atender las necesidades deportivas de su hijo. Probablemente sea lo mejor. Hay innumerables ejemplos de deportistas que llegan a un punto de ruptura con sus vínculos empresariales familiares. Si Max quisiera preguntar, podría escuchar un cuento con moraleja de Lewis Hamilton, cuyo padre, Anthony, fue igualmente comprensivo durante su carrera y le ayudó a hacer sus primeras olas en la F1, hasta que la pareja se separó profesionalmente en 2010. Se anunció como una separación mutua, pero tres años después Anthony reveló que su hijo estaba «harto... de escuchar a su padre» y «decidió que quería ser su propio hombre». Fue un período perjudicial para ambos.

«En la búsqueda del éxito, con la presión que ello supuso para todos nosotros, estábamos tan inmersos en el afán de triunfar que perdimos de vista lo más importante: nuestra relación», declaró Lewis a la BBC.

«Con el tiempo, perdimos ese vínculo padre-hijo y es algo que ambos queríamos recuperar desde hace mucho tiempo».

Jos ha hablado a menudo de aprender de sus propios errores. Quizá también aprenda de los de los demás. Cuando Max se mudó a Mónaco, lo hizo para tener una vida independiente. En un fin de semana de Gran Premio, sigue siendo independiente, pero Jos nunca está lejos para dar un consejo.

«El éxito de Max ha cambiado la vida de toda nuestra familia. Tengo más tiempo para mi vida privada que el que tuve en los 25 años anteriores. Ha cambiado mi vida, ha cambiado mucho la vida de mi hija, ha cambiado la vida de su madre. Lo cambió todo».

«Nosotros [con Raymond] tomamos las decisiones, siempre hablamos, siempre tenemos la conversación: cada trato lo discutimos siempre juntos. Los tres nos llevamos muy bien y es muy bueno tener a las personas adecuadas en el lugar adecuado».

4

UN VIDEOJUGADOR EN LA VIDA REAL

Cuando la pandemia de coronavirus se apoderó del mundo del deporte, la Fórmula 1 estuvo a punto de salirse con la suya. O eso creían.

El virus apareció en el Lejano Oriente en diciembre, cuando el deporte se preparaba para entrar en hibernación antes de lo que iba a ser la última temporada con la normativa actual. Nadie podía predecir lo que ocurriría después, pero la F1 parecía pasar mucho tiempo negándolo. Es famoso por ser el deporte más internacional del mundo, con pilotos de todo el planeta y aficionados en todos los rincones, y sin embargo creyeron que de alguna manera podrían seguir dirigiendo su deporte, tal vez con la concesión de retrasar el Gran Premio de China, con sede en Shanghái, hasta más adelante en el año.

Los equipos se vieron obligados a cambiar sus planes, y los vuelos fueron desviados para evitar los puntos calientes de Covid-19, como China o Singapur, en su camino hacia Australia, pero el optimismo aún abundaba, incluso entre equipos como Ferrari y AlphaTauri, que viajarían desde el norte de Italia, el epicentro del brote en Europa. En Australia no se prohibió viajar a los que llegaban de Italia y todos los equipos pudieron viajar a Melbourne. Increíblemente el Gran Premio australiano, el tradicional telón de inicio de marzo del calendario moderno de la F1, estuvo a pocas horas de comenzar el viernes por la mañana antes de que las autoridades se vieran obligadas a abandonarlo después de que un miembro de la tripulación de McLaren diera positivo en el test del coronavirus y toda una serie de personas se vieran obligadas a autoaislarse como consecuencia del contacto con ellos.

Cada hora parecía que se aplazaba o cancelaba otra carrera, ya que la magnitud de la pandemia iba minando el optimismo de los organizadores. En una semana, la temporada se retrasó tres meses, hasta principios de junio. De hecho, sería el 5 de julio cuando finalmente se iniciarían las carreras en Austria en unas condiciones escrupulosas y extrañas, sin aficionados, con burbujas dentro de las burbujas de los equipos y con pruebas quincenales para todos los que se encontraban en el lugar. Mientras tanto, el deporte estaba desesperado por mantener algún tipo de presencia. Afortunadamente, la F1 se enorgullece de ser la de la innovación y rápidamente se pusieron en marcha las ruedas para llevar las carreras fuera de la pista y ponerlas en línea. No serían eventos del campeonato, naturalmente, pero involucrarían a una parte de la parrilla y utilizarían el juego oficial de la Fórmula 1 para crear una forma de carreras que los espectadores pudieran seguir disfrutando.

«Rápidamente creamos una serie de Grandes Premios virtuales en la que teníamos a nuestros pilotos de F1 de la vida real, a los pilotos de la F1 del pasado, a los pilotos prometedores y a celebridades de todo tipo», dijo el Dr. Julian Tan, jefe de eSports de la F1 y de iniciativas de negocios digitales, el hombre que ayudó a lanzar el deporte de cabeza al mundo de los videojuegos profesionales en 2017. Junto a algunos de los que estuvieron presentes en su nacimiento, la F1 consiguió atraer a varios de los integrantes de la parrilla actual, como Lando Norris y Nicholas Latifi, así como al futbolista Thibaut Courtois, al golfista Ian Poulter y a la superestrella internacional de la música Liam Payne. También participaron los equipos existentes de eSports F1, un proyecto en el que han participado los diez competidores de la parrilla real.

«Tuvimos un grupo muy diverso de celebridades que participaron, pero en el fondo se trataba de que los propios pilotos de F1 compitieran entre sí en el videojuego oficial de F1 para seguir llevando el entretenimiento de las carreras a nuestros fans, porque no podíamos ofrecer un entretenimiento de carreras en el mundo real poniendo nuestros coches en el asfalto. Fuimos capaces de ofrecer carreras en directo a través de los eSports durante la pandemia y también, en esa línea, seguir ofreciendo valor a los patrocinadores y contenidos para nuestros socios de transmisión, que realmente se encontraban en una situación muy singular».

«Todo se había quedado a oscuras, así que era muy importante para nosotros poder seguir manteniendo las luces encendidas a través de los eSports. Creo que [2020 fue] un gran año que ha seguido demostrando que los eSports tienen un gran papel que desempeñar a la hora de transformar el deporte de la Fórmula 1 y lo que significa para participar o convertirse en un fan de la Fórmula 1».

La adquisición de la F1 por parte de Liberty Media, una empresa estadounidense con una amplia cartera de medios de comunicación y deportes, supuso la retirada definitiva de Bernie Ecclestone del control del deporte tras décadas al frente del mismo. Un deporte global y multimillonario (la compra total ascendió a 4.400 millones de dólares) había sido dirigida por Bernie y algunos miembros del personal desde una pequeña oficina en Londres. Si querías un pase para el paddock en un fin de semana de F1, él tenía que firmarlo personalmente. Era el microgestor por excelencia y un brutal hombre de negocios, pero que había visto cómo las cifras de audiencia de la F1 disminuían en el siglo XXI. El reto principal de los nuevos propietarios de la Fórmula 1 era rectificar esa caída y, el santo grial para casi todos los deportes, llegar a un público más joven.

Para empezar, el propio Dr. Tan es un hombre mucho más joven de lo que Bernie habría considerado jamás contratar para un puesto directivo. Graduado en Oxford, Cambridge, y la Escuela de Negocios de Harvard, pero sin experiencia en el deporte del motor en sí, probablemente Bernie no habría dado un segundo vistazo a su CV. Sin embargo, el antiguo consultor ha sido el artífice de una notable expansión, posiblemente la más exitosa de un deporte, en el mundo de los eSports.

«Cuando entramos [en los eSports] en el 2017, el objetivo y el énfasis principal de que lo hiciéramos era que como deporte teníamos una base de fans que envejecía», dijo el Dr. Tan. «Así que era muy importante que, mientras atravesábamos ese cambio, en el que, como deporte, nos estábamos transformando en muchas facetas diferentes, quisiéramos ser audaces y experimentar con nuevas iniciativas que nos ayudaran a construir esa cantera de aficionados a la Fórmula 1. En ese momento los eSports estaban creciendo rápidamente como industria, así que nos llamó la atención. Sabíamos que había una industria floreciente y que nos ayudaba a hablar con las generaciones más jóvenes, y a llegar a ellas. Así que nos lanzamos de cabeza a los eSports en 2017 y, sinceramente, creo que [cuando] lo hicimos, no entendíamos del todo el sector. Sin embargo, nos lanzamos porque pensamos que era algo importante de hacer. Y, como empresa, creo que, como parte de la adquisición de Liberty, hemos adoptado un enfoque un poco más empresarial, o de riesgo, en cuanto a la búsqueda de nuevas áreas para jugar».

No era un riesgo no calculado, por mucho que el Dr. Tan pudiera restarle importancia. La adquisición de Liberty había traído consigo nuevas ideas y coincidió con la llegada de una nueva clase de pilotos cuya experiencia en las carreras no se limitaba simplemente a las carreras reales. Muchos de ellos estaban involucrados con los eSports y las carreras de simulación a un nivel serio.

En 2015, Max había fichado por el equipo Redline, una escudería de simulación de carreras fundada en el año 2000, pero incluso en ese momento ya tenía su propio asiento de carreras, volante, pedales y tres pantallas curvas —todas con la marca Red Bull, por supuesto—, además de una conexión a Internet de alta velocidad que le permitía convertir su piso de Mónaco en cualquier lugar del mundo. El hecho de que se uniera al equipo virtual durante su primer año en la F1 y de que dijera que planeaba seguir compitiendo en simulación junto con su otra carrera es una prueba de su confianza en el sistema. Red Bull también quiso animarlo, diseñando una decoración personalizada para él en línea que invertía los colores de sus coches del mundo real. Sin embargo, dejaron que el equipo Redline se encargara del simulador y le proporcionaron un nuevo equipo «aún más realista».

«Si pudiera, tendría un simulador profesional completo en casa, pero mi configuración actual se acerca bastante a la vida real», dice Max después de su primer mes de uso del equipo Redline, señalando que el de Red Bull en Milton Keynes sigue siendo significativamente más avanzado.

«¡Esa cosa es diez veces más grande!»

Max es bastante competitivo al instante, pero aun así es consciente de que las carreras de simulación, en las que las pruebas son efectivamente gratuitas y los pilotos pueden dedicarles cientos de horas al mes si lo desean, tienen un techo muy alto.

«Puedes comparar las carreras de simulación con empezar a conducir karts a los cuatro años», añade. «Si los conduces durante diez o quince años, serás muy bueno en ello. Lo mismo ocurre con las carreras de simulación. Así que es muy difícil salvar esa brecha de experiencia».

Los resultados, en términos de añadir elementos adicionales a su conjunto de habilidades en la pista, parecen ser inmediatos. La primera carrera tras el parón veraniego de cuatro semanas fue en Bélgica, el primer Gran Premio en casa de Max. Desgraciadamente, sale desde la decimoctava posición de la parrilla tras una penalización de motor y tiene que abrirse paso entre el pelotón. Tras diez vueltas, ya es duodécimo y se acerca rápidamente a Felipe Nasr, de Sauber. Alcanza al brasileño justo antes de las dos curvas de alta velocidad a la derecha en Blanchimont, curvas que se toman a unos 300 kilómetros por hora el día de la carrera. Normalmente, no es un punto de adelantamiento, pero Verstappen, de diecisiete años, se cuelga por el exterior en ambas curvas, manteniéndose a la altura de Nasr antes de completar el movimiento en la chicane de la parada del autobús y conseguir la undécima posición. Acabaría noveno.

Después, se muestra relativamente indiferente ante la maniobra mientras los comentaristas de televisión se deshacen en elogios hacia él. «Nadie adelanta ahí, pero tú sí», le dice David Coulthard.

«Empecé muy atrás, pero pensé en intentarlo. Había un poco de pista [más allá del bordillo], pero era un movimiento complicado», respondió Max, riéndose para sí mismo. «Llevaba el neumático blando, por lo que estaba traccionando como un demonio, así que definitivamente quería intentarlo».

Este fue el primer Gran Premio de Max en Spa-Francorchamps, sólo su undécima vuelta en esa curva en condiciones de carrera, y sin embargo lo manejó como un profesional. Tal y como se vio, quizás su acuerdo con Redline tuvo algo que ver, ya que unos días más tarde aparecieron unas imágenes de él entrenando en el Spa virtual. Había estado practicando un adelantamiento a Atze Kerkhof, compañero de equipo de Redline y piloto de F3, en esa misma curva, justo una semana antes. Incluso tuiteó imágenes de la sesión con la leyenda «la gente dice que he estado practicando los adelantamientos por el exterior de Blanchimont». El subtexto parece ser «esto no fue una casualidad imprudente que salió por casualidad, este es el tipo de cosas que voy a hacer todo el tiempo». Si no hubiera tenido la oportunidad de hacerlo en el simulador, quizá nunca lo hubiera intentado, con cientos de miles de libras y muchas horas de trabajo de reparación, por no hablar de su seguridad, en peligro.

Es la ventaja obvia de las carreras de simulación sobre la acción en vivo: que los errores nunca costarán tiempo, dinero o, en el peor de los casos, vidas.

«Los pilotos, al tratarse de una carrera de eSports en la que, si se estrellan, sólo tienen que pulsar el botón de reinicio y los daños no van a ser de cientos de miles de dólares, asumen más riesgos como consecuencia de ello», dice el Dr. Tan sobre uno de los beneficios que ha podido aprovechar al llevar la F1 al mundo de los eSports.

«En nuestras carreras de F1 eSports, todos los coches están igualados, lo que es muy diferente del mundo real, por lo que se puede crear una dinámica muy diferente. Hay situaciones en las que un Williams adelanta a un Mercedes, algo que probablemente no ocurriría en el mundo real. Pero esto ocurre muy a menudo en los eSports y da a los fans de Williams, por ejemplo, algo más por lo que animar. Siguen siendo carreras; quizá sean diferentes, pero siguen siendo carreras al fin y al cabo».

Los primeros juegos de simulación de carreras se crearon a principios de la década de 1980 como juegos de estilo arcade que todavía se ven junto a los de disparos, el air hockey y el Pac-Man en los salones recreativos modernos, aunque algo retro, del siglo XXI. Con unos gráficos primitivos y un realismo limitado, se parecen poco a los equivalentes modernos, pero el concepto era el mismo: construir un juego en el que el jugador pudiera sentarse en un asiento, girar una rueda y pisar un pedal, igual que los de verdad. Al principio, el énfasis se puso en el entretenimiento, dado que el mercado de masas atraería a personas que quisieran divertirse con él, en lugar de entrenar para un trabajo de carreras. Sin embargo, a finales de los años 80, se lanzó «Indianapolis 500: The Simulation», que parecía ser el primer esfuerzo genuino por crear una experiencia de carreras realista. David Kaemmer, uno de los diseñadores, procedía de la industria de los simuladores de vuelo y, básicamente, hizo una versión de pista de eso. Incluso admitió veinte años más tarde que su socio comercial «me seguía la corriente dejándome escribir simuladores de carreras», a pesar de que el interés del mercado por la simulación de carreras en óvalos era prácticamente inexistente.

«Al igual que Flight Simulator te permitía subirte a un Cessna y ver cómo era ser un piloto privado, yo quería hacer un programa que mostrara a alguien, en la medida de lo posible, cómo era conducir un coche de carreras», dijo Kaemmer.

Tuvieron suerte y una pequeña empresa de San Francisco llamada Electronic Arts, precursora de la que hoy es la segunda empresa de videojuegos del mundo occidental, les eligió para desarrollar un juego de simulación de la Indy 500 para PC. En el Reino Unido, Geoff Crammond se dedicó a diseñar algo similar para los corredores de carreras en el Commodore 64. Aunque todavía no existía un mercado de consumo para el producto, estaba claro que los desarrolladores tenían sed de realismo. Las dos franquicias se desarrollaron a buen ritmo —IndyCar y el juego de Fórmula 1 de Crammond— y los desarrolladores admiraron y compitieron con el trabajo de los demás.

El verdadero avance de las carreras de simulación se produjo en 1994, cuando NASCAR Racing, del estudio Papyrus de Kaemmer, llegó a las estanterías y se convirtió en el primer juego de este tipo en vender más de un millón de copias. El juego también contaba con una función de red, lo que significaba que los jugadores podían utilizar sus líneas telefónicas para conectarse a las carreras con otras personas de todo el país. Esas facturas telefónicas a veces ascendían a cientos o miles de dólares, y eran la señal de lo que estaba por venir.

La Fórmula 1, viendo el éxito de las versiones americanas y, de hecho, británicas, licenció su propio juego por primera vez en 1996 y lo lanzó en PlayStation, posiblemente el líder del mercado en ese momento, y más tarde en PC. Contaba con 35 pilotos diferentes, diecisiete pistas conducibles y comentarios del gran Murray Walker. Sin embargo, los primeros gráficos en 3D de las consolas de finales de los 90 dejaban que desear y las críticas contemporáneas se quejaban de que, aunque la estética y las libreas eran fieles a la realidad, la jugabilidad real y las habilidades de conducción requeridas eran básicas y demasiado fáciles de dominar. Sólo cuando apareció la tecnología de *force feedback*, que daba a los usuarios una sensación en el mando a través de las vibraciones y el movimiento, las carreras online se hicieron más utilizables y asequibles, y empezaron a despegar realmente en el mercado civil a finales de la década de 2000, un momento perfecto para el preadolescente Max Verstappen.

Incluso entonces, sus primeras experiencias con la simulación de carreras de F1 fueron como las de cualquier otra persona jugando a los primeros juegos de consola con mandos primitivos, pero a medida que crecía y su padre seguía siendo una figura prominente dentro y fuera de la F1, especialmente en los Países Bajos, los desarrolladores estaban deseando tener el juego en sus manos. En noviembre de 2009, cuando Codemasters acababa de lanzar su primer juego con licencia del deporte de forma oficial, tras haber tomado el relevo de Sony para producir la franquicia, Max y Jos se enfrentaron en un evento promocional. El software de movimiento y la extensión del volante de la Nintendo Wii eran ideales para el juego, y ambos se enfrentaron ante una multitud de fotógrafos, periodistas y aficionados a las carreras que se agolpaban en una pequeña sala de Breda, al sur de Holanda. Nunca falto de confianza, Max dice a la multitud reunida que espera ganar el Gran Premio, a pesar del hecho de que está compitiendo contra su padre, un veterano de más de 100 carreras reales de F1 y todavía un piloto de carreras en activo. Sin embargo, Max ha tenido el juego antes y ha estado practicando en su Wii en casa. En gran parte por coincidencia, corren en Sepang, el circuito donde Max tuvo su primera experiencia de un fin de semana de F1 cuando era un niño. Jos está nervioso.

«Esos nervios están ahí, incluso cuando se conduce un coche virtual, dice Jos antes de la carrera. También es muy realista, casi real».

Jos está en el McLaren de Lewis Hamilton, pero Max, en el Renault de Fernando Alonso, se aleja en la distancia y en una carrera de tres vueltas supera a su padre por 26 segundos.

«En realidad, me lo esperaba», dice Jos mientras su hijo sonríe con suficiencia. «Mientras practicaba, no he visto nada más de Max. Nadie quiere perder contra su propio hijo, pero los niños tienen más afinidad con un juego así».

Puede que fuera algo que despertara la pasión de toda la vida por el juego, pero Max ya estaba bien enganchado. Tampoco era el único. Hamilton, cuyo coche condujo su padre en la Wii, hizo referencia al juego de Crammond de 1994 «Grand Prix 2», realizado con la bendición aunque no bajo los auspicios oficiales de la F1. Tras igualar el récord de 91 victorias de Michael Schumacher en Alemania en 2020, Hamilton admitió que era surrealista haber emulado a un héroe de la infancia con el que había jugado en el videojuego.

«Cuando creces viendo a alguien, generalmente lo idolatras en términos de su calidad como piloto, pero también de lo que es capaz de hacer continuamente carrera tras carrera, año tras año, semana tras semana», dijo Hamilton.

«Había un juego llamado "Grand Prix 2" y recuerdo haber jugado como Michael y ver su dominio durante tanto tiempo que no creo que nadie, especialmente yo, pudiera imaginar que estaría cerca de Michael en términos de récords».

Si no hubiera sido por un accidente de esquí que le cambió la vida en 2013 y los meses posteriores en coma, Schumacher quizás podría devolver el favor en una versión mucho más avanzada del juego.

Por supuesto, cuando Hamilton jugaba en los años 90 y principios de los 2000, el nivel de simulación no era ni de lejos el de ahora, y en términos reales tenía una relación limitada con el tipo de carreras que le harían multimillonario. Cuando Ron Dennis lo tomó bajo su tutela y lo fichó con sólo trece años, no fue por sus actuaciones en un videojuego, sino porque era un campeón de karts, algo que su padre Anthony había hecho enormes sacrificios económicos para facilitar. De hecho, Hamilton era uno de los pilotos menos financiados de la parrilla, porque incluso antes de llegar a la adolescencia, cuesta sumas de seis cifras poner a alguien en el karting.

Sin embargo, el auge de los deportes electrónicos está cambiando esta situación. Jean-Eric Vergne, expiloto de F1 de Red Bull y dos veces campeón del mundo de Fórmula E, vio la potente combinación de carreras y juegos que se estaba formando desde el principio, y cofundó

Veloce, uno de los primeros y mayores equipos de eSports en 2015. Incluso con sus años de pedigrí en las carreras, no pudo seguir el ritmo de los hombres y mujeres que ahora ayuda a dirigir en la cima de los eSports.

«Probablemente sea más difícil ser el mejor piloto de simulación de eSports del mundo que ser el mejor... bueno, yo no diría el mejor piloto de Fórmula 1 porque obviamente se necesita mucho más que habilidades, pero es bastante similar [en términos de nivel]», dice Vergne.

«Ser el tipo que es el mejor en cualquier área [de los eSports es el mejor] de entre millones de jugadores [por lo que] es extremadamente difícil. Por desgracia, como el automovilismo es un deporte caro, no todos los chicos pueden [acceder] a la cima. Tienes que hacer karting y luego tienes que pasar a monoplazas. E incluso entonces tienes que estar siempre en el mejor equipo, para poder intentar ganar carreras, así que es extremadamente difícil tener éxito en el deporte del motor. Pero para mí las carreras de simulación son un poco como el fútbol: basta con comprar un par de zapatos y el balón y puedes empezar desde las favelas y ser uno de los mejores jugadores de fútbol de todos los tiempos. Mientras los niños puedan permitirse un ordenador lo suficientemente bueno y un volante, podrán competir contra miles y miles de jugadores en línea».

La idea de que los jefes de equipo de la F1 se fijen en los resultados en línea de un piloto para tomar su decisión sobre la promoción y los contratos, algo que Vergne dice que siempre ha creído que acabará siendo así, ya no es tan descabellada. El piloto brasileño de origen japonés Igor Fraga fue finalista en la primera serie de eSports de la Fórmula 1 en 2017. Llevaba jugando al juego de carreras «Gran Turismo» desde los tres años y a los karts no mucho después, pero le costó abrirse camino en los monoplazas cuando fue mayor debido al gran esfuerzo económico. Luego ganó la final mundial de la Copa de Naciones del Campeonato de Gran Turismo Sport, una de las primeras series de eSports reconocidas por la FIA, en 2018; ahora tiene un volante en la F3, a sólo dos niveles de distancia, en teoría, de la F1. Todavía hay un largo camino por recorrer, pero Fraga, que fue fichado por el equipo júnior de Red Bull en 2020, está mucho más cerca que hace dos años.

«No creo que vaya a ser necesariamente algo a corto o medio plazo», dice el Dr. Tan sobre la idea de que los jugadores puedan convertirse en pilotos. «Es un viaje a largo plazo, pero creo que se está empezando a ver el impacto de abrir ese embudo y conseguir que más y más gente acceda al deporte del motor en general, y luego a la Fórmula 1».

«Pero creo que el camino de pasar de un nivel a otro antes de llegar a la Fórmula 1 sigue siendo muy importante, porque estamos hablando de la cúspide del deporte del motor, pero creo que el simple hecho de abrir el embudo es realmente un gran paso para un deporte como la Fórmula 1. Todavía hay desafíos inherentes para progresar en la escala. Creo que obviamente hay un elemento físico que no se tiene en cuenta en las carreras de simulación, pero más allá de eso hay toda una escalera que te lleva a la F1 y ese viaje sigue siendo relevante. Todavía hay que recorrer ese camino antes de pasar de la F3 a la F2 y a la F1».

Sin embargo, las cualidades físicas se pueden construir y trabajar. Los pilotos de simulación se aplican con la misma dedicación a la repetición de vueltas y al aprendizaje de los circuitos que los pilotos de carreras hacen en el gimnasio para mantenerse en forma, ligeros y capaces de soportar las fuerzas G de la F1.

Vergne dice: «Cuando ganamos una carrera para ganar un campeonato [en las carreras de simulación] se requiere más o menos lo mismo que ganar la carrera o el campeonato, en la vida real hay que manejar la presión y hay que jugar fuerte.

»Ganar algo requiere mucho trabajo, dedicación, talento, también un poco de suerte. Y si eres capaz de ganar algo tan complicado, si te dan las herramientas adecuadas en el deporte del motor, si tienes el talento, entonces sí, por qué no, por supuesto que puedes lograrlo». En McLaren 2017, decidieron tratar de aprovechar algunos de estos florecientes talentos en línea y darles la oportunidad de conducir en el mundo real. Organizaron un concurso para buscar al jugador más rápido del mundo, con pruebas clasificatorias en todas las plataformas más populares, para que la red fuera lo más amplia posible. Se trataba básicamente de un concurso de talentos de la F1, con un contrato como piloto de simulador de McLaren como premio.

El ganador de 2019 fue James Baldwin, un joven de 22 años de Buckinghamshire. Había sido un piloto de karts a nivel nacional cuya familia aceptó dar una oportunidad a las carreras de monoplazas, inscribiéndolo en dos carreras de Fórmula Ford. El proceso casi les llevó a la quiebra y James consiguió un trabajo de bajo nivel fabricando piezas para aviones, con la vista puesta en una licenciatura en ingeniería mecánica. Entonces ganó el *World's Fastest Gamer*, lo que le ofreció una oportunidad de entrar en el mundo del motor.

Tres años más tarde, su trabajo con McLaren le permitió conducir un GT3 británico, un coche real en un circuito real para un equipo cuyo propietario no es otro que el excampeón del mundo de F1 Jenson Button. La realidad de no conducir en un simulador le fue impuesta antes de la primera carrera de Baldwin. Incluso en el 2020, había mucho escepticismo sobre cómo se desenvolverían los jugadores en la pista.

«Conduces un coche muy caro», dijo Baldwin en una entrevista con el periódico *i*: «Tuve varias sesiones informativas a lo largo del fin de semana de "por favor, no choques", sólo el parachoques delantero cuesta 40.000£. No es agradable oírlo antes de salir, especialmente en una pista como Oulton Park, donde no hay una verdadera salida de pista y, si te sales, te vas a dar contra el muro. Creo que algunos de los pilotos piensan que no sabré correr rueda a rueda, y un par de pilotos se me acercaron antes de la primera carrera y me dijeron: "Ten cuidado", como si les preocupara que fuera a hacer alguna locura. Creo que inconscientemente se preocupan un poco porque las cosas que aprendes en las carreras de simulación te llevan a un límite totalmente distinto».

Para sorpresa de todos, Baldwin y su compañero de equipo Michael O'Brien ganaron en su primera salida con el Jenson Team Rocket RJN y, lo que es igual de importante, mantuvieron el coche de una pieza, terminando finalmente cuartos en el truncado campeonato de 2020. El futuro de Baldwin sigue siendo un poco incierto debido a la economía mundial, pero confía en que los eSports y los juegos le han dado un empujón que nada más podría haber hecho.

«Mi sueño al crecer era estar en la Fórmula 1, pero no creo que eso vaya a suceder», añadió. La gente que entra en la F1 ahora tiene dieciocho o diecinueve años, y yo tengo veintidós, y tienen presupuestos enormes. Pero siempre he querido ser piloto de carreras, así que he tachado eso de la lista, pero siempre he querido ser uno de los mejores pilotos del mundo, y eso se puede conseguir sin estar en la F1. Podrías ganar en Le Mans, en la Fórmula E o en la IndyCar, así que ese sería un objetivo real, conseguir una conducción con un fabricante como McLaren o alguien así».

Baldwin se ha desviado de la ruta de los monoplazas con su incursión en las carreras de coches deportivos, pero habrá quienes, incluidos los aficionados a los eSports de la F1, pondrán su historia como ejemplo de cómo puede funcionar, y él se ganó ese impulso incluso antes de que la pandemia permitiera que las carreras virtuales tuvieran un largo día bajo el sol.

La F1 ya había convencido a los diez equipos para que participaran —incluso Ferrari acabó uniéndose— en su serie de eSports cuando empezaron a intentar organizar carreras online para llenar el vacío que había creado la Covid-19. Algunos se mantuvieron firmemente en contra, viéndolo sólo como una oportunidad para la vergüenza y no para el crecimiento, pero en general la parrilla abrazó la oportunidad. Para pilotos como Max Verstappen, Lando Norris y Charles Leclerc, que ya eran pilotos de simulación y streamers por derecho propio, fue un regalo.

Aunque Max había fichado por Redline en 2015, y pasó el verano entrenando con Atze Kerkhof, no tuvo mucho tiempo para competir. Como ya se ha señalado, correr al máximo nivel requiere horas de dedicación que un piloto novato en la F1 probablemente no tiene. Sin embargo, después de la temporada 2018, Max comenzó a simular carreras más seriamente, tal vez porque la realidad de la campaña de F1 recién pasada era que había sido reventado por Mercedes y no había mucho que pudiera hacer al respecto. Sea cual sea el motivo, pasó gran parte del invierno en iRacing, su plataforma preferida por su modelo de manejo más parecido al de un coche, con el equipo Redline, y en febrero de 2019 participó en una carrera de doce horas con Lando Norris, Kerkhof y el piloto oficial de BMW Nicky Catsburg.

Al final, la carrera fue un fracaso, ya que Max sólo pudo dar una vuelta antes de que un accidente pusiera fin a su participación, pero la chispa se había reavivado y en 2019, durante las vacaciones de verano, volvió a competir con Norris como uno de sus compañeros de equipo, al que se unieron otros dos pilotos llamados Max, los alemanes Benecke y Wenig. Condujeron las 24 Horas de Spa en formato virtual, a todo trapo, y dominaron como cabría esperar de un equipo con dos pilotos de F1 a tiempo completo. Sin embargo, no estuvo exento de sustos, especialmente cuando el pedal de freno del simulador de Max falló cuando faltaban quince minutos. Afortunadamente, pudo detenerse sin chocar y cambiar de piloto, lo que permitió a Norris conseguir la victoria por 30 segundos, pero el miedo en las voces de los dos pilotos mientras el incidente se desarrollaba en directo en la plataforma de streaming Twitch es testimonio del compromiso que ambos tuvieron con la carrera.

Así que cuando el Campeonato Mundial de F1 se puso en línea en 2020 y el director general de Torque eSports, Darren Cox, decidió organizar «The Race — All-Star Esports Battle», Max era obviamente el pez gordo para los organizadores, pero también sabían que no sería fácil de atraer. Era un hombre de iRacing hasta la médula, y los organizadores habían optado por utilizar la plataforma rival rFactor, usada por la mayoría de los equipos de F1 para sus simuladores de fábrica, lo que debilitaría la ventaja de Max. Ni siquiera sabía si su vuelo de vuelta a Europa le llevaría a Mónaco a tiempo para participar, tras haber sido convencido por uno de sus amigos —Rudy van Buren, otro ganador del World's Fastest Gamer— para que lo intentara.

«Querían más pilotos del mundo real que de simulación para atraer a los espectadores», dijo Max. «Yo había corrido con algunos de ellos en la F3, en el karting o en la F1».

«Es la primera vez que conduzco [el modelo usado era el de 2012]. Incluso si eres bueno en la vida real, no te metes en el simulador y eres automáticamente rápido. Los chicos del simulador tenían más conocimiento de cómo conducirlo».

Max se clasificó en las series en noveno lugar, a pesar de superar a todos los demás pilotos del mundo real, lo que ilustra claramente las habilidades de los especialistas en las carreras de simulación, y luego chocó en la primera curva, hizo un trompo y eso lo llevó a la cola. Tuvo que remontar hasta el undécimo puesto.

Sin carreras durante cuatro meses, Max fue una presencia casi constante en los servidores de iRacing. Su enfado por el mal funcionamiento de ciertas plataformas o tecnologías, inevitables *gremlins* incluso al más alto nivel, eran casi indistinguibles de lo que él llama sus «despotricadas por radio» a su ingeniero durante los Grandes Premios. La única diferencia es que no tenía que gritar por encima del motor.

La ira, por supuesto, es más fácil de contener en un coche de F1, donde arremeter o perder el control tiene consecuencias muy graves. Desde la comodidad de la propia casa, uno es un objetivo más fácil. Con un nombre tan famoso jugando a los videojuegos en línea, incluso dentro del sistema de licencias bien controlado de iRacing, en el que las carreras más importantes sólo cuentan con los mejores corredores, Max se encontraría como papel matamoscas para los trolls, recurriendo a menudo a combatir el fuego con fuego cuando otros jugadores intentaban empujarle fuera de la pista o simplemente atacar su coche para llamar la atención. En el momento en que el interés por las carreras en línea se disparó tras el bloqueo, Max se había retirado un poco, negándose a participar en los Grandes Premios virtuales del juego oficial de F1 debido a las preocupaciones sobre la jugabilidad y utilizando un seudónimo en los servidores de iRacing mientras mejoraba sus tiempos de vuelta en línea. Sin embargo, nada, ni siquiera el persistente trolling del mundo de los juegos de motor, impediría a Max correr en línea.

«Me gustan las carreras de simulación, pero me gustan más las carreras de verdad», dice Max, lo cual es obvio.

«Quizá en algún momento los combine en mi agenda profesional, pero nunca los intercambiaré».

Tampoco se trata sólo de orgullo y disfrute. Cuando volvieron las carreras en verano de 2020, todos los pilotos que habían participado en los Grandes Premios virtuales eran más rápidos que su compañero de equipo. Y también hay dinero. Vergne dice que los mejores ganan 3 millones de dólares al año en las carreras de eSports, e incluso el piloto de F1 a tiempo completo Lando Norris se ha quedado impresionado por el dinero de los premios que llegan al deporte virtual. «Si nos fijamos en la NASCAR World Championship Series presented by Coca-Cola, hay un premio de 300.000 dólares, que es bastante increíble para carreras de simulación», dijo en abril 2020.

Porsche acaba de reunir una bolsa de premios de 250.000 o 200.000 dólares para su campeonato, así que el dinero está empezando a ser bastante cuantioso en las carreras de simulación.

«La gente está empezando a ganarse la vida, más de lo que cobran muchos pilotos de carreras reales. Es una locura lo que ganan los mejores».

Los deportes electrónicos no van a desaparecer, y el dinero no hace más que aumentar. Max podría convertirse en la primera persona en ganar títulos mundiales en pista y en línea, aunque uno siempre será más importante que el otro.

5

COMO UN PATO EN EL AGUA

Nada en la vida es inevitable, pero normalmente se pueden hacer algunas conjeturas, y si hubiéramos conocido a Max a la edad de un año y hubiéramos mirado su árbol genealógico, habríamos adivinado que muy probablemente sería un fanático de los karts. Su abuelo paterno, Frans, dirigía un equipo, su abuelo materno, Robert, organizaba carreras públicas y sus padres corrían en karts a nivel internacional. «Si puedes verlo, puedes serlo», dice un aforismo popular sobre los modelos de conducta. Max no podía ver otra cosa.

Jos había intentado aplazar el momento de poner a Max al volante, pero la famosa llamada telefónica con lágrimas en los ojos, y la posterior petición de su esposa Sophie, no le dejaron otra opción. Su padre recuerda bien la primera vez que subió a su hijo a un kart en un circuito público de alquiler en Genk. Fue un momento que podía ser un desastre, acabar en lágrimas y crear un recuerdo traumático que Jos recordaría en un embarazoso discurso de boda o en una fiesta al cumplir 21 años. Pero no se trataba de un niño normal de cuatro años. Max llevaba ya dos años volando en su quad con cualquier condición atmosférica. Era como un pato en el agua y no dudaba en ir tan rápido como podía. Mientras que otros padres podrían haberse sentido nerviosos, Jos no se sorprendió cuando Max hizo toda la pista a fondo en su primera vuelta.

«Tenía algo de experiencia con la velocidad y sabía cómo conducir», dijo Jos a los colegas de Red Bull de Max en un programa llamado *Talking Bull* en 2020. «Ya habíamos hecho bastantes cosas antes de ponerle en un kart». A pesar de la insistencia de Jos en dejar que Max hiciera lo que deseara, cada paso, incluso cuando era un niño pequeño, se daba pensando en algo más.

Max condujo ese minúsculo kart tan rápido que las vibraciones rompieron el carburador; los karts de este tamaño estaban diseñados para conductores que, a esa edad, no eran lo suficientemente valientes o incluso capaces de conducir con tanto empeño. Pocos días después de comprarle a Max su primer kart, Jos fue a comprarle el segundo, un modelo más grande y robusto. Ese primero cuelga ahora en la pared de la megatienda de Verstappen en Swalmen, en los Países Bajos, cerca de la frontera con Alemania, una pieza fundamental de la historia del automovilismo.

El propio Jos seguía muy involucrado en el karting en todos los sentidos. Cuando Max seguía luchando por tener un kart propio, Jos era el mentor de los aspirantes holandeses al karting. Giedo van der Garde fue su alumno estrella, que ganó el Campeonato del Mundo de Fórmula Súper A en 2002. Tenía diecisiete años y eso le valió el paso a Van Amersfoort Racing en una fórmula júnior, sin duda con una buena recomendación de Jos, y Giedo todavía cita a Jos como, aparte de su propio padre, el hombre que más le enseñó en el mundo. Cuando, unos años más tarde, se empezó a hablar de él en el paddock de la F1, a Jos no le faltó opinión.

«El deporte del motor no es sólo talento», escribió Jos en una columna de 2010 para *De Telegraaf*, en clara alusión a su propia reputación como piloto de F1 extremadamente hábil pero finalmente sin éxito. «Hay mucho más que eso y está por ver cómo Giedo y la gente que le rodea lo manejarán».

«Espero por él que pueda encontrar cobijo en al menos uno de los equipos medianos, de forma tal que pueda demostrar algo como piloto».

Así las cosas, Van der Garde pasó otros dos años en la GP2, ahora conocida como F2, antes de ser promovido por Caterham a su equipo de F1. Desgraciadamente, el coche era poco más que un *backmarker* y Van der Garde sólo duró una temporada, sin pasar del decimoquinto puesto. Giedo sigue estando cerca de los Verstappen —cuando no está ocupado compitiendo en el Campeonato Mundial de Resistencia, a veces se le puede ver en el garaje de Red Bull charlando con Max— y bromea diciendo que cuando la gente le pregunta a qué se dedica, tiene que presentarse como «el piloto holandés de F1 antes de Max», incluso en su propio país.

No fue el único piloto al que Jos le echó el ojo a principios de la década de 2000, con la esperanza de que su equipo de karts se convirtiera en un semillero de jóvenes talentos que pudieran aprender de sus errores, en particular pilotos holandeses bajo su tutela como Randy Bakker o Pascal Westerhof, pero ninguno llegó a alcanzar las cotas de Van der Garde, ni siquiera Max Verstappen. Sin embargo, tuvieron éxito en la Fórmula Súper A, algo que Verstappen Sr. siempre quiso subrayar que no era sólo un medio para llegar a un fin, sino una puerta de entrada a la siguiente etapa.

«Es una clase dura la Súper A. Los mejores 32 karts del mundo conducen en ella», decía Verstappen. «No son sólo jóvenes. Todavía hay tipos que conducen por ahí contra los que yo mismo solía correr en karts. Estos son profesionales del karting». La implicación es que si Jos solía competir con ellos, deben ser buenos.

El propio Jos tampoco tuvo miedo de volver a subirse a un kart, mientras seguía intentando volver a la F1, aunque no siempre con resultados tan positivos. Poco antes de Navidad de 2002, participó en la Copa de Invierno de Kerpen, cerca de Colonia, el circuito en el que Michael Schumacher se inició en el karting. Ya existía antes de que el famoso alemán saltara a la fama, pero la asociación con Schumacher le dio un prestigio que no se podía comprar y el evento sigue celebrándose hasta hoy. En 2002, el antiguo compañero de equipo de Michael, Jos, quería dejar su huella, sobre todo con los asientos de la temporada 2003 aún en juego. Una victoria en el karting no serviría de mucho, pero podría despertar alguna idea en la cabeza de un director de equipo, y el evento era una buena excusa para estrechar la mano de los grandes y los buenos del automovilismo.

Las cosas no fueron bien para Jos. Las dos primeras carreras fueron en los karts más grandes de 125 cc, y rompió una cadena en su primera manga antes de hacer un trompo en la segunda tras el contacto con un rival. En las máquinas más pequeñas de 100 cc, Jos consiguió terminar sexto en la primera carrera y lideraba la segunda antes de que otro competidor chocara con él por detrás y rompiera su escape. Uno puede imaginarse las risas ahogadas en el paddock y la frase «el mismo Jos Vercrashen de siempre» que murmuraban mientras tomaban café, y aún había más. En la última carrera del día, Verstappen se cruzó dos veces más con el mismo piloto, y el segundo choque le dejó aparcado a un lado de la pista. Si antes había habido risitas, ahora había gritos y gritos en su dirección. El mal genio de Jos se encendió y se metió en lo que podría llamarse generosamente un altercado con el director del equipo del piloto, un tal Peter de Bruijn.

Jos y Peter no eran desconocidos. Peter era una leyenda del karting en Holanda, ya que había ganado el título mundial en 1980 y luego ayudó a Jos a conseguir una serie de grandes éxitos que lo catapultarían a las altas esferas del deporte del motor. Peter era el mentor de Jos, lo que quizás le permitió ser más crítico cuando vio que su antiguo protegido, quince años más tarde, era sacado de la pista por el hijo de Peter. Los medios de comunicación holandeses, naturalmente, le sacaron jugo a la pelea que, según Jos, fue exagerada.

«Los árboles altos atrapan mucho viento», dijo sobre la reacción de los medios de comunicación sensacionalistas, citando un viejo proverbio holandés. En realidad no fue más que un intercambio feroz de palabras dichas en caliente.

«Para mí la carrera es un compromiso al cien por cien, y la adrenalina recorre mi cuerpo. Y entonces a veces reacciono de forma no del todo racional. Luego hay algunos gritos desde otro lado y... bueno. Después puedes decir: más vale que primero sepas contar hasta diez. Pero aun así, tal vez me dejé llevar demasiado. Mira, soy un conductor con pasión. Si voy a por algo, lo doy todo. Incluso con una carrera así. Si no, mejor me quedo en casa». Prometió que pronto volvería a tomar un café con De Bruijn, y que ya se habían reído de ello, pero sus comentarios retratan mucho al hombre. Cuando se trataba de carreras, estaba totalmente comprometido, algo que quedaría cada vez más claro en la carrera de su hijo.

Los karts eran, y siguen siendo, la única forma de entrar en la F1. De la parrilla moderna, no hay ninguno que no haya corrido en karts a algún nivel. Difícilmente se podría poner a un niño de ocho años en un coche de carretera, por lo que el karting es la forma más práctica de aprender las habilidades necesarias para hacer circular un coche de carreras por una pista en el menor tiempo posible, especialmente en condiciones de baja adherencia, ya que los karts, con sus neumáticos estrechos y lisos, están al límite de la adherencia incluso a baja velocidad. Ayrton Senna fue quizás el mejor piloto de karts de la historia y lo describió como «la experiencia de conducción más pura», prefiriéndola incluso a la F1. Siguió corriendo con ellos durante su carrera profesional, al igual que los Schumacher y otros muchos.

Sin embargo, De Bruijn, que sigue dirigiendo su propio equipo de karting en los Países Bajos, cree que la edad de oro del karting ha quedado atrás.

«No está claro si los pilotos de hoy son tan buenos como los del pasado porque hay muchas categorías diferentes, así que comparar el talento no es fácil. Pero estoy convencido de que la transición temprana a los coches para los mejores prospectos tiene consecuencias a nivel general», dijo en una entrevista en 2014, lamentando que los pilotos no pasen más tiempo en el karting antes de subir. «El caso de Max Verstappen es una excepción, pero recuerdo que cuando Kimi Raikkonen estaba con nosotros, no era gran cosa a los dieciséis años. Se hizo muy bueno a los dieciocho. Lo mismo le ocurrió a Fernando Alonso. También creo que la actitud cambió a comienzos de la década de 2000. Al principio y en los años noventa, los conductores conducían casi todos los fines de semana, lloviera o hiciera sol, porque les apasionaba y no era muy caro. Con un mecánico, a menudo un amigo o un familiar, podías hacerlo si no tenías miedo de ensuciarte las manos. Hoy en día, los conductores quieren comodidad, toldos bonitos, mecánicos profesionales, un personal atento. El gusto por el esfuerzo ha desaparecido, mientras que los servicios se han encarecido».

Eso podría ser cierto en el caso de Max, que tuvo la suerte de tener como padre a uno de los mejores tuneadores de karts y, según admite, le interesaba mucho trabajar en el motor. Lo que más le interesaba era conducir, aunque intentaba entender lo que ocurría con la maquinaria.

Sin embargo, Max tenía mucha sensibilidad. Los años que pasó deslizando su quad por el jardín dieron sus frutos cuando llegó al karting, y todo el mundo pudo verlo. Jos se dio cuenta cuando lo inscribió en su primera carrera seria en Emmen. Max tenía siete años, la edad mínima permitida por el reglamento.

«[Mi padre] estaba mucho más nervioso que yo, lo que fue muy divertido», dijo Max a *The Guardian* en 2018. Lo vi junto a la valla, agarrado con fuerza, y podías ver, por el lenguaje corporal, que estaba realmente tenso y preocupado».

Es interesante observar cuándo Jos está activamente ansioso y cuándo no, y dice mucho sobre su impulso y el de Max. Los niños son muy sensibles a los sentimientos de sus padres, a menudo más que ellos mismos. Jos no se ponía nervioso cuando metía a Max, de cuatro años, en un kart, o cuando estaba fuera, Sophie u otros miembros de la familia lo llevaban a la pista en Genk. Era inmune al miedo, a la velocidad o a los choques que los civiles experimentarían de forma natural, ya que llevaba toda la vida en el deporte del motor, donde las lesiones e incluso la muerte forman parte de la profesión.

«Siempre digo que ir al colegio en bicicleta es más peligroso que lo que él hace», dijo Jos en una entrevista televisiva cuando Max tenía once años. «Si golpeas a alguien por detrás con esas velocidades, puedes dar unas buenas volteretas. Pero puedes ver que tienen alerones en la parte delantera y trasera, lo que ofrece una protección razonable». Sin embargo, a la hora de competir en la pista, de enfrentarse a los demás y de intentar ganar, es cuando los nervios de Jos aparecen. Su espíritu competitivo, por mucho que intente pintar una imagen más relajada ahora que es un hombre mayor y más sabio, siempre estuvo ahí.

La carrera de Emmen tampoco estaba a la vuelta de la esquina. Habían conducido más de tres horas hasta el norte de Holanda para participar en una pista de karting bastante desolada, situada entre las granjas de turba de Drenthe. Era una tarea importante ir a la carrera, pero para la que Jos estaba más que preparado. A estas alturas, empezaba a darse cuenta de que podría haber conducido su última carrera en la F1. Estaba haciendo pruebas para Fittipaldi Racing y el HVM.

Ambos competían en la serie Champ Cars, una serie de monoplazas con sede en Estados Unidos, sucesora de la Championship Auto Racing Teams (CART). Sin embargo, a pesar de sus esfuerzos por conseguir un asiento en la máxima categoría, le resultaba difícil conseguir suficiente patrocinio. Su enfoque estaba empezando a cambiar, y sus nervios en Emmen podían haber sido magnificados por la perspectiva de que las carreras de su hijo pronto podrían ser su mayor apuesta en el deporte del motor. Afortunadamente, no se decepcionó.

«Conseguimos la pole y ganamos las dos carreras», recuerda Max. Fue perfecto pero hablé con mi padre después de la primera carrera. Le dije: "He visto que estabas muy nervioso". Me dijo: "Por supuesto. Es tu primera carrera". Pero yo sólo estaba disfrutando y conduciendo lo más rápido posible».

Su mánager, jefe de mecánicos, chófer (y padre) dejó de lado sus emociones para analizar la actuación, y se mostró satisfecho. El equipo de un solo hombre dijo: «Entonces vi que tenía talento».

«La conducción en carrera era destacable. Cuando salía a correr con neumáticos fríos, su primera vuelta era siempre un segundo más rápida que la de los demás. Así que cuando se ponía en cabeza en la primera curva después de la salida, la primera vez que pasaba por la línea de salida y llegada, tenía un segundo de ventaja y eso que corrían con neumáticos más fríos. Para mí, eso es talento. Eso es sensación y lo que se ve también en mojado, donde tienes muy poco agarre; ahí es donde él es rápido».

Ese verano, Jos reservó unas vacaciones en el sur de Francia, pero no era una oportunidad para bajar su intensidad. Jos no pasa dos semanas relajándose junto a la piscina y nunca lo ha hecho, lo cual era conveniente para un hombre con un hijo a punto de cumplir ocho años, un manojo de energía. Se llevó sus karts y reservó deliberadamente un lugar para la familia cerca de una pista de karts. «Queremos mantenernos en forma, Max y yo», dijo a su club de fans en una de sus actualizaciones quincenales. «Podemos convertirlo en unas vacaciones deportivas».

Jos también estaba tratando de ponerse en forma después de haber sido contratado por el equipo holandés para la nueva serie A1 Grand Prix, que contaba con el respaldo masivo del maravillosamente llamado jeque Maktoum Hasher Maktoum Al Maktoum, miembro de la familia gobernante de Dubái que, por lo tanto, no exigía que Jos consiguiera patrocinios, aunque el equipo holandés sólo podía correr con un coche. Así que los dos chicos Verstappen recorrieron el sur de Francia en bicicleta, y, sobre todo, corriendo, ambos a su manera haciendo un entrenamiento de pretemporada. (El argumento de venta de la A1 era que todos los coches eran iguales, y mucho menos electrónicos que los de la F1, que se suponía que dejaban todo en manos de la habilidad del piloto, una gran ventaja para Jos, que seguía creyendo que, a igualdad de condiciones, podía ganar a casi cualquiera en la pista).

Tras sólo un año de competición en karting, y con Jos aún en plena temporada de la A1, el padre no podía contener el orgullo por su hijo. Mientras que Mick Schumacher corría con un nombre falso para evitar los focos, los Verstappen parecen disfrutar de ser reconocidos. «Nos miran con recelo, pero que se jodan», dijo Jos a un periódico local holandés cuando el primer éxito de Max a los ocho años empezó a llamar la atención de los medios. «Nunca me ha interesado lo que los demás piensen de mí. He tenido que trabajar duro para llegar hasta aquí y Max también tendrá que hacerlo».

Pocos podrían pensar que, con Jos como jefe de filas, Max lo tenía fácil, aunque los celos son una emoción fea, especialmente en el deporte juvenil. Sin embargo, Jos no duda de las ventajas que tuvo Max.

«Max se ve a sí mismo conduciendo un coche de Fórmula 1 algún día. Porque ha crecido con eso, no hace falta decirlo. Sabe lo difícil que es llegar tan lejos Pero creo que es su sueño. Empezó a correr cuatro años antes que yo. Yo tenía ocho años cuando me puse por primera vez al volante. Esto ya le da a Max una gran ventaja. Tiene talento, la actitud adecuada y, no menos importante en la Fórmula 1, debido a mi propia carrera, tenemos muchos contactos en ese mundo».

La familia de Max, y no sólo su padre, le apoyó extraordinariamente. Su hermana pequeña, Victoria, una entusiasta del karting, sostuvo el ramo de flores y posó para las fotos mientras Max agarraba el trofeo tras su primera victoria en el campeonato de 2005. La serie, el VAS belga, era una serie de especificaciones, lo que significa que todos los coches y neumáticos eran iguales, pero se daba rienda suelta a la puesta a punto y en Jos, Max tenía un ingeniero experto que había estado poniendo a punto los karts toda su vida, y un mecánico cuya experiencia en las carreras no era recordada, sino real y presente.

«Eso puede ahorrar un segundo por vuelta», dice Jos. Por supuesto que Max se beneficia de ello, pero también es la experiencia de aprendizaje perfecta para él. «Le preparo para lo que va a venir. Es maravilloso verle en carrera haciendo cosas que hemos discutido de antemano».

Incluso el día en que selló ese primer título, quedó claro el talento del Max Verstappen que hemos llegado a conocer al más alto nivel del deporte del motor. Las dos primeras carreras del día fueron en seco y Max dominó. Por la tarde, llovió. Otros podrían haberlo visto como una oportunidad para deponer la fuerza dominante de la mañana. Cualquiera que conociera a Max se habría dado cuenta de que era todo lo contrario. Se lanzó a una tercera victoria, asegurando así ganar el campeonato, lo que fue particularmente dulce porque si no lo hubiera sellado allí, Jos se habría perdido la siguiente carrera en Estoril. En su lugar, la pista de Genk, a pocos kilómetros de su casa, fue donde descorcharon el champán por primera vez.

«El primer año y ya es campeón. Es increíble. Tengo que dejar que eso se asimile primero», dijo Jos, sacudido por la emoción y el orgullo.

Como para ilustrar la naturaleza agitada del estilo de vida de Verstappen, en el espacio de un mes estuvo celebrando la victoria de Max en Genk, corriendo de nuevo en Portugal, y luego volando a Australia con Jos para el Gran Premio A1. Ahí se puede ver una foto en la que Max tiene ocho años y Victoria acaba de cumplir seis cuando los tres se encuentran en el garaje holandés mientras Jos arranca el coche, con los dedos en los oídos para protegerlos del ruido. Max lleva el pelo recogido con gomina, un reloj de moda y un collar de plata, mientras su hermana sonríe emocionada a la cámara con su vestido estampado. Detrás de ellos se encuentra Sophie, menos enamorada de la situación que los niños, según parece. Ella y Jos se divorciaron menos de un año después, y dos años más tarde él comparecería ante el tribunal para ser declarado culpable de incumplir una orden de alejamiento y de enviar mensajes de texto amenazadores.

Los niños se separaron al igual que sus padres. Victoria se fue a vivir con su madre, mientras que Max, que pasaba casi todos los fines de semana corriendo, vivió con su padre en Maaseik. Sin embargo, Max y Victoria siguieron estando muy unidos y todavía lo están; el casco 2020 de Max fue diseñado por Victoria —o Victoria Jane Verstappen, como se la conoce profesionalmente— con el símbolo de su línea de ropa Unleash The Lion en la parte superior. Ella trabajó anteriormente para Red Bull Holanda en el ámbito del diseño y el marketing. En 2020, dio a luz a su hijo Luka, lo que convirtió a Max en un tío cariñoso, aunque necesariamente distante, por primera vez. Al año siguiente nació el segundo, Lio. A pesar de su relación cercana, los hermanos rara vez hablan de su niñez. El divorcio fue amargo y ambos cuentan las muchas discusiones que tenían sus padres. Cuando se tomó la decisión de que Victoria viviría con su madre y Max con su padre, no fue fácil de sobrellevar.

«Dejé ir a Max, porque sabía que si quería tener una carrera en el automovilismo, tenía que ser con Jos», dijo la madre. «Fue muy duro para mí dejarlo ir. Yo llevaba a Victoria a la escuela y Jos llevaba a Max. Hasta cierto punto, no he conocido la adolescencia de Max».

Su padre seguía siendo, literalmente, el motor de su carrera. La pareja comenzó a recorrer miles de kilómetros a través de Europa para asistir a las carreras, y los viajes a Italia solían implicar nueve o diez horas de viaje en cada sentido. Incluso tenían una estación de servicio favorita en Austria en la que paraban tanto de ida como de vuelta, preferida porque ofrecía la mejor comida de cualquier lugar al lado de una autopista europea. Antes de que Max fuera lo suficientemente mayor para competir a nivel internacional, tuvieron que conquistar las carreras más cercanas a su país.

En esa primera temporada, hubo momentos en los que Jos no pudo estar presente, pero en la segunda temporada completa de Max en el karting, básicamente tenía a su padre trabajando para él a tiempo completo. Había dejado el equipo holandés A1 Grand Prix, dirigido por Jan Lammers, después de sólo una temporada debido a problemas financieros —a Verstappen supuestamente sólo se le pagó por la primera temporada poco antes de que comenzara la segunda— y nunca más tuvo un lugar a tiempo completo para correr. Seguiría participando en carreras puntuales, como las 24 Horas de Le Mans, y mantuvo su kart, ganando la última carrera del campeonato belga en 2006, pero había visto lo suficiente a su hijo como para creer que era digno de ser su principal objetivo.

«La forma en que adelanta, su perspicacia, el empuje que irradia: es exactamente su padre, sólo que él conduce con más elegancia. En mi infancia era mucho más salvaje en la pista». Esto, sobre su hijo de ocho años, sugiere que Jos ya sabía que Max podía ser mejor que él.

Ahora ya vivían juntos los dos solos, pero no están solos en sus carreras. Raymond Vermeulen seguía siendo un amigo íntimo y un socio comercial, mientras que otro amigo de la familia les ayudaba con el espacio del taller. Se trataba de Stan Pex, un año más joven que Max, cuyas hazañas en los karts habían desencadenado su rabieta por no ser considerado lo suficientemente mayor para competir, y la familia Pex poseía un taller en la parte trasera de su negocio de construcción de techos, Pex Dakbedekkingen. Stan y Jorrit corrían a nivel nacional, en el que su padre Richard también había competido, pero Jos y Max hicieron suyo un rincón, y pronto más, de ese taller. La furgoneta era su hogar, pero la parte trasera del almacén de los Pex era donde el padre intentaba enseñar al hijo todo lo que había aprendido trabajando con su propio padre, Frans, y luego a lo largo de su carrera con las propias máquinas.

Las restricciones de edad impidieron que los Verstappen se alejaran demasiado de casa, pero recorrieron la región del Benelux (Bélgica, Países Bajos y Luxemburgo), recogiendo trofeo tras trofeo. Max dominó el karting belga, ganando un título nacional tras otro, y cuando fue a Ámsterdam para el campeonato holandés en 2007, salió en la pole. Al igual que en Bélgica, en su primera vuelta sacó un segundo de ventaja al pelotón y luego controló la carrera. Apenas tenía diez años y ya era el rey del karting de dos países. Jos sabía que pronto podría ir a por más. Los campeonatos europeos y mundiales estaban a la vista.

Sin embargo, Max también estaba en una edad en la que tenía que empezar a pensar en la educación secundaria, que chocaría con los enormes viajes a través del continente a los lugares de karting en Italia, donde se celebraban muchas de las mejores carreras. La escuela era un punto delicado para Max, como lo es a menudo para los pilotos de carreras y sus padres, que ven poco sentido en aprender sobre literatura o tasas de filtración del suelo cuando su hijo o hija se centra por completo en las carreras. Para Max, está claro que faltar a la escuela ha merecido la pena, pero hay muchos para los que no. Adrian Newey, uno de los aerodinamistas más respetados de la F1 y al que se le atribuye gran parte del mérito de los cuatro títulos mundiales de Red Bull con Sebastian Vettel, advirtió en 2014 sobre el impacto de la costumbre de no escolarizar a los jóvenes pilotos.

«Muchos de los pilotos del karting y de las fórmulas júnior no van a la escuela. No van a la escuela en absoluto», dijo Newey en una conferencia de prensa de los jefes técnicos en el Gran Premio de Bélgica, casualmente unas semanas antes de la primera sesión de pruebas de Max, en un fin de semana de carreras de F1 para la escudería júnior Toro Rosso, que tendría lugar justo después de su decimoséptimo cumpleaños.

«Los padres se escudan diciendo que tienen profesores particulares, pero creo que en muchos casos —no en todos, estoy seguro, pero sí en muchos— eso es en realidad una completa farsa, y creo que si se pidiera a muchos de esos niños que se presentaran a examen de bachillerato o lo que fuera, los resultados contarían una historia bastante deprimente, lo que significa que los pocos niños que lo consiguen, son fantásticos. Al estar en una carrera de coches, los niños aprenden de una manera diferente —no de una manera académica, sino que aprenden de otras maneras—, pero creo que para muchos de esos niños que no llegan a dar la talla, y han pasado todo ese tiempo sin ir a la escuela, sin tener una enseñanza adecuada, quedan en tierra de nadie. Es algo que el automovilismo, como industria, debe analizar urgentemente, porque personalmente creo que estamos siendo irresponsables al permitirlo».

Max abandonó la escuela a los quince años para recibir clases particulares, después de haber asistido a St Ursula's en Maaseik, donde se reunió con su hermana Victoria. Cuando se marchó, asistir a clases apenas era posible; estaba de viaje cada tres semanas y se retrasaba constantemente, intentando desesperadamente ponerse al día.

Jos, en respuesta al punto de Newey, animó repetidamente a Max para que lo hiciera bien en la escuela. Si no sacaba las notas que se esperaban de él, no le dejaban salir para ir a las carreras, un trato que era suficiente motivación para un chico enérgico pero no comprometido académicamente. Y si no hubiera mostrado tanto talento en las carreras, Jos dijo que le habría dado una patada de regreso a la escuela. Afortunadamente, no tuvo que hacerlo. Lo que sí tuvo que hacer fue competir con la élite del karting. Max podía hacerlo en la pista, pero Jos era él solo intentando superar a los equipos de fábrica que estaban financiados por organizaciones más grandes que la familia Verstappen.

«Lo hicimos todo nosotros mismos, desde la configuración del chasis hasta el motor», dijo Jos. «Teníamos nuestro propio banco de pruebas para poner los motores, así que siempre estábamos bien preparados cuando íbamos a correr. Sabíamos exactamente qué motor era el mejor y cuál utilizar durante la clasificación».

«Todo estaba ya resuelto, así que Max sólo tenía que poner a punto el carburador; esa es una sensación que debe tener un piloto. Creo que Max era muy bueno en eso. Era muy preciso acerca de cómo quería tener su kart».

A pesar de su aparente capacidad para especificar lo que necesitaba y quería de un kart, Max no tenía una gran participación en la parte técnica; el automovilismo ha evolucionado desde los días en que Fangio improvisaba su propio coche en el cobertizo de sus padres. Jos reconocía la importancia del trabajo duro y obligaba a Max a limpiar meticulosamente el kart después de cada carrera, pero antes se quedaba mirando cómo su padre trabajaba en él, tratando de entender lo que sucedía, pero rara vez tenía una llave inglesa en la mano. Desde su punto de vista, lo importante era entender lo que ocurría debajo de él en la pista, y lo que se sentía, más que cómo arreglarlo cuando se rompía.

Sin embargo, Jos era muy hábil y el kart no se rompía a menudo. Los chicos Verstappen eran en realidad pilotos privados, pero bien financiados, ya que Jos había ganado mucho dinero en la Fórmula 1 y había vendido su equipo de karts para centrarse en Max. La mayoría de las series en las que corrían eran de especificaciones, por lo que el dinero rara vez era un problema, a pesar de que Jos gastó algo más de medio millón de euros en toda la carrera de karting de Max.

Cuando Jos dejó de ser un piloto de F1, hubo un vacío en los medios de comunicación holandeses, que se habían acostumbrado a escribir e informar sobre el deporte. Christijan Albers y Robert Doornbos llegaron a la F1 con la antigua escudería de Jos, Minardi, pero ninguno de los dos se consideraba con el mismo nivel de talento. Los columnistas escribían regularmente: «Estamos esperando a Max».

6

SALIR DE LA SOMBRA DEL PADRE

Cuando Max tenía once años, apareció en la televisión holandesa con su padre para una entrevista con Wilfried de Jong en un programa llamado *Holland Sport*. El entrevistador se dirige inicialmente a Max, preguntándole por sus últimos resultados (todos ellos victoriosos, naturalmente). Max parece relajado, riendo junto a De Jong, mientras su padre, a su lado, mira a media distancia, juntando las puntas de los dedos con ansiedad. Esta dinámica se estaba convirtiendo en clásica en los grandes eventos. En todas las entrevistas que se pueden encontrar, el joven Max se muestra asombrosamente seguro de sí mismo en comparación con otros chicos de su edad.

Cuando Jos tiene que responder, se toma un momento para volver a intervenir antes de sacar a relucir la historia de Max llorando porque a Stan Pex se le permitía ir a los karts antes que a él. De Jong le pregunta sobre su propia carrera y le hace una broma sobre ser bueno «aparcando». Ahora queda claro, si no lo estaba antes, cuáles son las esperanzas de Jos para el futuro.

«Corrí en Le Mans el año pasado y me gustaría volver a hacerlo. Todavía tengo contacto con algunas personas, así que tengo esperanzas en ello», dijo Jos.

«Llevo conduciendo desde los ocho años, así que ya son 29 años, pero si tu propio hijo corre, estás más orgulloso de lo que hace él que de lo que hice yo».

Jos mencionó que Max ha ganado 49 de 50 carreras, y que la única mancha se produjo después de hacer un trompo porque golpeó una mancha de agua en la pista. El incidente tuvo lugar en Eindhoven, donde había ganado las dos primeras mangas del día en seco. Sin embargo, en la tercera y última carrera había una curva que se había mojado y Max no la detectó, hizo un trompo y dañó sus neumáticos antes de colisionar con otro piloto al volver a entrar en la pista. Desde el fondo del pelotón y con un kart menos preparado, recuperó siete puestos en las últimas seis vueltas para terminar decimocuarto y salvar el tercer puesto en la general del día.

«La forma en que fue avanzando después de quedar rezagado fue alucinante. Un contratiempo a veces está bien», dijo Jos ese día. «Creo que cosas como esta sólo le hacen mejorar».

Públicamente, Jos se mostraba tranquilo ante el error, pero a medida que Max crecía y empezaba a hablar más de su relación, parece claro que el error habría sido discutido en profundidad y con pocas palabras. De los errores había que aprender, naturalmente, pero desde luego no repetirlos. Como tal, el desliz en Eindhoven fue un raro tropiezo. Ya había ganado las dos primeras rondas, aun con Jos corriendo fuera de casa, y se llevó el título de Minimax de Bélgica por 37 puntos de ventaja. Aunque Max tenía un claro talento, se benefició de haber crecido en muchos de los circuitos utilizados para las grandes carreras. En Genk, era prácticamente imbatible. En 2008 selló las Benelux Karting Series en el Horensbergdam, donde conocía casi cada centímetro de la pista. A pesar de que la habían reasfaltado poco antes del crucial fin de semana, él y Jos habían bajado el miércoles para asegurarse de que sabían con qué se encontrarían. Habiendo sido sorprendidos unas semanas anteriormente en Eindhoven, la pareja estaba aún más decidida a hacerlo bien. Es difícil pensar en el karting como un castigo para Max, pero la sesión extra de entrenamiento estaba sin duda motivada en parte por el dolor de esa derrota. El nuevo asfalto era más suave y parecía adaptarse mejor a Max. Cuando llegó el sábado, se hizo con la *pole position* y ganó las dos carreras, aunque se vio presionado por Joel Affolter, que fue capaz de pegarse a su cola, pero nunca llegó a superarle.

«Ha sido emocionante, ¿verdad?», gritó Max después. «Joel fue rápido. Pudo seguirme el ritmo porque estaba en el rebufo. Conduje en línea defensiva para que no pudiera adelantarme».

La segunda victoria le aseguró que no podría ser alcanzado en la clasificación del campeonato, pero volvió el domingo para acumular dos victorias más y levantar otro título con estilo, demostrando exactamente por qué su kart del equipo Pex Racing llevaba el número uno. Había ganado once de las doce carreras de las Benelux Series y, sin embargo, la que no ganó es la que se quedó en la mente del equipo. No se trata necesariamente de perfeccionismo, sino más bien de una competitividad brutal que no se deja de lado.

El nombre de Pex y Verstappen se vinculó rápidamente. Los hijos de Richard Pex, Jorrit y Stan, eran estrellas emergentes del mundo del karting y sus padres, que vivían una segunda carrera a través de ellos, estaban encantados de seguir apoyándolos. Aunque Max corría a menudo con una inscripción de «Verstappen Racing» o «Jos Verstappen», había formado parte del equipo Pex Racing durante gran parte de sus primeros éxitos, en una red de apoyo inestimable. Aunque Jos a menudo pinta su historia como si se tratara de él y Max contra el mundo, a menudo estaba al lado de Richard Pex y algunos otros, todos ataviados con el mismo uniforme, mirando la carrera. Por supuesto, Jos se centraba en Max, pero no temía dar a otros pilotos ayuda y tutoría a lo largo del camino. Era un padre primero y un maestro después, pero no se limitaba a aconsejar a su hijo. Era dolorosamente consciente de que su carrera no tuvo el éxito que quizás debería haber tenido, y de que si su propio padre, Frans —estricto y trabajador, pero que no procedía del mundo de las carreras— hubiera tenido a su disposición el tipo de apoyo financiero y los contactos que Jos acumularía más tarde, podría haber acabado haciendo las cosas de una manera muy diferente. Cuando aún dirigía su propio equipo de karts, hablaba bien de sus pilotos holandeses, pero precedía casi todos sus comentarios con «pero para llegar a la F1 no sólo hay que tener talento», como para reforzar el hecho de que él era lo suficientemente bueno, pero no lo suficientemente astuto, para triunfar en el deporte. Subastaba clases magistrales de karting con fines benéficos y nunca tuvo reparos en elogiar a Robert Doornbos o Christijan Albers, o más tarde a Giedo van der Garde, de quien fue mentor de una forma más personal.

Sin embargo, con Max, a menudo intentaba restarle importancia a su talento, aunque el dominio absoluto de sus resultados era difícil de ocultar, y el club de fans de Verstappen fue derivando poco a poco de los informes sobre la carrera de Jos y los comentarios sobre el deporte del motor a los informes detallados de los progresos de Max.

A finales de 2008, Jos escribió una columna en *De Telegraaf* sobre cómo estaba considerando un año de descanso, un año sabático del automovilismo. Tal vez participaría en Le Mans —y de hecho corrió con Anthony Davidson y Darren Turner para Aston Martin—, pero, por lo demás, era un buen momento para retirarse de la competición a tiempo completo, sobre todo teniendo en cuenta que la crisis financiera estaba afectando a la industria del motor en su conjunto.

La verdad es que la carrera de Jos llevaba tiempo acabada, ya que cada vez le resultaba más difícil conseguir plazas para pilotar. Hubo un tiempo en el que Huub Rothengatter o, más tarde, Raymond Vermeulen podían hacer algo de magia, con un par de patrocinadores holandeses de peso y un recordatorio oportuno de que Verstappen tenía una velocidad bruta que pocos poseían. Pero en las Navidades de 2008, Jos tenía 36 años y llevaba cinco años sin pilotar en una serie a tiempo completo. Su hijo pronto comenzaría la escuela secundaria y tenía una carrera de automovilismo muy prometedora, mientras que la de Jos seguía languideciendo, y consistía en hacer pruebas de poca importancia o trabajos de carreras de pequeñas series. La crisis financiera mundial pudo haber llegado en el momento justo para que la utilizace como cortina de humo para evadirse.

Mientras tanto, resulta evidente que Max ya no aprende mucho de las victorias en los campeonatos de karting de Bélgica y Benelux, por mucho que eso le haga ganar confianza. Los únicos adelantamientos que hace son en los entrenamientos, porque invariablemente consigue la pole, conduce un segundo más rápido que los demás en la primera vuelta y a partir de ahí controla la carrera. Jos insiste en que Max está «lo suficientemente motivado como para querer mantenerse al frente» y que los que están detrás de él están más que motivados para intentar recuperarlo. Con Max reteniendo los títulos que había ganado en 2008, el resto de la escena del karting empezaba a tomar nota. Aunque el término «*hater*» aún no se había acuñado, ciertamente existían y estaban a la orden del día. En los fines de semana de carreras, se susurraban acusaciones de que Max había comprado su éxito. Algunos padres de los rivales de Max incluso llamaron de forma anónima a los periódicos locales y nacionales que habían empezado a informar sobre su éxito con afirmaciones de que conducía un kart ilegal. Nunca hubo pruebas de ello, pero demuestra lo que esos padres sintieron ante la habilidad de Max y Jos. Jos desestimó las acusaciones en una entrevista en la que mencionó que los karts «tenían que ser revisados de nuevo al final», por lo que no era posible que hicieran trampa. De hecho, si hacían trampas, lo hacían mucho mejor que nadie anteriormente y siguieron haciéndolo hasta la Fórmula 1. Parece poco probable.

Jos estaba bastante acostumbrado a las críticas y ya tenía el resentimiento de no haber llegado a ser el piloto de F1 que él y otros pensaban que debería haber sido. Max, por su parte, parecía ajeno a ello, ya fuera por elección o por accidente. Estaba viviendo su sueño y en camino hacia la meta que había establecido antes de poder expresarlo realmente: conducir en la Fórmula 1.

También hubo otros baches en el camino, no sólo las feas e infundadas sospechas de los equipos rivales basadas exclusivamente en el hecho de que Max era más rápido que ellos. Verstappen.nl publicó una columna titulada *Value for Money* de Frits van Eldik en el verano de 2009 sobre el patrocinio y el valor de gastar una suma relativamente pequeña patrocinando a alguien como Max, y el retorno que podría dar cuando se encontrara en la F1 unos años más tarde. Frits, un fotógrafo holandés de deportes de motor, conocía a Max desde que tenía una semana de vida y había estado fotografiando a Jos desde los primeros días, así que no era neutral en el asunto, pero es indicativo de lo que los Verstappen sabían que iba a pasar. Tendrían que empezar a viajar por Europa, corriendo y dando servicio a karts más grandes, y eso iba a empezar a ser muy caro. No sólo eso, sino que si querían atraer el interés de los equipos superiores, les ayudaría tener un montón de patrocinadores que les respaldaran. Eso fue lo que frenó a Jos más adelante en su carrera, y no quería que la historia se repitiera.

Por casualidad, Max empezó a enfrentarse a retos en la pista incluso antes de que se produjera el cambio a las carreras internacionales. En Spa-Francorchamps, en un estrecho circuito de karting en el interior de la pista, en la aproximación a la famosa curva Blanchimont, de alta velocidad, Max luchó por el agarre en la pista llena de baches, como parecían hacer todas las máquinas producidas por CRG. Sin embargo, perseveró y ganó las dos carreras el sábado, pero cuando volvieron el domingo, el danés Nicklas Nielsen en su Tony Kart, cuyo chasis se adaptaba mejor a la superficie, le venció dos veces, pero aun así Max ganó el título. Sin embargo, cualquier persona ajena al deporte de élite que hubiese estado allí hubiera visto a un niño de once años ganando otro título nacional, y triunfando en dos de las cuatro carreras de un fin de semana, y pensaría que había motivos para celebrar. No fue así.

Max había ganado las diez carreras anteriores, y sus dos segundos puestos del domingo le confirmaron como campeón de Bélgica, esta vez en una categoría de trece años cuando aún no había cumplido los doce. Terminó el fin de semana en el escalón más alto del podio con otro trofeo, pero no con la admiración de su padre, que estaba furioso porque Max había sido adelantado en la última vuelta de la carrera final.

«Me sentí muy decepcionado. Ni siquiera en mi propia carrera me había sentido tan decepcionado después de un incidente», dijo Jos. «Estaba decepcionado, pero cuando vio mi cara de bronca después de la carrera, no pudo hacer otra cosa. Max nunca había experimentado esto. Así que no era sólo haber perdido, sino que era algo muy extraño. Por eso, creo que es bueno que uno haya vivido esa experiencia en ese momento».

Sería fácil ver estos incidentes a través de la lente que Jos desea que veamos: que todo es una experiencia de aprendizaje y que todo fue sol y rosas después, que podría escribirse como «sólo un juego», que fue tan filosófico con Max como lo es en la reflexión con los periodistas o el personal del club de fans de Verstappen, pero una y otra vez vemos el temperamento y el espíritu competitivo de Jos desbordarse entre sí. Recordemos que Max ha dicho abiertamente que la transición a la F1 fue fácil porque nadie sería tan duro con él como lo fue su padre. Incluso el famoso Dr. Helmut Marko, irascible y brutal, palidece en comparación.

Trabajar a las órdenes de Jos no siempre pudo haber sido un fin de semana agradable, incluso cuando Max ganaba casi siempre.

Sin embargo, los engranajes se pusieron en marcha para que Max ascendiera más. El reglamento del karting, el mismo que le impidió correr hasta los siete años, le impidió correr a nivel internacional, lo que debió de frustrarle. Esa misma rabia que le hizo pedir a gritos un kart a los cuatro años a Jos, probablemente volvió cuando su padre se fue a Italia para los campeonatos del mundo como mecánico de Jorrit Pex, mientras Max era aún demasiado joven para correr. Max era más rápido que Jorrit, y lo sabía, pero no tenía la edad suficiente. Anteriormente, en el mundo del karting, nunca había sido un problema, pero Max estaba rompiendo el molde en cada oportunidad.

El verano de 2009, luego de que Jos abandonara su Aston Martin en Le Mans (terminaron en una decepcionante decimotercera posición), lo pasaron probando karts de fábrica en Alemania, una oportunidad para que Max demostrara que no sólo era el mejor piloto de Bélgica; entre medias seguirían machacando la escena belga del karting, además de alguna que otra carrera en Holanda o Francia. Como eran las vacaciones de verano, Max podía conducir prácticamente todos los días. Destaca una carrera, un raro viaje para correr en el extranjero, aunque todavía como parte de una serie belga.

En julio, se dirigieron a Ostricourt, a sólo dos horas en coche al otro lado de la frontera con Francia. Un problema con el carburador en la primera carrera llevó a Max a la cola del pelotón, con una vuelta de desventaja sobre el resto de los participantes, e inevitablemente terminó último. Lo que siguió podría haber sido la actuación que puso en marcha el resto de su carrera. Al salir último en la segunda carrera en una salida rodada, Max tuvo que abrirse paso entre el pelotón, algo que rara vez había tenido que hacer en toda su carrera. Todos los ojos del paddock estaban puestos en él. Habían visto a este prodigioso talento dominar desde la parte delantera del pelotón, paseando por la clasificación y las carreras, pero si hubiera alguna duda, sería sobre si podría luchar en medio del pelotón.

Al final de la séptima vuelta, lideraba la carrera. Una cámara montada en su motor nos permite vivir cada metro con él.

Al comienzo de la carrera, ha robado unos metros de asfalto en el lado derecho para pasar a cuatro de los rezagados y, cuando regresan a la recta de salida y meta después de una vuelta, ha eliminado a dos más y está observando a otro. Es Stan Pex, el chico al que había visto correr en Genk y que obligó a sus padres a comprarle un kart. Los dos son compañeros de equipo y amigos, pero eso significa poco en la pista. Max, después de haber calentado sus neumáticos más rápidamente, entra en la primera curva con una gran ventaja y cambia de dirección para superar a Pex. No puede resistirse a un pequeño saludo mientras lo hace. Incluso él sabe que ha sido un movimiento bien ejecutado, y que es poco probable que el resto del grupo le cause demasiados problemas. Y, efectivamente, se ha impuesto a los diez primeros y ha cruzado la línea de meta como cómodo vencedor.

Durante el verano, Max parecía haber dado un salto importante en su conducción. En su circuito de casa, en Genk, una pista más plana y sencilla, sus rivales podían mantenerse al menos en contacto con él, aunque batirle seguía siendo imposible. En otros lugares, como cuando se dirigieron al país de Schumacher en Kerpen, Verstappen fue sensacionalmente dominante. Las diferencias con respecto a los pilotos que le seguían eran cada vez mayores, y combinadas con los resultados de las pruebas entre bastidores y las actuaciones del día de la carrera, uno de los grandes nombres del karting europeo había visto lo suficiente como para respaldar a Max en la próxima temporada. En noviembre, apenas unos meses después de cumplir los doce años, firmó su primer gran acuerdo para convertirse en piloto de fábrica de CRG en la temporada 2010. La empresa italiana, en su comunicado de prensa, se esforzó en subrayar el pedigrí de Max enumerando los logros de Jos por encima de los del chico que acababan de fichar.

Esto no se debe a que CRG quisiera un pedazo de Jos. Estaban totalmente involucrados con Max, aunque las conexiones de su padre ayudaron. El equipo de CRG en Holanda estaba dirigido por Michel Vacirca, para quien Jos había construido motores y que ya había apoyado los esfuerzos de Max en el karting. En Italia, donde CRG tenía su sede, el fundador y propietario Giancarlo Tinini había estado pendiente de sus progresos y, con la ventaja de la retrospectiva, admite que su fichaje fue una obviedad.

«¡En realidad, Max no es mi descubrimiento! Cualquiera que no estuviera ciego podría ver lo bueno que era», dijo Tinini años después. La primera vez que lo vi fue [en las pruebas] en 2009 en Muro Leccese. No sabía quién era, sólo que conducía un kart de CRG y que me gustaba, era una locura su forma de conducir. Inmediatamente fui a hablar con él y le dije que, en cuanto llegara a la edad adecuada, quería a Max en mi equipo».

Jos debió empezar a sentir esto como si estuviera a principios de los años 90, cuando su carrera despegó y todos los jefes de la Fórmula 1 que valían la pena estaban al teléfono con Huub Rothengatter, desesperados por conseguir que este joven holandés se subiera a su coche. No era la única similitud. Todo el mundo sabía que Jos era, como mínimo, un piloto franco, y Max, como dice Tinini, conducía de una «manera loca» que le atraía.

«Muchas veces me han preguntado cuál era su principal característica. Para mí, su dominio absoluto del kart. Incluso con los neumáticos fríos al principio de la carrera, logra que el kart haga lo que él quiere. Se ve inmediatamente, ya que muy pocos corredores son capaces de marcar la diferencia en las dos primeras vueltas de una carrera. Uno de ellos era Danilo Rossi [que corrió contra Jos en el karting], que no ganó cinco campeonatos mundiales de karting por casualidad» dijo Trinini.

«Otro rasgo distintivo es el estilo agresivo de las carreras, seguramente heredado por el ADN paterno, ya que Jos era el típico «chico malo» contra el que nadie quería correr. Max tiene la misma determinación y, en comparación con él, creo que es más rápido. Digamos que es una gran mezcla de papá y mamá Sophie Kumpen, que por derecho propio también es una gran y exitosa piloto de karts y coches. Además, Max tiene un deseo innato de ganar, incluso cuando conduce un kart de alquiler. En esto me recuerda a Hamilton, uno que quería ser el primero aunque fuera bajando las escaleras».

A pesar del cambio a un kart de fábrica, en el que CRG suministraría a Max todos los karts que necesitara, siguió corriendo con su padre como mecánico jefe, con la libertad de ajustar y poner a punto los karts como fuera necesario. Jos, después de todo, ya había experimentado este nivel antes y se respaldaba a sí mismo para hacer un mejor trabajo que cualquier mecánico de fábrica de CRG. También parecía no preocuparse por cómo Max manejaría el significativo aumento de calidad a nivel internacional. En enero de 2010 viajaron a Lonato (Italia), en el extremo sur del Lago de Garda, con una parada en su estación de servicio favorita en el camino, para una sesión de pruebas. Los tiempos de las vueltas confirmaron lo que Jos sospechaba: que Max sería más que capaz de manejarse entre los mejores talentos del karting europeo. Sin embargo, cuando volvieron un mes después para la primera carrera de la temporada, la cosa no fue tan sencilla. Los neumáticos Dunlop, una versión más dura que la de años anteriores, dieron problemas y las condiciones de frío y humedad, que suelen ser un punto fuerte para Max, hacían más difícil encontrar una configuración consistente que funcionara. Jos estaba desconcertado. Todo estaba en su sitio. Incluso estaba lloviendo, la especialidad de Max. La práctica no había ido bien.

Afortunadamente, la suerte de Max mejoró por la tarde y se clasificó con el cuarto mejor tiempo para la primera de una serie de carreras que reduciría los 108 pilotos a los 17 que disputarían la final. La carrera del viernes por la tarde sería una de una serie de cinco contra el mismo grupo de pilotos. Max marcó un hito. Ganó, en palabras de su padre, «por una calle». El almuerzo no había sabido especialmente bien, pero los Verstappen durmieron bien la noche del viernes.

El sábado también fue bien y, cuando se alinearon para la final del domingo, Max se había deshecho de todos los demás pilotos de la fábrica CRG. Salía segundo en la parrilla, una posición que normalmente le garantiza la victoria. Sin embargo, esto era un nivel superior. Era prácticamente la persona más joven en la pista y el que ocupaba la pole, Egor Orudzhev, era dos años mayor que él. Por mucho que lo intentara, Max no pudo encontrar la forma de pasarle y, cuando cayó la bandera a cuadros, cruzó la línea de meta en segunda posición, a sólo tres décimas de segundo del ruso. Detrás de él había nombres que se convertirían en amigos y enemigos familiares en los próximos años: Alex Albon tercero, Esteban Ocon séptimo y Pierre Gasly noveno. Charles Leclerc ni siquiera llegó a la final. Los cuatro correrían contra Max en el más alto nivel del automovilismo deportivo años después.

Lo interesante es que, incluso a una edad tan temprana, estos compañeros de carrera ya estaban en el radar de los mejores equipos. Leclerc corría para Maranello, y pronto será contratado por la empresa de gestión de Nicolas Todt, cuyo padre Jean dirigió Ferrari durante muchos años. Albon subió al podio junto a Verstappen con un traje de carreras de la marca Red Bull. Ocon, al igual que Max, dice que sintió que sólo eran él y su padre los que luchaban contra los grandes equipos en su primer año en el karting internacional. Su propio padre, Laurent, era mecánico de profesión, pero no tenía la experiencia en carreras de la que presumía Jos.

Max, y también Esteban, no tardarían en llamar la atención por sí mismos, pero por el momento tenían mucho que demostrar. En las fotos, se sube al segundo escalón del podio, un territorio desconocido, por decir algo, y sonríe para las cámaras. Es un comienzo, pero nada más.

«A veces se gana, a veces se pierde. Aceptémoslo, Max sólo tiene doce años», reconoció su padre.

En lo que se estaba convirtiendo en un tema recurrente, la edad de Max no le frenaba. Dos semanas después, en la pista de pruebas donde había llamado la atención de Tinini en Muro Leccese, consiguió su primera victoria a nivel internacional. En el escalón más alto del podio, los dos chicos que están a su lado todavía le sobrepasan, mientras que él apenas puede levantar el trofeo, aunque eso no importa, por supuesto; todo lo que importa es que puede manejar el kart, y no hay dudas de que puede hacerlo.

Llegó a Genk para la penúltima prueba de las Euro Series con el título de KF3 a su alcance. Hacerlo en la pista donde creció, con tantos amigos y familiares mirando, sería muy dulce. En su camino hay dos hombres que serán sus compañeros de equipo en Red Bull. Saliendo tercero en la final, sabiendo que sólo una victoria le daría el título, adelantó a Gasly en la salida, antes de que un enorme accidente más atrás, neutralizara la carrera con banderas amarillas.

«Sólo estaba derrapando», dice Max después. «Los neumáticos ya estaban bastante desgastados esta mañana y era difícil mantenerlos calientes».

Sin embargo, intenta desesperadamente adelantar a Albon. Sin ninguna amenaza por detrás, puede concentrarse en el adelantamiento y en un primer título ante su público. En cada vuelta se acerca más y más, hasta que siente que el motor empieza a ceder. No le está dando la misma potencia, y sus neumáticos resbalan por todas partes. Pero Max mantiene la calma. Realiza un ajuste para dar más potencia al motor en los regímenes bajos y altos y parece solucionar el problema. Vuelve a pisar los talones de Albon, pero no encuentra la forma de pasarlo. El piloto de Red Bull es el principal rival de Max por el título, y el holandés tiene una ventaja de 77 puntos. Ganar esta última manga le daría ventaja, pero un accidente le reduciría a la mitad si Albon ganara la carrera. El niño de doce años deja de lado la impetuosidad que heredó de su padre y conduce en busca de los puntos, demostrando una madurez superior a su tierna edad. Un mes más tarde, termina la WSK Euro Series (clase KF3) en el sur de Italia. Es la confirmación, por si hiciera falta, de que Max tiene más que suficiente para dominar la KF3, el primer nivel del karting internacional, y ya habla de la Super KF, aunque no podrá correr en ese nivel hasta los catorce años.

Sin embargo, no es inigualable. Albon le presionó hasta el final en las Euro Series y, cuando volvieron a enfrentarse en la Copa del Mundo en Portugal, el piloto británico-tailandés, con casi dos años más de experiencia, se impuso. «No celebraré mi decimotercer cumpleaños hasta la semana que viene, así que esto no es tan malo», dijo Max filosóficamente después.

No estaba Albon cuando viajan a Egipto para la final de las Series Mundiales en Sharm El-Sheikh, pero de nuevo Max sufre un contratiempo. En la prefinal, choca con Robert Visoiu, defendiendo su posición en la recta al cambiar al interior antes de que el rumano hiciera contacto con él por detrás. Los comisarios amonestaron a Max, y no a Visoiu, por conducción peligrosa y la pareja comenzó la final en la primera fila. Esta vez, fue Verstappen quien persiguió a Visoiu y, en un incidente casi idéntico pero al revés, Max fue el que hizo el contacto. Esta vez, sin embargo, los comisarios penalizaron al piloto más retrasado y excluyeron a Max de los resultados de la carrera tras su segunda advertencia del fin de semana. Es comprensible que estuviese cabizbajo en un principio, pero aun así había cosechado suficientes puntos para hacerse con el título de las World Series. Hasta ahora, el hijo parece haber asumido la derrota con gracia, humildad y madurez, y ha visto el panorama general la mayor parte del tiempo. Para Jos, el panorama general es de desigualdad, de mentalidad de asedio.

«Si esto va a ser así, no volveremos a participar en los campeonatos de la WSK», dijo Jos enfadado a su equipo de prensa. «Intento correr con mi hijo, darle a la vida los valores importantes y la honestidad también forma parte de ello. Pero aquí es difícil encontrarla. Cada acción de Max está bajo la lupa. Tratan de frenarlo de esa manera, porque es la única forma que queda. Casi nadie en la pista puede seguir a Max».

Aunque la teoría de la conspiración puede ser descabellada, no se equivoca en cuanto a la competencia en pista. Albon es el único que le ha desafiado constantemente, y en la ceremonia de entrega de premios de la CRG a finales de año, recibe una medalla de oro de manos del propietario Giancarlo Tinini por haber ganado el título de las World Series. En la ceremonia más amplia de las WSK, un mes más tarde, él y Jos recogen tres trofeos por los tres títulos conseguidos.

Las restricciones de edad le obligan a permanecer en la misma categoría durante la temporada 2011, pero resulta que no es un camino de rosas para Verstappen. Los caprichosos dioses del karting y el clima juegan un papel importante al obligarle a mostrar sus habilidades de adelantamiento en la primera parte de la temporada, ya que hace un trompo en finales consecutivos tras un contacto, pero en ambas ocasiones lucha por volver al podio. Esteban Ocon, ahora en su segundo año de KF3, sl igual que Max, demuestra ser su principal rival, aunque el futuro piloto de F1 George Russell también es extremadamente rápido, pero la capacidad de Verstappen para rescatar puntos en fines de semana difíciles es vital, y acumula un importante colchón de puntos en la Euro Series. Cuando se dirigen a La Conca en el sur de Italia para la penúltima carrera de la serie, Max ya está en posición de asegurar el título con un fin de semana de sobra. Entonces, se produce un nuevo desastre. Por primera vez en su joven carrera, Max se encuentra físicamente incapacitado para correr. Tras los entrenamientos del miércoles, sale del karting quejándose de una costilla dolorida. Jos envía a un fisioterapeuta desde su casa para que lo examine y no conduce el jueves para ver si el dolor desaparece. Con valentía, intenta conducir el viernes, pero sólo consigue dar cuatro vueltas. Con la posibilidad de ganar el título, tanto el padre como el hijo están decididos a superar la barrera del dolor. El sábado, sin embargo, es demasiado y, a las cinco vueltas de la clasificación, Max regresa a los boxes. No puede seguir adelante. Sus costillas y ahora su espalda gritan de dolor en cada curva. Tiene que retirarse. Después de que los escáneres de vuelta a casa muestren que no hay daños graves, Max se recupera a tiempo para el Campeonato Europeo, sólo para lo que él llama una carrera de «coches de choque» y Max sólo puede terminar decimocuarto después de múltiples colisiones mientras George Russell se lleva la victoria. Al menos la semana siguiente es capaz de sellar el título de las Euro Series a pesar de haberse perdido uno de los cuatro fines de semana de carrera por una lesión y un problema de motor importante. En su regreso al Mundial, en el que Albon le había derrotado en 2010, tuvo un encontronazo con otro futuro rival de la F1 cuando Charles Leclerc le adelantó y le cortó la rueda delantera al pasar. «Parecía que lo había hecho a propósito», dijo Max después. En realidad, el ritmo de Max había sido malo durante todo el fin de semana y Jos se culpó de haber hecho mal la puesta a punto. Max intentó dormir de camino a casa desde Italia para estar listo para la escuela por la mañana, pero las frustraciones del día lo hacen difícil. Sin embargo, Max puede que no ganase tantas carreras, pero la consistencia de sus resultados era suficiente para demostrar a cualquiera que se interesase que es lo suficientemente bueno. Tampoco faltó quien se interesara por él. El Intrepid Driver Programme, que ya tenía en su agenda a pilotos de la talla de Albon, Leclerc y Russell, había estado persiguiendo a Max desde que fichó por CRG, y al final de la temporada 2011, los Verstappen finalmente cedieron. Ahora estaría en los mismos karts que algunos de sus mayores rivales del karting, después de lo que podría ser el año más difícil de su carrera. Estaba claro que había estado haciendo algo bien, y ahora podría demostrar de una vez por todas que era algo más que el hijo de su padre.

7

DE LA ANGUSTIA ADOLESCENTE
A LOS MONOPLAZAS

Gracias al karting, Jos y Max probablemente aprendieron más uno sobre el otro, y se unieron más que en cualquier otra etapa de su relación. Pasaban horas en la carretera juntos y hablaban de todo y de nada, algo que no todos los adolescentes pueden hacer con sus padres. A la hora de las entrevistas, que a menudo hacían juntos, se mostraban abiertos el uno al otro y no temían discutir los defectos del otro, una actitud que muchos estrategas de élite consideran crucial para avanzar en un equipo. Y eso es, al fin y al cabo, lo que son. El automovilismo es un deporte individual en cierto sentido, pero es en gran medida un entorno de equipo; el piloto supera la línea de meta, pero sin un equipo de máximo nivel, cientos o incluso miles de personas, no puede ni siquiera salir de la parrilla.

Intrepid era, en la mente de Jos, otro peldaño hacia la F1, pero también ofrecía un elemento de concentración del piloto que él consideraba importante. Cuando le preguntaron en 2018 si se arrepentía de algo en su carrera, insistió en que no. Sin embargo, no pareció que dijera la verdad, y rápidamente siguió con una explicación.

«Habría hecho las cosas de otra manera, me habría preparado mejor físicamente, me habría puesto en manos de un entrenador adecuado, habría armado mejor las cosas», dijo Jos. «Todo me ha ido bien. Gané dinero, y cuando lo dejé en 2003, lo invertí todo en el chico que está compitiendo ahora, así que todo salió bien».

El propio Jos, según los estándares de la época, se precipitó desde el karting a la Fórmula 1 y era un joven piloto aún verde. Aunque su hijo iba técnicamente mucho más rápido que él en términos de edad, Jos se aseguraba de que no se precipitara y de que recibiera el apoyo adecuado en el momento oportuno.

Intrepid tenía un historial probado de ser un trampolín para pilotos que también acabaron en la F1. Sébastien Buemi y Jaime Alguersuari se graduaron en el programa y ya habían pasado varios años en la F1. Jules Bianchi y Will Stevens les seguirían pronto. En la cohorte de Max, Intrepid ya tenía un grupo repleto de talento: Charles Leclerc había ganado el título de KF3 en 2011 y George Russell el Campeonato de Europa. Parecía una combinación perfecta, al principio. Sin embargo, el camino de Max para el año 2012 no estaba claro, ya que Jos quería correr en KF1 pero también mencionó que sólo lo harían si el equipo era el adecuado, y que también querían, en algún momento, llevar a Max a la KZ2, un paso hacia los karts con cambio de marchas.

Sin embargo, las cosas empezaron a complicarse. En enero, Jos fue detenido bajo la sospecha de haber atropellado deliberadamente con su coche a su entonces novia Kelly van der Waal. Negó enérgicamente los cargos, pero estuvo en prisión preventiva durante dos semanas antes de que sus abogados consiguieran que se retiraran los cargos de intento de asesinato y fuera liberado. Esto significó que Jos se perdiese el viaje de Max a Italia para la Feria Intrepid de Karting y Carreras, donde el nuevo chico conoció a muchos de sus compañeros de equipo y participó en una prueba de tres días. Al tener catorce años, probablemente disfrutó del tiempo para desplegar un poco sus propias alas, pero no era una situación ideal.

Jos también reconoció que, aparte de sus propios problemas, Max estaba en una edad delicada. Había crecido mucho, como suelen hacer los chicos de catorce años, y con ese estirón llegaba la posibilidad de que desarrollara otros intereses fuera de la obsesión por el automovilismo que le acompañaba desde antes de poder caminar.

«Si una mañana se levanta y ya no le apetece, ya está», dijo Jos sobre su hijo adolescente. «Por supuesto que me parecería una pena, sobre todo con toda la energía que le pongo, pero sigue siendo su elección, su vida; sólo que si es así, [prefiero] que me lo diga ahora y no dentro de cinco años, porque así me puedo ir de vacaciones mañana».

Tal vez haya sido la angustia de la adolescencia, el salto de calidad o los problemas que harían que su etapa en el Intrepid durara tan poco, pero 2012 estuvo lejos de ser un buen año para Max. Comenzó con fuerza, ganó la Winter Cup en Lonato en su debut en el Intrepid, con sus nuevos mecánicos asumiendo un papel principal en la preparación. Jos seguía formando parte del equipo, poniendo a punto el motor y ayudando siempre que podía, pero no estaba tan al mando como en Pex o CRG. Max estaba creciendo, pero las cosas no eran más fáciles. En Leclerc, ahora piloto de ART, había encontrado un rival realmente digno de enfrentarse a él. Los dos estaban empatados en la KF2 Euro Series y las cosas llegaron a un punto crítico en Val d'Argenton, en el oeste de Francia.

Max había subido un peldaño más en la escala del karting y el interés se había intensificado un poco más. La comunidad del karting empezaba a tener la sensación de que esta era una generación dorada de pilotos. Por eso, cuando Leclerc y Verstappen chocaron durante una sesión de clasificación en mojado, a ambos chicos les pusieron un micrófono en la boca antes de que pudieran siquiera calentarse o secarse.

«Es injusto. Voy en cabeza, él quiere pasar, me empuja, yo le devuelvo el empujón y después me saca de la pista. No es justo, ¿eh?», dijo Max enfadado, con las mejillas sonrojadas y su padre marchando delante de él igualmente enfadado, pero sabiamente el hombre del micrófono se dirige al más joven de los dos Verstappen. El entrevistador italiano corre entusiasmado a buscar a Charles, intuyendo una gran historia entre dos prometedoras estrellas.

«Fue sólo un incidente de carrera», dijo Leclerc, quitándole importancia. Su jefe de equipo repite su respuesta. No hay nada que ver. Los comisarios no están de acuerdo y descalifican a ambos pilotos de la clasificación.

Max se ve envuelto en dos incidentes más durante el fin de semana y resulta ser un viaje costoso, ya que sólo consigue tres puntos y ahora se queda por 50 puntos por detrás de Leclerc con sólo 122 restantes en la carrera por el título. El fin de semana queda grabado en la memoria de ambos. Ocho años después, Leclerc sigue insistiendo en que no tuvo culpa alguna.

«Acabó en la hierba, pero sólo porque se distrajo al ponerme yo a su lado para recriminarle su maniobra anterior», dijo Leclerc en 2020.

«Su kart cayó en un charco tan profundo que sólo su casco sobresalía del agua. Estaba furioso, pero ahora pensar en ese episodio me hace reír mucho».

Max aún no se ha reído de ello.

No sólo le desafiaron en la KF2, sino que Jos le empujó hacia adelante y hacia arriba. Se inscribió en el Campeonato del Mundo de KF1, que consistía en dos rondas de carreras en Japón y Macao separadas por unos cinco meses. Max mostró destellos de su talento, consiguiendo dos podios en las ocho mangas, pero sólo pudo ser octavo en la general. La carrera fue muy dura y sin su velocidad dominante, combinada con problemas de fiabilidad que empezaron a afectarle, comenzó a pensar que el mundo estaba en su contra, y se le hizo casi imposible ganar. Incluso cuando consiguió cruzar la línea de meta en primer lugar, triunfando en el Campeonato Europeo de Inglaterra, la victoria le fue retirada por una apelación de los comisarios y concedida al piloto británico Ben Barnicoat. Se presentó un recurso de apelación, pero se desestimó, según Jos, por un tecnicismo, algo así como que los documentos que nunca se les dijo que necesitaban no se presentaron a tiempo. Los dos hombres estaban furiosos y 2012 se estaba convirtiendo rápidamente en un *annus horribilis*.

Jos actuó con decisión para cambiar su suerte. En julio, anunció que Max volvía a cambiar de equipo, alegando la marcha del fundador de Intrepid, Mirko Sguerzoni, en circunstancias turbias, la falta de dinero disponible para el desarrollo y el temor al estancamiento. Insinuó que Intrepid se estaba arruinando. Se unió a un equipo llamado Chiesa Corsa para correr en karts Zanardi, un movimiento que les llevaría de nuevo bajo los auspicios del grupo Tinini, propietarios de CRG y territorio mucho más familiar para Max. En pocas semanas, estaba de vuelta en un kart de CRG con KF2 y varias entradas de KZ2, con cambio de marchas, en su calendario. Sin embargo, cambiar de equipo a mitad de temporada no es fácil, especialmente si se hace dos veces, sin importar lo familiar que sea el kart o el talento del piloto. Su ritmo fue en general impresionante, pero su año maldito continuó: en la Copa del Mundo de Karting en Sarno, cerca de Nápoles, dominó la categoría KZ2 en todas las carreras antes de la final, con el único desliz de haber quemado el embrague, un error torpe, que le obligó a empezar la prefinal en décimo lugar, que ganó de todos modos. Cuando llegó a la final, estaba desesperado por conseguir su mayor victoria del año y, al ver una oportunidad mínima pero factible de adelantar a Daniel Bray, que acababa de arrebatarle el liderato, en una curva de alta velocidad y con cuarta marcha, hizo el movimiento. Los dos chocaron y Max se vio obligado a retirarse.

Después, admitió su error, sabiendo que habría pasado a Bray eventualmente con su significativa ventaja de velocidad, pero tal vez la primera parte del año pasada en un kart inferior había nublado su mentalidad.

El error en Sarno fue un momento seminal, ya que dio lugar al ahora famoso incidente en el que Max fue abandonado, brevemente, en una gasolinera. Max, que cumpliría quince años unas semanas más tarde, debería haber sido campeón del mundo en la categoría KZ2, en karts de cambio de marchas más avanzado, un galardón que habría sido un enorme venganza hacia quienes habían obstaculizado su progreso y cuestionado sus diversos movimientos durante el verano. En lugar de eso, emprendieron el largo viaje de vuelta a Bélgica sin ningún tipo de presea en la furgoneta mientras su tercer kart diferente del año traqueteaba en la parte trasera. Tal vez Jos estaba empezando a pensar en el verano como un microcosmos de su propia carrera, cambiando casi constantemente de equipo tratando de hacer que las cosas funcionaran y finalmente nunca logrando lo suficiente. Cuando dejó a Max en una estación de servicio, debió de ser un momento impactante para ambos: para Max, sobre la profundidad de la pasión y la ira de su padre, y para Jos, sobre cuán lejos llegaría para dar una lección a su hijo. Parecía sentir que Max no se había tomado suficientemente a pecho esa derrota —y todas las demás luchas del año hasta entonces—, aunque estaba profundamente disgustado por no haber ganado. Tuvo el impacto deseado. Max es muchas cosas, pero no es un buen perdedor. «Muéstrame un buen perdedor y te mostraré un perdedor», se supone que dijo una vez el entrenador de fútbol americano Vince Lombardi, una frase que bien podría haber sido pintada en el interior de la furgoneta de los Verstappen. Cuando Daniel Ricciardo le acusó una vez de ser un «mal perdedor» por la radio del equipo tras una colisión en 2017, probablemente no lo habría negado.

Tras la decepción de Sarno, el programa de Max para el resto del año cambió un poco. Después de quedar segundo en una prueba de la Copa del Mundo en España, sólo superado por su compañero de equipo en CRG, Felice Tiene, los Verstappen fueron en busca de mayores premios a un nivel superior, animados por la velocidad mostrada en la clase KZ2. Max se retiró de varias pruebas de la WSK y viajó a Estados Unidos para disputar la carrera de KZ2 en Las Vegas. Hubo un esfuerzo concienzudo para recuperar el tiempo perdido. Aun así, daba la sensación de que no podían tomarse un respiro. En Macao, Max contrajo una infección que le dejó postrado en la cama, pero aun así fue el más rápido en las sesiones de entrenamientos. Tras unos cuantos paracetamoles y muchas horas de sueño, consiguió terminar segundo en la primera carrera, pero un problema técnico le retiró de la cabeza de la segunda. En Las Vegas, una bujía rota le impidió ganar la final después de haber vuelto a arrasar en las rondas anteriores. Dos viajes por todo el planeta sin más resultado que un gran desfase horario y unos cuantos sellos en el pasaporte. Sin embargo, tanto el equipo como el piloto aseguraron que Max estaría en CRG el próximo año. Los escarceos lejos del equipo donde tanto había ganado no habían funcionado. Ahora empujarían a Max a las clases KZ1 y KF, las series más altas de karts con caja de cambios manual y automática, respectivamente.

Cuando se sentaron a planificar su año, con dieciséis fines de semana de carreras y varias sesiones de pruebas, quedó claro que Max no pasaría mucho tiempo en Bélgica, ni siquiera en la escuela. De todos modos, nunca le interesó mucho la escuela, y sólo sacaba buenas notas porque su padre había llegado a un acuerdo para que, si lo hacía, la escuela le diera el tiempo libre que necesitaba para competir a nivel internacional. Muy pronto, ni siquiera eso fue suficiente.

«Dejé la escuela cuando tenía quince años y medio; era simplemente difícil de combinar. Estaba dos semanas fuera, una semana en la escuela, así que era muy difícil ponerse al día», dijo Max en una entrevista con crash.net en 2017.

«Pero es un riesgo. Hay mucha gente en las carreras que hizo lo mismo, y al final no funcionó y tienes que volver a la escuela y estudiar de nuevo, y esa fue mi motivación para intentar hacerlo bien, para no tener que volver a la escuela después».

Jos, como muchos padres de pilotos, pagó a un profesor particular para tratar de mantener el nivel académico de Max, sabiendo que en sólo doce meses dejarían los karts y pasarían a los coches, si lograban que las finanzas funcionaran. Entonces el mundo empezaría a ser mucho más grande para Max y era un punto en el que, como dijo el propio chico, podría no funcionar, así que se quedó con su tutoría online.

Los peligros de que un niño en crecimiento abandonara su pasión infantil eran reales y también presentes. Ya no salía enano en las fotos del podio. De hecho, era casi tan alto como su padre, y empezaban a aparecerle algunas manchas en la barbilla y la frente, algo inevitable en la adolescencia. Jos se mostraba receloso. Cuando tenía ocho años y los demás pilotos jugaban al fútbol en el paddock mientras Max trataba de entender las explicaciones de su padre de por qué su kart se deslizaba, era fácil mantenerlo atento. Ahora tenía casi dieciséis años y las distracciones eran mucho más importantes. También se produjo un cambio en la dinámica del equipo, ya que el mecánico René Heesen adquirió más protagonismo y Jos, como haría tantas veces en la carrera de Max, trató de dar un paso atrás y dejar de estar tan involucrado en los karts. René había trabajado con Jos durante años, habiendo guiado a Giedo van der Garde a un título mundial de karting, y luego a Nico Hülkenberg. Max, sin embargo, pensó que podría ser mejor que ambos, y por fin, después de las dificultades de 2012, las cosas parecían volver a encajar.

«Fue increíblemente fácil», dijo Max después de dominar la categoría KZ2 en la primera carrera de la temporada en Italia. Incluso Jos quedó impresionado. «Con un kart KZ se conduce de forma angular y con un KF, con caja de cambios automática, un poco más redondo. Pero

Max ahora conduce así de suave con una KZ y por lo tanto toma mucha velocidad en las curvas, lo que no es normal. Max lo está haciendo increíblemente bien; va realmente bien. Siempre va rápido y es muy bueno en todas partes. Estoy muy orgulloso de Max. Su forma de conducir es una locura. No puedo decir nada más».

Casi se puede percibir el alivio en sus grandes elogios, que no había hecho públicos desde hacía tiempo. Con otra victoria de la Winter Cup en su haber, volvió a La Conca para la primera ronda de las Euro Series, donde hay un nombre conocido y famoso en la hoja de salida: Michael Schumacher. El alemán de 44 años era copropietario de Tony Kart, uno de los principales rivales de CRG, y su hijo Mick también competía en la serie júnior. Max corría en KZ1, donde no hay privados, sólo pilotos oficiales de fábrica, y no hay golpes de efecto. También «Schumi» debería haber estado en esta categoría, pero se retiró del evento tras un par de sesiones de entrenamientos. Sus tiempos, según algunos, eran hasta un segundo más lentos que los de Max. Por desgracia, no hubo un gran enfrentamiento entre el antiguo compañero de equipo de Jos y la joven promesa del karting, y trágicamente el accidente de esquí que sufrió Schumacher unos meses después significó que nunca lo había, aunque Jos se hubiera alegrado de que su viejo amigo tuviera la oportunidad de ver de cerca a Max, que había estado de vacaciones en familia con los Schumacher, corriendo en karts al más alto nivel.

Max no tuvo rival una vez más en el sur de Italia, consiguió el máximo de puntos y una ventaja dominante en las Euro Series sobre su compañero de equipo y amigo Jorrit Pex. A mediados del verano, ya se había hecho con el título, sellándolo con una conducción paciente y reflexiva que le aseguró terminar con los puntos suficientes para superar al aspirante Ben Hanley y hacerse con el trofeo el sábado en Genk, lo que le permitió disfrutar de la carrera del domingo en su pista de origen sin demasiada presión sobre sus hombros. Ganó el Campeonato de Europa en la clase KZ y el KF un mes después, antes de sumar la primera mitad del Campeonato del Mundo KF en Inglaterra en septiembre. El impulso, que se había visto frenado por las dificultades de 2012, empezaba a tomar forma de nuevo. Se empezaban a hacer llamadas telefónicas tentativas. Los exploradores empezaban a llegar los fines de semana de carrera. El agente Raymond Vermeulen era un hombre cada vez más ocupado. Incluso Huub Rothengatter, el predecesor de Raymond, estaba intrigado. Cuando Max llegó a la final del Campeonato del Mundo de KZ en Varennes-sur-Allier, no pudo resistirse al viaje.

«Escuché todo tipo de historias y vi grandes resultados esta temporada. Eso me hizo querer ver con mis propios ojos lo que hacía Max, Así que, junto con Raymond, decidimos subirnos al coche el viernes por la mañana temprano y conducir hasta Varennes. Puedo decir, y esto es un eufemismo, que Max no me decepcionó en absoluto. Es fantástico lo que ha demostrado aquí en Francia», dijo Rothengatter.

Impresionó a todo el mundo ese fin de semana: a Rothengatter, a Charles Leclerc, con quien luchó repetidamente, incluso a él mismo. Siete años más tarde, en una entrevista con la publicación online alemana *Speedweek,* citaría la final como una de sus mejores carreras.

«Esta carrera me acompañará siempre. Nunca estuve realmente bajo presión. Hemos trabajado muy duro durante todo el fin de semana, por eso esta victoria ha sido tan satisfactoria. La guinda del pastel fue que mi padre había preparado mi kart», dijo.

Max aún no había cumplido los dieciséis años y ya no le quedaba nada en el mundo del karting por conquistar. Sin embargo, no se lamentaba. Estaba emocionado por lo que le esperaba, lo mismo que los directores de equipo que intentaban reclutarlo. Al igual que Jos hacía unos cuantos años atrás, Verstappen era el nombre que estaba en boca de todos, pero su padre estaba decidido a que las cosas fueran diferentes.

Lo que no sabían muchos de los que le vieron ganar ese título de KZ, y que tal vez le dieron un codazo a algún compañero para sugerirle que se subiera a un coche de carreras muy pronto, era que Max ya había tenido su primer contacto con la conducción de monoplazas en una sesión secreta de verano.

Es posible que no mucha gente ajena al mundo del automovilismo pueda encontrar Pembrey en un mapa; probablemente sea más conocido hoy en día por su pista de esquí seca y su enorme parque de caravanas. Sin embargo, el pequeño pueblo galés, y más concretamente su aeródromo reconvertido, ha desempeñado un papel importante en el folclore de varios pilotos. Debido a la falta de restricciones acústicas, fue utilizado a menudo como circuito de pruebas por los equipos de F1 en los años ochenta y noventa, y McLaren acampaba allí en varias ocasiones. De hecho, se dice que una famosa cumbre dirigida por Ron Dennis entre los pilotos Alain Prost y Ayrton Senna tuvo lugar allí durante el apogeo de su épica lucha interna. Sin embargo, más de veinte años después, la pista seguía utilizándose para las pruebas de los GT y de los coches de fórmula menores, incluida la Fórmula Renault. Eric Boullier era director general de Gravity Sport Management, una empresa propiedad de Genii Capital, y cuando compraron el equipo Renault de Fórmula 1, lo pusieron como jefe de equipo. Cuando Renault se retiró y el equipo pasó a llamarse Lotus, Boullier se quedó, pero siguió trabajando en la búsqueda de jóvenes talentos, especialmente en la serie Renault del fabricante francés. Gravity ya se había puesto en contacto con los Verstappen y había hecho algunos progresos a principios de año (Boullier incluso mencionó a Max en una entrevista de 2013 como un talento que él «tenía»), por lo que no fue una coincidencia que Max tuviera la oportunidad de probar un coche de Fórmula Renault 2.0 allí en agosto de 2013, aunque bajo los auspicios de un equipo holandés. Sin embargo, se mantuvo en secreto y el padre de Max se aseguró de que poca gente lo supiera.

«Como muchas miradas están puestas en Max, decidimos no darle más publicidad», escribió Jos en una columna unos meses después, momento en el que su hijo ya había tenido una tercera oportunidad en un monoplaza. «Quería que Max pudiera aprender las primeras cosas con tranquilidad, sin presiones y sin que la gente mirara a lo largo de la pista. Es un paso muy grande de los karts a un coche».

Jos se mostró tan cauto debido a su propia primera prueba de F1 y a la atención mediática que le había empujado a ese primer paso por Benetton, el asiento junto a Michael Schumacher, y un camino que no pudo desandar, por mucho que quisiera.

La noche anterior a la prueba, Jos se sentó con Frits van Eldik, un fotógrafo que le había fotografiado desde sus tiempos de piloto y que se había convertido en un gran amigo. Frits conoció a Max cuando tenía un día de vida, tomando la primera foto de la familia Verstappen tras su nacimiento. Discutieron con cierta ansiedad lo que podría ocurrir al día siguiente. Al final, se llevaron a la cama el mismo pensamiento para gestionar sus expectativas y preocupaciones: «Ya veremos mañana». Sabían que podía ser el comienzo de algo, o podía no ser nada. Al final, Frits lo describiría como uno de los momentos más memorables de su vida.

Como era de esperar, dado que Pembrey no está lejos de la ciudad más lluviosa del Reino Unido, Swansea, el primer día de Max en un monoplaza de carreras —el miércoles 14 de agosto de 2013— tuvo lugar en condiciones de pista mojada. No obstante, el equipo holandés Manor MP Motorsport puso los neumáticos de lluvia y envió tímidamente a un niño de quince años en su coche naranja brillante para que diera sus primeras vueltas, probablemente esperando tener que sacarlo de un charco unos minutos más tarde.

«Por supuesto, antes de subirte al coche no sabes qué esperar. Pero después de dar unas cuantas vueltas, empecé a sentirme cómodo. Empiezas a sentir un poco los límites. Es completamente diferente a los karts. Quiero decir, el pedal de freno, la aplicación del acelerador, cómo te sientas en el coche, la vista. Esa es la principal diferencia», dijo Max.

Max asombró a los mecánicos de Manor. En menos de media hora, cuando se suponía que debía tomarse las cosas con calma, iba a toda máquina. El equipo le había dicho que, basándose en los datos anteriores en mojado, cualquier cosa que se acercara a los 58 segundos en la pista corta de pruebas sería un buen comienzo. Al final, el tiempo más rápido de Max en mojado fue de un 56.1. El jueves, cuando la lluvia amainó, marcó el mejor tiempo de todos los que condujeron en 2013 en un coche del tipo que él conducía. Si Manor hubiera podido ficharlo en el momento, sin duda lo habría hecho, pero no sería una decisión precipitada.

Había otra diferencia significativa: Jos no estaba poniendo a punto su motor, calentándolo y entrenándolo para la pista. Para un hombre que ha vivido y respirado la carrera de su hijo casi a diario durante la última década, era una sensación extraña. Había relajado las riendas y se las había pasado a René, ahora tendría que ser más padre y menos de todo lo demás.

En octubre, dos meses después de aquella primera prueba, Jos estaba sentado en Alcarrás, un pequeño circuito español, sin siquiera ver cómo su hijo volaba en su tercera prueba de la Fórmula Renault 2.0, esta vez para el equipo finlandés Koiranen. La lluvia galesa quedaba lejos y Max podía acumular kilómetros. Él y Raymond reflexionaban sobre las ofertas de varios equipos en varias series. Estaban desesperados por tomar la decisión correcta ante la agonía de tantas posibilidades de elección. Jos escribió su columna mensual en Alcarrás, esta vez titulada «Es hora de dejar ir a Max».

«Para mí, el paso de los karts a los coches significa que pronto dejaré de tener influencia en el rendimiento de Max, después de años haciendo sus karts. Ahora no tengo ningún problema en dejarlo irse. Noto que incluso me gusta. Es agradable poder tomárselo con un poco más de calma que los últimos años», escribió Jos.

Sin embargo, no hay mucha conciencia de sí mismo en su siguiente frase. «Por ahora, seguiré yendo a todas las pruebas y carreras. Eso es bueno para Max».

Sin duda, se alegraría de los consejos de su padre, pero también existía una considerable posibilidad de extralimitación. Ya tenía dieciséis años y era, como siempre, una cabeza vieja sobre hombros jóvenes. Al comenzar su carrera profesional en serio, puede que no estuviera tan contento de tener a su padre, a veces literalmente, mirando por encima de su hombro.

Sin embargo, primero tenía que llegar allí y había que resolver contratos y relaciones. En una serie específica en la que todos los coches son iguales, las pruebas con diferentes equipos son aún más importantes.

«La elección del equipo en el que correremos se basará en nuestros sentimientos», dijo Jos.

«Es importante que Max pueda trabajar junto con el ingeniero». El subtexto, por supuesto, era que el ingeniero debe ser capaz de trabajar con todos los Verstappen, no sólo con Max. En Koiranen, señaló que los finlandeses no son hombres de muchas palabras, un cliché al que han dado crédito personas como Kimi Raikkonen y Mika Hakkinen, aunque la carrera de este último como analista de carreras ha comenzado a ponerlo en duda.

Max probó con KTR, dirigido por el belga Kurt Mollekens, antiguo rival de Jos, e impresionó en Hockenheim. En el test de dos días, Mollekens se deshizo en elogios hacia él, diciendo que debería apuntar a la Fórmula 1 y que debería pasar por la Fórmula Renault 2.0 para llegar allí, preferiblemente con KTR. Cuando llegó el test de novatos en Barcelona, donde 33 pilotos en total marcaron tiempos, es KTR el coche que conduce Max.

Por la mañana marcó unos tiempos impresionantes para un novato, siendo el tercero más rápido por detrás de Gustav Malja y George Russell, el futuro piloto de Williams F1, pero terminó la sesión en la grava tras perder el control. Un problema en los pedales también limitó su actuación por la tarde, cuando la mayoría de los pilotos marcaron su mejor tiempo, y terminó el día en la octava posición. Aun así, fue el segundo novato más rápido, pero fue un día frustrante al tener problemas después de haber sido invitado por Renault a participar. Fue aún más frustrante cuando probó con Tech 1 en Hungría una semana después y estableció un récord de pista para la Fórmula Renault 2.0, superando por poco a Alex Albon. Al menos había mostrado su verdadera cara en un día en el que había otros pilotos presentes para proporcionar un punto de referencia, especialmente uno como Albon, que había demostrado ser un digno rival en el karting y que ya tenía dos temporadas de Fórmula Renault en su haber. En Spa, fue el más rápido de una prueba de diecinueve pilotos de dos días, esta vez trabajando con Josef Kaufmann Racing. Se impuso en condiciones de seco y de mojado.

Sin embargo, no se tomó ninguna decisión y ningún equipo con el que probó Max retiró su interés, comprensiblemente, porque se estaba convirtiendo rápidamente en la propiedad más caliente de las carreras de fórmula júnior. Incluso Max admitió que se enfrentaba a una difícil decisión para el próximo año, a la vez que tenía que mantener su ojo en el karting, porque la carrera final del Campeonato del Mundo KF en Bahrein no se celebró hasta finales de noviembre. Cuando lo hizo, Max fue excluido tras una colisión que los comisarios consideraron que era culpa suya. Sin embargo, tras una temporada en la que había ganado un total de seis títulos y casi asegurado un coche para correr el siguiente año, era difícil estar decepcionado, aunque esa polémica fue la comidilla de las mesas cuando Max recogió su botín de premios en una cena unas semanas después.

«Ha sido la mejor temporada y hemos hecho historia en el karting al ganar dos títulos europeos y uno mundial en la misma temporada y en dos categorías diferentes. Ahora es el momento de afrontar un nuevo reto», dijo Max.

Incluso en diciembre, Max esperaba que ese desafío llegara en la FR 2.0, la serie en la que había probado repetidamente y tres veces ya para el equipo francés Tech 1, que ganó el título de 2013 con Pierre Gasly llevándose los honores individuales. Entonces llegó una oportunidad que no podía rechazar. Tras su noveno test de FR 2.0, en el que casualmente su padre no estaba presente («estoy bien, incluso sin Jos», se rio cuando le preguntaron si le afectaba), le ofrecieron la oportunidad de conducir un coche de Fórmula 3 por primera vez. La F3, como se conoce ahora, está dos niveles por debajo de la Fórmula 1 y es una serie poblada principalmente por pilotos con dos o tres años de conducción de carreras como mínimo. Max sería el novato por excelencia, pero el equipo Motopark, que operaba bajo el nombre y los colores de Lotus, fue informado de que no podían dejar de darle a este joven piloto dos días en su coche.

Jos voló a Valencia para el test, que todavía se consideraba más exploratorio que preparatorio. Nadie esperaba que Max destacara en un coche de F3, dado que hacía menos de un mes conducía un kart automático. De nuevo, le subestimaron. De hecho, Max volvió a sorprenderse a sí mismo cuando en sus primeros cuarenta y cinco minutos en un coche de F3, en un circuito que nunca había conducido antes, fue el hombre más rápido en la pista.

«No esperaba ser el más rápido», dijo después de un primer día emocionante en el que batió el récord de vuelta. «Me ha sorprendido. El coche se adapta muy bien a mí, así que puedo adaptarme fácilmente».

Su padre tenía una palabra para definirlo: «Genio».

El hombre que había dado a Jos su oportunidad a principios de los 90 en la F3, Frits van Amersfoort, estaba observando. «En diez minutos supe qué tipo de piloto teníamos en el cockpit».

En la segunda jornada, volvió a batir el récord, e incluso fue rápido cuando la lluvia hizo acto de presencia en la última hora del día, su última conducción de 2013. Dos días antes, Max había insistido en que seguiría en un coche FR 2.0 el siguiente año. Ahora, no estaba tan seguro.

«Todavía no se ha tomado ninguna decisión sobre el próximo año, pero espero que se aclare pronto».

Las cosas se movían muy rápido, dentro y fuera de la pista, y ahora iban a empezar a moverse más rápido.

8

ATRAER LA ATENCIÓN DE LA PARRILLA DE LA F1

El deporte del motor comenzó 2014 bajo una nube. Michael Schumacher, excompañero de equipo de Jos Verstappen y siete veces campeón del mundo, estaba en coma tras un accidente de esquí que, según los médicos, habría sido mortal de no ser por su casco. Seguía en estado crítico pero estable, y la familia Schumacher luchaba ferozmente por proteger su privacidad. Incluso a día de hoy, poco se sabe de su estado después de que fuera sacado del coma en el verano de 2014 y trasladado a su casa tres meses después. Mientras tanto, su antigua escudería, Ferrari, intentaba afianzar su propio futuro asegurándose los mejores talentos del automovilismo mundial, y para ello dio el pistoletazo de salida a la carrera por el fichaje de Max. La mayoría de los pilotos con talento que le rodeaban ya habían sido reclutados en uno u otro programa de talentos, y era sorprendente pero no casual que él no lo hubiera hecho. Jos intentaba constantemente evitar las trampas de su propia carrera y Max no estaba dispuesto a ignorarle. Sin embargo, cuando Ferrari le llamó, era una convocatoria difícil de ignorar. Así que cuando Luca Baldisserri, que había trabajado como estratega de Schumacher en Ferrari pero que ahora dirigía la academia de pilotos, invitó a Max a Estados Unidos para la primera edición de las Florida Winter Series de enero, aprovechó la oportunidad.

La serie tenía sólo cuatro carreras y fue organizada por Ferrari esencialmente para obtener una mejor visión de los pilotos que estaban considerando para su programa. Los coches utilizados no estaban muy lejos de las especificaciones de la Fórmula 3 y tenían las mismas normas de seguridad que la F3, por lo que eran ideales para alguien en la etapa de Max que buscaba acumular kilómetros a ese nivel. Sin embargo, existía el pequeño problema del pago de 95.000 euros que se requerían para participar. En el caso de otros competidores, como Lance Stroll o Nicholas Latifi, sus padres multimillonarios no tendrían problemas para pagar la factura. A Jos le había ido bien en la F1, pero ya se había gastado una gran cantidad de dinero en el karting y, con una temporada en el automovilismo por delante, no podía cubrir todo. Recurrió a los antiguos patrocinadores de su época de piloto para que le ayudaran, y muchos lo hicieron, aunque la serie de Florida era un favor más que una auténtica oportunidad de marketing. (Las finanzas del equipo Verstappen siempre fueron algo precarias durante su primer año en el automovilismo, a pesar de los esfuerzos de Jos y Raymond, y si no hubieran contado con el apoyo del supermercado holandés Jumbo, el primer patrocinador de Max en el automovilismo, su carrera podría no haber despegado. Max incluso se dirigió a Michel Perridon, estrella de la versión holandesa del progrma televisivo *Dragons' Den* y antiguo inversor de Jos, para proponerle un patrocinio personalmente en un fin de semana de carreras, señalando que su madre ya llevaba un sombrero con la marca Perridon's Trust. Fue un movimiento tan audaz como uno de los adelantamientos característicos de Max, aunque, a diferencia de aquellos, no le salió bien).

La Serie de Florida, subrayó Ferrari, no era un campeonato —no había un gran trofeo al final—, sino un ejercicio de entrenamiento invernal competitivo en una época del año en la que apenas había otras carreras. Ferrari distribuía a sus ingenieros entre los coches, organizaba seminarios para los jóvenes pilotos sobre diversos aspectos de las carreras y les permitía acumular unos 3.000 kilómetros de conducción. Cada fin de semana de carreras consistiría en cuatro horas de entrenamientos, dos sesiones de clasificación de 30 minutos y luego tres carreras de 30 minutos. Jos también viajaría como entrenador de Max, ahora que ya no podía ser su ingeniero o mecánico, y Sophie también voló para apoyar a su hijo. Para Max, era una oportunidad de debutar en las carreras y ganar una experiencia inestimable, así como una oportunidad de seguir avanzando en su reputación; todavía no había puesto el lápiz en el papel para la temporada 2014 y cada semana que pasaba y cada vuelta rápida no hacía más que ampliar sus posibilidades de elección. Si lograba vencer a cualquiera de los miembros de la Academia de Pilotos de Ferrari que se esperaba que participaran, Jules Bianchi y Antonio Fuoco, daría mucho que hablar.

Como auténtico novato, al no haber completado nunca una carrera en un monoplaza, Verstappen estaba ciertamente en desventaja. Había cuatro pilotos que habían pasado la temporada anterior en la F3 europea y dos más venían de la Fórmula Renault. Sólo cuatro de los once pilotos que debían completar la serie de cuatro carreras habían surgido del karting ese año, y uno de ellos era Max, y parte de esa inexperiencia se mostró con un comienzo poco propicio en las pruebas; chocó con la parte trasera de Antonio Fuoco en el carril de boxes y rompió su suspensión delantera izquierda, con lo que perdió algo de tiempo en pista y más que un poco de orgullo. Tal vez la exuberancia y la excitación se apoderaron de él. También en su primera carrera, hubo momentos de impetuosidad que le diferenciaron de los demás, así como un ritmo que lo destacó. A pesar de haber optado por viajar a Florida para disfrutar del sol de enero, la carrera inaugural de la serie comenzó detrás del coche de seguridad a causa de la lluvia. Desde la tercera posición, Max demostró rápidamente sus habilidades en condiciones de humedad, marcando un sector rápido tras otro, superando a su compatriota Dennis van de Laar y al propio Fuoco de Ferrari, un antiguo rival en el karting, para ponerse a la cabeza de su primera carrera en un coche en la primera vuelta. Una vez delante trató de presionar y crear una brecha, pero en su afán sobrecalentó los neumáticos y poco a poco fue retrocediendo. A falta de tres vueltas, Max cometió un error en la última curva y perdió tres puestos. «Estaba muy enfadado», reflexionó después de la carrera.

Afortunadamente, dejó rápidamente de lado ese enfado para marcar la vuelta más rápida de la carrera, que no valía puntos pero que fue suficiente para consolidar el cuarto puesto. Hubo más lecciones que aprender en las carreras dos y tres. En la primera, chocó por detrás con Ben Anderson y perdió el alerón delantero, poniendo fin a su carrera después de que él frenara mucho antes de lo previsto. Dejó a los mecánicos en una carrera contrarreloj para tener su coche listo para la tercera carrera. Lo consiguieron, pero luego fue penalizado por una falsa salida desde la *pole position*. Hubo momentos buenos y malos, ni más ni menos de lo que se puede esperar de un novato. Sin embargo, este era un Verstappen y se esperaba un poco más.

Tendría que esperar hasta una semana después para conseguir su primera victoria. Era otra fecha para marcar en la agenda —el 5 de febrero de 2014— como el día en que Max consiguió su primera victoria en coches. Si hubiera intentado predecirlo, no habría elegido la carrera de Palm Beach basándose en la sesión de entrenamientos del lunes. La lluvia iba y venía, el asfalto era increíblemente áspero y desgastaría los neumáticos demasiado rápido para cualquier carrera significativa. Max estaba luchando por reproducir la forma que le había hecho ganar la pole en Sebring. Se quejó del circuito, ya que no había muchas curvas en las que sintiera que podía marcar la diferencia, por no hablar de la superficie de la pista, que dificultaba mucho la tracción. Terminó el día a ocho décimas del podio. Al día siguiente se celebraron dos sesiones de clasificación y la primera de las tres carreras, y Max fue mejorando a medida que avanzaba la jornada. Los cambios de puesta a punto realizados durante la noche parecían haber funcionado y consiguió la *pole position* para la última carrera del miércoles y luego no sólo la vuelta más rápida, sino las dos vueltas más rápidas del día. En la primera carrera salió tercero y superó a Latifi por la segunda posición en los primeros compases, pero no pudo dar caza a Fuoco en una pista en la que seguir y adelantar no era nada fácil. Subió al podio por primera vez, e inmediatamente entregó el trofeo: quería darles las gracias a los mecánicos que trabajaron incansablemente la semana anterior para arreglar el coche que él había roto. Ahora el trofeo se encuentra en la fábrica de Prema Powerteam, con la firma de Max. Está claro que sabían que algún día podría valer mucho.

Al día siguiente, Max partió en primera línea con una masa de pilotos más experimentados detrás de él. Fuoco era el actual campeón de la FR 2.0, el piloto británico Ed Jones había ganado el título de la F3 europea, y Max corría su segundo fin de semana de carreras de coches. Sin embargo, el joven de dieciséis años se alejó sin problemas y nunca cedió su ventaja. Jones adelantó a Fuoco y se situó a pocas décimas de segundos, pero Verstappen nunca flaqueó, incluso con una caja de cambios dañada que amenazaba con ceder en cualquier momento. Tal vez si no se hubiera desplegado un coche de seguridad tardío y la carrera hubiera terminado antes de tiempo debido a una tormenta que se avecinaba, su coche no habría aguantado, pero sin embargo se habían completado suficientes vueltas para declararlo ganador. A Max le faltaban siete meses para cumplir los diecisiete años y ya era un ganador en la conducción de coches de carreras. Había regalado el pequeño trofeo de cristal que había ganado el martes. «Este me lo quedaré», dijo después de bajar del escalón más alto.

Tras la victoria, sin apenas público, pero con una gran afición holandesa que seguía con avidez las pantallas de cronometraje desde su país, la maquinaria de relaciones públicas de Verstappen se puso en marcha. En 24 horas, su sitio web publicó dos artículos: uno con citas de Jos restando importancia a los errores que Max había cometido en las dos primeras rondas y destacando su aprendizaje de los mismos, y uno explicando que había tres series diferentes, no importaba los equipos, compitiendo por su presencia para la temporada 2014. Afirmaban que la Fórmula Renault 2.0, la Fórmula 3 alemana y la Fórmula 3 europea eran campeonatos que se estaban considerando. El mensaje a los pretendientes era claro: ¡hagan su mejor oferta! De forma más directa, Jos trató de apuntar más a la mejora de Max antes que al triunfo, entendiendo que una victoria en una carrera en una serie de entrenamiento sin importancia no tiene gran importancia.

«Ver los progresos que ha hecho Max de una semana a otra es genial. Por eso es bueno que Max cometa esos errores», dijo Jos, hábil propagandista.

«Cuando ves cómo se recupera después y termina una primera carrera segundo y luego gana la tercera, incluso con un problema técnico al cambiar la caja de cambios, ves que capta cosas muy importantes rápidamente».

Mientras su futuro seguía en el aire, Max se dirigió a Miami y al Homestead Speedway para las dos últimas rondas de la serie. La competencia era dura, aunque no había ningún título en juego. Fuoco y Verstappen habían corrido juntos muchas veces en el karting y ambos tenían una reputación creciente. Ninguno de los dos quería ser superado, y cuando chocaron en la segunda carrera, Max no estaba contento. Se había metido por el exterior de una curva mientras ambos intentaban abrirse paso en la carrera de parrilla invertida.

«Me desvié hacia la izquierda para adelantarle por el exterior, y quise tomar la curva justo delante de él hacia la derecha cuando Fuoco volvió a pisar a fondo de repente y embistió mi rueda trasera derecha», dijo Max enfadado.

«Eso rompió el coche y entonces mi carrera terminó».

Una vez más, Max se vio obligado a depender de los mecánicos para poner su coche en forma para la última carrera de la ronda, e incluso entonces se vio superado por Fuoco y Latifi, los otros dos pilotos que se habían erigido como los favoritos de la serie antes de la ronda final. Fuoco ya había sido confirmado como piloto de Prema en la F3 europea para 2014, mientras que Latifi pronto se uniría a él; fue una declaración de intenciones y una prueba de ritmo que Verstappen estuviera dispuesto y fuera capaz de igualarlos con una máquina equivalente. Max también terminó explosivamente, ganando la duodécima y última carrera de la serie por menos de una centésima de segundo, superando a Nicholas Latifi en la línea de meta en un circuito en el que el rebufo, más que la pura carrera, era la clave. Pasó gran parte de la carrera adelantando al canadiense, para luego ser adelantado de nuevo en la recta, y finalmente superó en estrategia a su más experimentado oponente para ser el primero en cruzar la línea de meta, aunque con un margen de cuatro milésimas de segundo, se debió tanto a la fortuna como a una buena planificación.

Jos, Sophie y Max volaron a casa desde Florida mayormente satisfechos con su trabajo, con muchas lecciones aprendidas y probablemente sintiendo que no habían desperdiciado una suma de seis cifras en el viaje. Ciertamente, había progresado mucho desde que se estrelló contra la parte trasera de Fuoco en el *pit lane* y, de sus tres opciones para la temporada 2014, eligieron la más difícil. La Fórmula 3 europea y el Van Amersfoort Racing serían su próxima escala.

Fue una decisión tomada, aparentemente, por muchas de las razones correctas. Aunque la F3 europea sería un territorio desconocido, el equipo VAR no lo sería. El propio Jos había conducido para ellos en la década de 1990 en su viaje a la F1 y Frits van Amersfoort, que había fundado el equipo en 1975 y estuvo a cargo de Verstappen padre, seguía dirigiendo las cosas más de veinte años después. El equipo también tenía su sede en Holanda, el ingeniero de Max sería el holandés Rik Vernooij y el equipo operaba en holandés, algo a lo que su nuevo jefe de equipo había dado importancia en las negociaciones.

«Es bueno para un chico actuar en su primera temporada de carreras de coches en un equipo que habla su propio idioma», dijo Van Amersfoort, a pesar de que Max hablaba un excelente inglés incluso a los dieciséis años. «Cometerá algunos errores, pero de eso puede aprender, y le ayudará si puede hablar de ellos en holandés».

Las expectativas se estaban gestionando. Una vez más, Jos era consciente de sus propios errores de dos décadas atrás y trataba de frenar el progreso de su hijo, al menos públicamente, por su propio bien si era posible. El jefe del equipo en el VAR también opinaba igual.

«En el deporte del motor se pasa mucho menos tiempo en la pista que en el karting», añadió Van Amersfoort. «Mi experiencia me ha enseñado que muchos pilotos se encuentran descolocados con esto al principio y Max también tendrá que acostumbrarse. Todo tiene que encajar en los veinte minutos de clasificación. Sólo tienes dos o tres vueltas para marcar tu mejor tiempo. Las carreras irán bien. Max ya ha hecho muchísimas competiciones y esa parte está al menos tan bien desarrollada como con Jos. La gran presión y el énfasis estará en la clasificación».

En lo que era una decisión intrínsecamente arriesgada, en la que Max podría terminar viéndose fuera de su alcance, habían elegido la red de seguridad de trabajar con un equipo holandés con sede cerca de casa y un equipo que había terminado séptimo en la clasificación de constructores el año anterior en una serie en la que eran relativamente nuevos. Más adelante habría que tomar decisiones aún más importantes, aunque no podían predecir cuándo. Fue revelador, sobre todo si se tiene en cuenta el criterio que Jos estableció para la decisión de pasar a la

F1 más adelante, leer lo que el ingeniero Rik Vernooij tenía que decir también en la víspera del debut de Max.

«Van Amersfoort Racing es definitivamente un equipo subestimado dentro de la Fórmula 3 europea si se mira a los equipos del campeonato, donde hay una cantidad infinita de dinero y oportunidades. Pero realmente tengo la sensación de que los mejores están con nosotros. Nuestra forma de trabajar se dirige principalmente a los jóvenes pilotos. Creo que somos muy buenos entrenando y dirigiendo a un piloto, que por supuesto tiene que tener talento. En los ocho años que llevo trabajando en Van Amersfoort Racing, tratamos de potenciar eso. La media de edad en nuestro equipo es baja», dijo Rik.

Sin embargo, incluso para el VAR, Max era joven y tendría que demostrar su valía una vez más. Tenía que demostrar que su prueba de F3 en Valencia a finales de 2013 no había sido una casualidad, ni sus fuertes actuaciones en Florida o en las pruebas. Tanto Fuoco como Latifi pilotaban para el Prema Powerteam, el equipo de Ferrari que ganó el título el año anterior, junto con la cara conocida de Esteban Ocon, piloto júnior de Lotus F1, y Dennis van de Laar, otro piloto holandés al que Max había derrotado constantemente en Estados Unidos. Sin embargo, en los foros y en el paddock se hablaba de que, al igual que su padre, Max había asumido demasiadas cosas demasiado joven. Al fin y al cabo, la F3 europea no era un campeonato de iniciación.

Su debut se produjo en el famoso circuito de Silverstone, en el marco del fin de semana de las 6 Horas de Silverstone del Campeonato Mundial de Resistencia, con muchas miradas puestas en el coche rojiblanco de Van Amersfoort Racing, especialmente después de haber encabezado la tabla de tiempos en los ensayos. Sus vueltas a principios de abril en el Red Bull Ring, a pesar de no haber estado nunca allí antes, fueron casi dos décimas más rápidas que las de los demás, y superó a su compañero de equipo Gustavo Menezes por casi un segundo. En su primera carrera en Silverstone, tuvo un problema con el embrague que le obligó a retirarse, y en la segunda fue lento en la salida, pero luchó por pasar de la octava a la quinta posición.

Estudió detenidamente la salida con su ingeniero e inmediatamente mejoró para su tercera salida, sacando una posición a Latifi mientras

Ocon y Fuoco luchaban por el liderato. Este último consiguió adelantarse y alejarse, dejando que Ocon cayera en las garras de Verstappen, que ahora marcaba los sectores y tiempos más rápidos y dejaba a los que venían por detrás sin poder seguir su ritmo. Los tres novatos, en el primer fin de semana del año, estaban dejando atrás al resto.

Los coches de la F3 no son adelantadores naturales y Silverstone no es una pista que se preste necesariamente a adelantamientos. Ocon hizo su coche lo más ancho posible y Max se vio obligado a esperar su momento, luchando por el agarre tan cerca y pasando unas cinco vueltas a un segundo del francés, hasta que finalmente este cometió un error en la frenada y Verstappen no necesitó una segunda invitación, saltando por el interior y alejándose rápidamente con aire limpio. Fuoco estaba ya demasiado lejos para alcanzarle en sólo ocho vueltas y Max, cuyos neumáticos delanteros habían sufrido mucho detrás de Ocon, tuvo que conformarse con el segundo puesto en su primer fin de semana de carreras. Tanto Jos como Max hablaron después, pero Verstappen padre admitió que incluso él estaba sorprendido por la madurez de la conducción de Max, sus adelantamientos en la tercera carrera, en particular, mostrando esa habilidad innata de carrera que había visto en su primera carrera en karting.

«Como padre lo conozco de cabo a rabo», escribió Jos en su columna para *De Telegraaf*. «Pero aun así está más lejos de lo que había previsto».

Hace falta mucho para que Jos, un padre tan orgulloso y tan seguro de sí mismo, subestime a su hijo, pero la capacidad de aprendizaje de las carreras que tenía Max era lo que le había llevado hasta este punto, corriendo a nivel continental antes de cumplir los diecisiete años, cuando todavía no se le permitía conducir para llegar a los circuitos. Ese primer fin de semana trajo desafíos —un fallo mecánico, una mala salida, una pista en la que es difícil adelantar— y, sin embargo, cada uno de ellos lo afrontó, lo analizó y superó. Rara vez tuvo que aprender la misma lección dos veces.

Sin embargo, aún le faltaba mucho. Su primera carrera en Hockenheim terminó en la primera vuelta cuando trató de superar a Tom Blomqvist en la horquilla, y ambos terminaron frenando demasiado tarde. Blomqvist pudo salirse y evitar el contacto, pero Verstappen, que iba por el interior, se bloqueó y se estrelló contra Nicholas Latifi. «Fue culpa mía», dijo Max. Fue un movimiento típico de un novato y debería ser sancionado, dijeron los espectadores. ¿Los comisarios? No le castigaron, quizás por tratarse de tan sólo la sexta carrera de Verstappen. Sin embargo, el karma le alcanzó cuando un fallo eléctrico le negó la posibilidad de salir en la pole en la segunda carrera. La buena suerte de evitar el castigo se compensó rápidamente.

Sin embargo, cuando comenzó la tercera y última carrera del fin de semana de Hockenheim, una pista en la que había impresionado en las pruebas del año anterior, en la *pole position,* no había nada que lo detuviera. Había trabajado intensamente con Vernooij en su procedimiento de salida y fue el mejor en la salida de los pilotos de cabeza. El coche de seguridad se puso en marcha para reducir la distancia con Ocon, pero de nuevo su rápido aprendizaje salió a relucir.

«Durante mis carreras en las Florida Winter Series ya había aprendido a conducir detrás de un coche de seguridad, así que eso me ayudó. De hecho, en la Fórmula 3 es más fácil liderar porque sabes que la competencia no puede acercarse demasiado detrás de ti, porque si lo hacen pierden carga aerodinámica. Así que, para ser sincero, fue una carrera bastante relajada para mí», dijo después.

Era una afirmación bastante chocante, para un joven de dieciséis años que acababa de conseguir su primera carrera seria en monoplazas, hablar de estar relajado en la parte delantera del pelotón, y tal actitud a menudo se confunde con arrogancia. Incluso si lo fuera, no estaría fuera de lugar dado su nivel de talento. Sin embargo, la verdad es que Max estaba relajado a este nivel porque se había preparado de forma muy meticulosa y eficaz para ello. Algunos chicos podrían haberse sentido intimidados por un complejo circuito histórico como Hockenheim. Pero Max no. Había estado corriendo y montando en bicicleta por los paddocks de la Fórmula 1 desde que tenía tres años. Algunos podrían haberse sentido abrumados por la información que se les lanzaba en un coche nuevo con una electrónica complicada. Max no. Había estado hablando con ingenieros y pilotos desde que podía hablar. Y algunos podrían haber empezado a dudar de sí mismos, ante las críticas que sugieren que son demasiado jóvenes para competir a este nivel, pero no Max. Él tenía todas las pruebas de que era lo suficientemente bueno, y una inquebrantable creencia en que seguiría, y seguiría, y seguiría. También parecía apropiado que el hombre que le empapara de champán en el podio fuera Frits van Amersfoort, el mismo que se lo hizo a Jos veinte años antes. Jos continuó informando en privado y en público de que este es «un año de aprendizaje», siguiendo el camino tradicional para los pilotos que quieren ascender en el escalafón con dos años en cada serie, uno para aprender el coche y otro para luchar por el título, y la primera parte del verano hizo que el equipo Verstappen cayera con un bache tras su primera victoria. Ocon ya estaba demostrando ser un digno rival y le superó en la clasificación en el complicado circuito urbano de Pau. Los circuitos urbanos siguen siendo una incógnita para Max, a excepción de un par de carreras de karts en Las Vegas, y aunque estuvo cerca de Ocon e impresionó con su capacidad para llevar el coche al límite en una pista extremadamente estrecha, el líder del campeonato fue más rápido. Verstappen consiguió un podio en la primera carrera, pero a partir de ahí todo fue cuesta abajo. La segunda carrera comenzó en mojado y con el coche de seguridad apareciendo a las once vueltas, Max hizo un trompo contra la barrera cuando iba en tercera posición. En la tercera carrera, más seca, salió rápidamente pero el líder de la parrilla, Ocon, se apresuró a defender su posición, tocándolo y rompiendo su alerón delantero, un daño que le llevó a golpear las barreras de neumáticos y a retirarse de nuevo con rabia. Ocon insistió en que no le vio, pero Max, sintiéndose agraviado, no pudo contener su frustración.

«Yo estaba al lado de su alerón delantero y de sus neumáticos», dijo de un hombre que provocaría su ira muchas veces más.

«Las reglas dicen que debes dejar un espacio del ancho de un coche, pero él dobló encima de mí».

Un día de pruebas en Alemania le ayudó a disipar el enfado, pero su frustración se agravó en Hungría, cuando registró un tercer abandono consecutivo, esta vez por un problema de embrague. Un problema de su propia cosecha cuando se salió de la pista le valió una penalización de *drive-through* en la segunda carrera y al final del fin de semana había perdido más terreno en la carrera por el título. Ocon había ganado dos de las carreras y terminado segundo en la otra para sumar 232 puntos. Max sólo lo había conseguido 80 y era quinto en la clasificación a pesar de mostrar un ritmo que sugería que era capaz de mucho más.

Lo que no sabía era que las siguientes semanas serían el periodo más decisivo e impactante de la adolescencia de Max. A lo largo de dos fines de semana de carreras, uno en Bélgica y otro en Alemania, ganaría todas las carreras y finalmente convencería a los equipos de F1 que habían estado observando en silencio en las sombras y charlando casualmente con su dirección de que era el momento de apretar el gatillo.

«En Bélgica, todo funcionó: tres carreras, tres victorias», dijo Max unos años más tarde, eligiendo las victorias en Spa como uno de sus fines de semana favoritos en las carreras.

«Además, tuve muchas buenas peleas en la pista, y pude aprender mucho de ellas».

Cabe destacar que el compañero de equipo de Verstappen, Gustavo Menezes, también corrió bien en Spa, terminó en el podio con Max en dos ocasiones y sexto en la otra carrera. La configuración de baja resistencia en la pista belga de alta velocidad les estaba dando el ritmo suficiente para mantenerse y vencer a equipos como Prema Powerteam, cuyos pilotos Ocon y Fuoco estaban por delante de Verstappen en la carrera por el título. La remontada comenzó en la cima de Eau Rouge, cuando Max desafió el liderato, tomándolo al final de la recta de Kemmel, que unos años más tarde se llenaría de miles de *oranje* coreando su nombre. Sus amigos y familiares lo celebraron en el garaje, después de haber hecho el corto viaje al sur para verlo. Sus rivales chocaron y Ocon se retiró con daños. El júnior de Ferrari, Fuoco, no pudo seguir el ritmo, el júnior de Red Bull, Tom Blomqvist, no estaba en ningún sitio, y el subcampeón de 2013, Felix Rosenqvist, estuvo luchando en el centro del pelotón. Un coche de seguridad tardío volvió a reducir su ventaja a nada, pero aguantó la embestida de Lucas Auer para conseguir su segunda victoria de la temporada.

La conducción más impresionante se produjo en la tercera carrera, cuando salió desde la quinta posición. Una vez más, fue casi perfecto en la salida y en una de las bajadas más cortas hacia la primera curva, conocida como *La Source* en Spa, se colocó en el interior, rezando para que se abriera el hueco, y efectivamente sucedió. A los pocos cientos de metros de comenzar la carrera, se colocó tercero y persiguió a los líderes, Ocon y el sueco John Bryant-Meisner. Una vuelta más tarde, se deslizó hasta la parte trasera de la pareja de pilotos y, por segunda vez en un par de minutos, Verstappen tomó dos posiciones en una curva. «Adelantar es un arte», decían dos pancartas en las relativamente poco pobladas gradas de Spa. Una llevaba el nombre de Jos, la otra el de Max. El artista más joven tampoco había terminado. Desde la segunda posición, Ocon podía aprovechar el rebufo del Kemmel y en dos ocasiones le adelantó antes de la curva. En dos ocasiones, Verstappen se defendió en la curva, una vez por el interior y en la cuarta vuelta por el exterior.

Debido a la naturaleza de la pista, y al igual que en la segunda carrera, no fue capaz de despegarse de Ocon en la segunda posición. Ampliaría su ventaja en el sector medio de la vuelta, pero las enormes rectas del principio y del final permitirían al francés acercarse de nuevo. Incluso si hubiera sido capaz de romper ese remolque, habría sido frenado de nuevo por otro coche de seguridad. Cuando este entró en el *pit lane* a falta de cinco minutos de carrera, Verstappen controlaba el ritmo.

Las reanudaciones del coche de seguridad son una situación delicada. El líder nunca es más vulnerable que cuando la carrera vuelve a empezar, y en Spa, donde el rebufo es tan potente, estar a medio segundo al comienzo de la recta de Kemmel es suficiente para que un adelantamiento se mantenga. Verstappen retrocedió todo lo que pudo, ralentizando casi hasta detenerse antes de pisar a fondo el acelerador y tratar de pillar a Ocon desprevenido. En el espacio de sólo cuatro curvas, había sacado un hueco suficiente para evitar que el Prema le pasara en la recta. Ocon sólo tendría tres oportunidades más para hacer la misma maniobra, mientras que un error de Verstappen en cualquier momento de la vuelta le daría la oportunidad suficiente para cerrarse, esperar y hacerla. Ese error nunca llegó. Max condujo de forma impecable hasta el final y completó el fin de semana perfecto en lo que era su pista de casa.

Fue un conjunto impresionante de actuaciones y una exhibición de adelantamientos, pero el paquete de Van Amersfoort había sido fuerte y Spa, en un coche de F3, es un lugar donde los adelantamientos son muy posibles. Una semana después, su dominio sería aún más convincente.

El circo europeo de la F3 salió de la ciudad de Spa para llegar a Núremberg y a un pequeño circuito único, en parte callejero y en parte de hormigón, con una recta de salida y llegada frente a una enorme tribuna de piedra arenisca con un oscuro pasado; fue el lugar donde se celebraron los infames mítines de Nuremberg.

Desde entonces ha sido reutilizado como Norisring y se ha utilizado como pista de carreras desde finales de la década de 1940. El circuito en sí sólo tiene una longitud de 1,4 millas y presenta técnicamente ocho curvas, aunque varias son más curvas rápidas que no lugares de frenado. No había mucho que hacer, y pocas oportunidades de marcar la diferencia como piloto. En la clasificación, todo el pelotón corrió dentro del mismo segundo, lo que hace que lo que siguió fuese aún más notable. La primera carrera fue bastante sencilla, y Max aprovechó la horquilla para luchar desde la quinta posición y conseguir la victoria a pesar de los múltiples coches de seguridad. Sin embargo, cuando la lluvia llegó antes de la segunda carrera, Max brilló de verdad. La carrera comenzó en condiciones mixtas, con una línea de carrera seca en la calle pero con parches de humedad por todas partes en un circuito que ya tenía poco agarre. La carrera recordó a la de karting de Max en Eindhoven, que su padre no dejó que olvidara, cuando golpeó un parche húmedo del que no se había percatado y derrapó fuera de la pista.

En Núremberg, la carrera se detuvo a las dieciocho vueltas con Verstappen habiendo conservado su liderazgo cuando la lluvia comenzó a caer de nuevo. Al liderar la reanudación, tendría que lidiar con el hecho de que todos los coches detrás de él tendrían ventaja en el rebufo mientras que él mismo tenía que abrirse un hueco en el aire. Sin embargo, estaba disfrutando de la humedad. El coche de seguridad era lo único que podía detenerle, y lo hizo en repetidas ocasiones, y sin embargo, tras cada reinicio, era capaz de crear una brecha con el coche de atrás. Si la carrera no se hubiera detenido tantas veces, podría haber empezado a adelantar a los demás pilotos, ya que era muy fácil abrir un hueco. Desde su primera pole, acabó ganando su quinta carrera consecutiva.

La pista comenzó a secarse por la tarde, pero no hubo diferencia. Ocon no pudo aguantar el ritmo de Max. Después de sus errores de principios de temporada y sus problemas mecánicos, 150 puntos en dos fines de semana redujeron la distancia en la carrera por el título a 74. Todavía estaba muy lejos, pero se había enviado un mensaje. Cualquier problema que Verstappen y Van Amersfoort hubieran encontrado a principios de la temporada había desaparecido; este ya no era un año de aprendizaje, era un año de victoria.

9

RED BULL GANA LA CARRERA POR MAX

El Dr. Helmut Marko conoció a Max Verstappen cuando este tenía quince años.

«Suelo hablar con un piloto durante unos veinte minutos para hacerme una idea de su personalidad y de toda su historia, pero con Max me senté durante una hora y media», dijo Marko en una entrevista de 2016 con el periódico alemán *Bild*.

«Era un cuerpo joven, pero con una mente que sin duda iba tres o cinco años por delante. Ahora su desarrollo se ha nivelado lentamente, y su edad y madurez se han equiparado. Y está muy por encima de la media».

«[Su ascenso en el escalafón de las carreras] fue un paso atrevido y también un riesgo nada despreciable. Pero vi la madurez que tenía y lo mucho que había aprendido en su época de karting, y con qué empeño afrontaba sus carreras».

Si quieres tener éxito en Red Bull, Marko es el primer, y quizás el único, hombre al que tienes que impresionar, y Max lo consiguió desde el principio.

Marko también había sido piloto. Había crecido con Jochen Rindt, un compañero austriaco que ganó el título mundial de F1 en 1970 a título póstumo, tras morir en un accidente a gran velocidad en Monza. Marko también había corrido en la F1; en un giro macabro típico de la época, se le ofreció un asiento durante el funeral de Rindt. Sin embargo, sólo corrió diez Grandes Premios antes de perder el ojo izquierdo cuando una piedra le atravesó la visera en el Gran Premio de Francia de 1972.

Sin embargo, para entonces ya había ganado las 24 Horas de Le Mans para Martini en un Porsche 917 y se había convertido en doctor en Derecho; estaba bien situado para emprender una carrera fuera de la pista en la gestión del deporte del motor. Trabajó con varios pilotos austriacos, como Gerhard Berger, a través del cual Marko entró en contacto con Dietrich Mateschitz, un vendedor de pasta de dientes austriaco que comercializaba una nueva bebida conocida en Tailandia como Red Gaur. Cambió la receta y rebautizó la versión europea como Red Bull. Berger fue uno de sus primeros embajadores.

Marko había inscrito sus propios coches de carreras, a menudo conducidos por sus protegidos austriacos, desde finales de la década de 1970. Formó su propio equipo, RSM Marko, para correr en fórmulas júnior en la década de 1980, y Berger fue uno de sus primeros éxitos. El imperio siguió creciendo —Marko abrió también dos exitosos hoteles en Graz— y a mediados de los 90, RSM Marko tenía uno de los coches más rápidos de la Fórmula 3000 y los jóvenes pilotos se peleaban por los asientos, tanto por la orientación y los contactos comerciales de Marko como por la oportunidad de conducir un coche con potencial para ganar títulos. Finalmente, Marko convenció a Mateschitz para que tomara un papel más activo en el equipo, rebautizándolo como Red Bull Junior Team y utilizándolo como alimentador de talento para el equipo Sauber F1 que había comprado en 1994. Sin embargo, esto creó problemas políticos irresolubles en Sauber; los esfuerzos de Marko por obligar al brasileño Enrique Bernoldi a entrar en Sauber en 2001, y el intento de Mateschitz de respaldar esa campaña, no sentaron nada bien a Peter Sauber y la sociedad se rompió. Cuando Red Bull entró finalmente en la F1 como entidad propia, lo hizo comprando la debilitada escudería Jaguar en 2004.

En ese momento, la lista de pilotos de Red Bull había aumentado a dos cifras, y posteriormente compraron también Minardi, que rebautizaron como Toro Rosso y utilizaron como su propio equipo júnior en la F1. Resultaría crucial para el programa júnior, en el que Marko ya había inscrito a la que consideraba su primera estrella: Sebastian Vettel.

El alemán ya formaba parte del Red Bull Junior Team, pero Marko no consiguió que su nombre figurara en el contrato hasta 2004, cuando ganó el campeonato de la Fórmula BMW ADAC a galope tendido, ganando dieciocho de las veinte carreras. En Hockenheim, en la última carrera de la temporada, Marko consiguió que el joven de diecisiete años pusiera el lápiz sobre el papel. Marko le ascendió a la F3, donde tuvo problemas durante la primera mitad de la temporada.

«La segunda parte fue buena después de unos cambios bastante fuertes en el equipo a petición de Sebastian. Esto demostró cuál era su actitud», dijo Marko. Famoso por ser quien dice las cosas más directamente de la F1, es fácil ver qué tipo de personajes tienden a llamar su atención. Su dura educación en el internado había fomentado un joven ferozmente independiente que maduró hasta convertirse en un director que no soporta las tonterías. Sin embargo, si te ganas su respeto de la manera correcta, te apoyará hasta el final.

Y añadió: «[Vettel] siempre supo que la conducción es sólo una parte de las carreras de coches y que si no tienes los conocimientos adecuados, y el apoyo correcto de otras personas, no serás un ganador habitual».

Las similitudes con Max son evidentes. Cuando Verstappen Sr. cogió el teléfono y era Marko el que estaba al otro lado, sabía que estaba hablando con el hombre que había guiado a Vettel desde el karting a la F1 hasta conseguir cuatro títulos mundiales en cuatro años. También se conocían bien, ya que se habían reunido por primera vez en la sede de Red Bull cinco años antes. Marko siempre estaba dispuesto a descubrir nuevos talentos y Jos estaba sobre el terreno cada semana observándolo. Más adelante, contrataría a Jos para que vigilara a los nuevos pilotos que subieran de categoría.

Sin embargo, Marko no era el único que buscaba frenéticamente el número de Jos. En Ferrari eran conscientes de lo que podía hacer. Los mecánicos de Prema habían visto de primera mano cómo aprendía los trucos en Florida y luego, sabiendo lo bueno que era Esteban Ocon y cómo el francés tenía dos años más de carreras de coches en su haber, habían visto cómo Verstappen crecía exponencialmente en la serie de Fórmula 3 europea que había empezado a dominar durante el verano. Antonio Fuoco, ya miembro de la Academia de Pilotos de Ferrari, apenas había figurado en la batalla por el título que se estaba convirtiendo rápidamente en una carrera de dos caballos, si es que la escudería italiana necesitaba más pruebas del ritmo de Verstappen. Ya habían señalado sus intenciones de recoger también al campeón de la serie. «La Ferrari Driver Academy está firmemente convencida de que un coche de Fórmula 3, debido al especial equilibrio entre agarre y potencia, es un coche excelente para que cualquier piloto conduzca un monoplaza para aprender», dijo Luca Baldisserri, el jefe del programa que había llamado personalmente a Max para invitarle a la serie de invierno. Llegó a un acuerdo en abril para ofrecer al campeón de la Fórmula 3 europea un día de pruebas en un coche de Ferrari F1, quizás esperando o incluso creyendo que sería Max. Dejó demasiado al azar.

También Eric Boullier, que ya había fichado a Ocon, quería incluir a Verstappen en su escudería Lotus, pero había dejado el equipo para unirse a McLaren a principios de año. Mercedes, por su parte, acababa de regresar a la F1 en 2009 y aún no había establecido su programa de desarrollo de pilotos en serio. Pascal Wehrlein firmó más tarde en el año como piloto reserva, pero no creyeron que pudieran apoyar al adolescente Verstappen de la manera correcta.

«En aquel momento, no teníamos instalaciones ni estructura para los jóvenes. El objetivo era que Mercedes ganara carreras y campeonatos como equipo. Todavía estábamos muy recién llegados», dijo el jefe de Mercedes, Toto Wolff.

«¿Sabes?, por supuesto que queremos tener "al próximo Max". Algunos ya están pasando por nuestro programa de formación, te lo aseguro. Pero el Max Verstappen real llegó demasiado pronto para nosotros».

Por supuesto, es una excusa conveniente afirmar que «no estabas interesado» después de que se demuestra que has perdido un talento generacional, ya que los medios de comunicación en ese momento informaron de que Mercedes estaba persiguiendo activamente a Verstappen. Una revista italiana incluso publicó una historia que decía que había decidido rechazar los avances de Red Bull y unirse a Mercedes en su lugar, una historia que muy pronto demostró ser una exageración en el mejor de los casos. Hubo conversaciones con Mercedes desde el comienzo de la temporada de F3 de Max, aunque sobre «nada específico».

«Querían hablar conmigo sobre lo que queríamos hacer en el futuro», dijo Max en una de sus primeras entrevistas como piloto de F1, hablando con el sitio web F1i.

Si Mercedes hubiera contratado a Verstappen, lo habría colocado en la GP2, ya que Mercedes había fichado a Lewis Hamilton y se esperaba que Nico Rosberg ampliara su contrato. Con tanto talento a su disposición, habría sido un riesgo importante contratar al adolescente Verstappen, y seguramente lo habrían colocado en un equipo de GP2. Habría sido un paso lógico y más ortodoxo para un joven piloto que impresiona en su primer año de monoplazas. Pero Red Bull, como marca y como escudería, no había tenido éxito haciendo lo ortodoxo o lo esperado. Querían ser audaces, y lo fueron.

La llamada se produjo al día siguiente de las hazañas de Max en Norisring. Internamente, el adolescente había reconocido que seis victorias consecutivas, en dos circuitos muy diferentes, podrían ser una prueba útil para presentar a un futuro equipo, que los resultados podrían abrir algunas puertas, pero todavía no estaba pensando en la F1. No más de lo habitual, al menos. Sin embargo, había muchos pensamientos rondando su cabeza. Esa noche, Jos y él volvieron de Núremberg discutiendo si valdría la pena seguir en la F3 una segunda temporada, como había sido el plan, si terminaban segundos o terceros en el campeonato.

Max añadió a F1i: «Ya estábamos pensando un poco "¿Qué tenemos que hacer?". Y la otra cosa era que teníamos que encontrar un presupuesto, lo que ya no era fácil en la F3».

Sin una respuesta obvia a estas preguntas, llegaron a casa tarde, satisfechos pero agotados. Habían sido diez días exitosos pero agotadores en Spa y luego en Alemania. A la mañana siguiente, temprano, sonó el teléfono. Era el Dr. Marko (siempre llama temprano). Habían hablado por primera vez acerca de promocionar a Max en mayo, durante el Gran Premio de Mónaco. Marko había visto todos los eventos de F3 desde entonces y la segunda carrera en Núremberg había sido la gota que colmó el vaso. No podía esperar más.

«Fue una sorpresa lo rápido que se adaptó a la Fórmula 3», dijo Marko más tarde. «El momento en que pensé que era algo realmente especial fue en Norisring. En condiciones mixtas —estaba más mojado que seco— fue por vuelta más de dos segundos más rápido que cualquier otro».

Franz Tost, director del equipo Toro Rosso, también había estado observando y le gustaba lo que estaba viendo. Ya habían fichado por la vía rápida a un adolescente en el equipo hermano de Red Bull y Daniil Kvyat había terminado en los puntos en tres de sus primeras cuatro carreras de F1. Naturalmente, tenía más experiencia en carreras que Max, pero no tanto talento, pensaron. Ya habían batido una vez el récord del más joven anotador de puntos de la historia, así que ¿por qué no hacerlo de nuevo? Marko, que habla con franqueza, probablemente no se anduvo con rodeos en esa primera llamada telefónica, pero recuerda que cuando dijo, después de algunas discusiones internas, que Red Bull quería llevar a Max directamente a la Fórmula 1, se encontró con un largo silencio al otro lado del teléfono.

¿Jos? ¿Jos?... ¿Jos?, dijo Marko. Más tarde bromeó diciendo que creía que Jos no estaba del todo despierto.

Sorprende un poco que el malhumorado austriaco no colgara simplemente el teléfono, pero sorprende menos que llamara a una hora extraña del día. Otro de sus jóvenes pilotos, Daniil Kvyat, recordó una charla menos agradable a primera hora de la mañana durante una rueda de prensa de 2019.

«Una vez llovió en los entrenamientos y me quedé a tres o cuatro segundos», dijo Kvyat. Me llamó a las 7 de la mañana y me dijo: "Así que eres bastante inútil en mojado", y luego me colgó. Siempre es duro contigo, pero siempre tiene razón».

Sentado a su lado, Max sonríe en señal de reconocimiento. Tuvo el lujo de no haber enfurecido nunca a Marko hasta ese punto, lo que le da un poco más de tinte rosa a sus gafas.

«Se arriesgó a ponerme en un Toro Rosso cuando todavía era muy joven», dijo Verstappen cuando se le pidió que continuara el camino trazado por Kvyat. «Es un verdadero corredor y tiene un buen ojo para ver lo que está pasando y es bastante impresionante ver lo bien que lo hace todavía. Además, no tiene ningún problema. Prefiere que te acerques a él y le digas honestamente si has cometido un error o si algo ha ido mal, en lugar de inventarte toda una historia. Entonces no lo aprecia. Pero básicamente crecí así porque mi padre era igual o tal vez peor que eso».

Está claro que Jos y Helmut estaban cortados por el mismo patrón, pero se puede imaginar la confusión que debió de sufrir Jos. Aunque había hecho todo lo posible para preparar a Max, y le había visto tomárselo todo con calma, debió recordar aquellas semanas en las que sonaba el teléfono de Huub a principios de los 90 tras una sensacional actuación suya, y lo mucho que lamentaba haberse subido a un asiento de Benetton tan rápidamente, halagado por el acuerdo de dos años que le había presentado Flavio Briatore y la oportunidad de pilotar uno de los mejores coches de la parrilla.

¿Cómo podía aconsejar de buena fe a su hijo para que hiciera lo mismo, a una edad aún más temprana, ahora que todos los equipos punteros de la F1 empezaban a llamar? Jos tenía que hacer un examen de conciencia.

Llamó a la madre de Max y le dijo:

«Sophie, quieren a Max».

«Habla en serio, estás bromeando», respondió ella. No lo estaba.

Mientras tanto, Max tenía que seguir corriendo. Después de varios fines de semana consecutivos, el campeonato de F3 tenía una semana de descanso, pero la agenda de Verstappen se había llenado. Había acordado hace tiempo ir a Zandvoort y correr en suelo holandés en el Masters de F3. Anteriormente se conocía como el Masters de Marlboro, cuando el patrocinio de los cigarrillos era una de las grandes minas de oro en el deporte del motor, y en 1993 lo había ganado nada menos que Jos Verstappen. En un circuito de verdaderos pilotos como Zandvoort, todavía se cita a cualquiera que lo haya ganado. Más recientemente, Lewis Hamilton, Nico Hülkenberg, Jules Bianchi y Valtteri Bottas han triunfado allí.

Con la expectación que despierta el nombre de Max cada vez mayor y la rareza de las carreras de motor de alta calidad en Holanda, las famosas dunas de Zandvoort estaban repletas de espectadores, a pesar del clima del norte de Europa. La pista se vio sometida a unas condiciones temibles, con el viento más desafiante que la lluvia. Sin embargo, la tribuna estaba llena, a cubierto y protegida parcialmente del viento. Incluso los asiduos al Masters notaron que había una emoción añadida en el aire gracias a la presencia de Max. Un chaparrón previo a la carrera, como el de la segunda carrera en Norisring, dejó la pista en parte húmeda y en parte seca. Traicionero, lo había llamado Marko en Alemania, y Zandvoort es una pista difícil de conducir en un buen día. Max no pensó en ello y disfrutó de las condiciones. Tras dominar los entrenamientos y la clasificación, lideró la carrera de once coches de principio a fin. Su conducción fue tan completa que el ganador de 2015, Markus Pommer, de Motopark, utilizó sus datos como modelo para conseguir la victoria doce meses después.

Después, el jefe de equipo Timo Rumpfkeil, que fue la primera persona en dar a Max una prueba de F3, dijo lo que todo el mundo estaba pensando. «Max rara vez comete un error. Y si comete un error, sabe cómo corregirlo y no volver a cometerlo. Su talento, su destreza, su dominio del coche y su arte de competir son sin duda de un nivel excepcional. Cuando comparo a Max con pilotos que han llegado a la Fórmula 1 y al DTM, nuestra referencia interna es siempre Valtteri Bottas. Para mí es uno de los mejores pilotos de la F1. Pongo a Max al mismo nivel en términos de habilidades y talento. Por lo tanto, preveo un futuro brillante para Max en la Fórmula 1».

Es probable que Timo supiera exactamente lo que ocurría entre bastidores, pero fue lo suficientemente discreto como para no dar detalles. Al fin y al cabo, los contratos de los pilotos son cosas delicadas y Max aún no había consolidado su futuro. El viaje a Zandvoort fue muy oportuno, en caso de que Marko o Tost tuvieran dudas sobre la contratación de un joven de dieciséis años. Había ganado siete carreras seguidas.

En el fondo, se estaban ultimando los detalles entre Jos Verstappen, Raymond Vermeulen, el Dr. Helmut Marko y Franz Tost. Desde el principio no había duda de que Red Bull aceptaría a Max como júnior y lo lanzaría en paracaídas a la GP2, pero eso no significaba que el equipo Verstappen fuera a firmar sin considerar todo lo que tenían delante. Tenían el lujo de elegir y el tiempo, pero Red Bull era capaz de ofrecerles mucho más en términos de oportunidades de conducción en virtud de su equipo júnior Toro Rosso.

Max se dirigió a Rusia para la última ronda del campeonato para correr en otra pista nueva para él, el Moscow Raceway, y un circuito que parecía poco probable que se adaptara al coche de Van Amersfoort. Ocon ya había estado allí en la Fórmula Renault 2.0 y su experiencia se demostró al romper la racha de victorias de Max en la primera carrera, aunque Verstappen registró la vuelta más rápida. Se vio obligado a retirarse de la segunda carrera y fue derrotado de nuevo en la tercera, aunque no sin luchar, ya que el coche de seguridad entró a falta de una vuelta. Verstappen adelantó a Ocon en la recta de meta, pero volvió a perder la posición en la primera curva y no pudo recuperarla, por lo que se tuvo que conformar con un segundo, un tercero y un abandono. Después de seis victorias consecutivas de Verstappen, Ocon había anotado tres de las suyas e incluso con cuatro fines de semana de carrera por delante, superar el liderazgo, ahora de 116 puntos, parecía improbable.

«Después de este difícil fin de semana en Moscú, quiero volver a ganar en Austria», dijo Max. «El Red Bull Ring se conduce con una carga aerodinámica media, lo que debería convenirnos. Durante los días de prueba a principios de este año también fue bien y creo que tenemos una buena oportunidad».

Había otra razón para querer ganar en Austria. Era el circuito de casa del equipo que empezaba a creer que sería su nuevo empleador. Jos y Max habían asistido a la carrera alemana del Gran Premio de Hockenheim y la celebración de nuevas conversaciones en un raro fin de semana «libre». El evento de la F3 en Austria coincidiría también con el parón veraniego de la F1, por lo que Mateschitz, Marko y Tost y los ojos del mundo estarían atentos, aunque muchos de ellos con la decisión ya tomada.

Desgraciadamente para Max, su optimismo estaba fuera de lugar. Desesperado por superar a Ocon en la primera curva del Red Bull Ring, colisionó con el francés, que según él no le había dejado espacio. Los comisarios no estuvieron de acuerdo y le impusieron una penalización de tiempo que le hizo descender de la tercera a la quinta posición. También le llamarían la atención después de la tercera carrera por una audaz maniobra sobre Antonio Fuoco. «Ridícula», calificó la decisión, ya que le dejó fuera de los puntos y con un escaso botín en el fin de semana. Lejos de las carreras, el equipo Verstappen había estado ocupado. Intentando no distraer a Max de la tarea que tenía entre manos, Jos y Raymond se levantaron a las seis de la mañana ese fin de semana revisando documentos con el Dr. Marko. Jos se levantaba a las cuatro y media cada mañana porque su mente iba a toda velocidad.

Una semana después, Max estaba de vuelta en Austria con Jos y Raymond. Habían volado a Graz la noche anterior a una típica reunión matutina con Marko. Al igual que la noche anterior a la primera prueba de Max en Pembrey, Jos se sentó con un amigo, esta vez Raymond ocupaba el lugar de Frits como confidente, y le dio vueltas a la cabeza. «Ya veremos», habían dicho esa noche, tratando de no crear demasiadas expectativas para el día que se avecinaba. Esta vez, se sintió más crucial.

«Ese momento nos puso la piel de gallina», dijo Raymond sobre esa noche mientras hablaban de lo que iban a hacer.

Al día siguiente, con un viaje en taxi a las cinco de la mañana para reunirse con su nuevo jefe, Max comenzó su andadura en la F1.

En un principio, sólo se le anunció como miembro del equipo júnior de Red Bull. Seguiría corriendo para Van Amersfoort, aunque con los colores de Red Bull, y en noviembre conduciría el Gran Premio de Macao, otra carrera de F3. El motivo del retraso era práctico: Max sólo tenía dieciséis años y no podía firmar un contrato de Fórmula 1 por su cuenta, ni siquiera con la presencia de uno de sus padres. Necesitaba que tanto Jos como Sophie lo firmaran. También había otros elementos en movimiento, ya que Red Bull también estaba considerando la posibilidad de promocionar al piloto júnior Carlos Sainz Jr., posiblemente cediéndolo a la escudería Caterham durante el año.

También existía la esperanza de que si se anunciaba paulatinamente la llegada de Max podrían desinflar o contrarrestar la inevitable excitación, tal vez dejar que los ojos de su adolescente se adaptaran al resplandor del protagonismo. Fue inútil. En todo caso, sólo creó un crescendo que terminó con la filtración de su contrato con Toro Rosso en los medios de comunicación holandeses. De repente, la caja de Pandora se abrió y los medios de comunicación, los aficionados y los críticos salieron en tromba.

Tras la reunión con Marko, se dirigieron al Red Bull Ring para realizar algunas fotos publicitarias y filmaciones. Max condujo un Fórmula Renault 3.5 de la marca Red Bull, aunque las condiciones de humedad, en contraste con el calor de 30 grados que había soportado diez días antes en su coche de F3, hicieron que los tiempos no fueran especialmente representativos.

Inicialmente, los comentarios sobre Verstappen, el último júnior de Red Bull, fueron relativamente generosos. La expectativa en la esfera pública era que lo pusieran en un equipo de GP2 y le dieran algo de kilometraje en un coche de F1 a través de las pruebas y las sesiones de práctica del viernes. Sin embargo, nadie vio lo que se avecinaba.

El contrato de la F1 se firmaba en el aeropuerto de Düsseldorf con Sophie, Jos, Max y su hermana Victoria presentes, tomando café con Raymond Vermeulen, mareados por la cafeína y la emoción. Jos todavía tiene fotos de ese día en su teléfono. Fue un momento de increíble orgullo y el resultado de un largo proceso de reflexión y procedimientos legales. ¿Estaba Jos permitiendo que su hijo cometiera el mismo error que él, al entrar demasiado pronto?

«Yo no estaba preparado para mi primera carrera en la F1, pero sabía que Max sí lo estaba», dijo Jos en una aparición en 2019.

La velocidad bruta, la madurez que tiene y también, para ser honesto, la forma en que Red Bull lo recogió y lo entrenó y lo puso en el simulador. Han puesto todo su empeño en que sea un éxito.

Helmut nos ofreció un asiento en Toro Rosso. Es muy difícil entrar en la Fórmula 1, así que cuando me lo ofreció dije: «Vale, pero no lo hacemos durante un año, sino durante dos. El primer año aprendemos y hacemos un trabajo adecuado».

El 13 de agosto, *De Telegraaf* en Holanda publicó la noticia de que Max conduciría para Toro Rosso en 2015 en base a una fuente dentro del equipo. Sería el piloto más joven de la historia de la F1 en años. De hecho, *De Telegraaf* se había adelantado y el contrato final aún no se había firmado, pero era una mera formalidad, y cuando se confirmó la noticia cinco días después, ya se había desatado una conversación nacional e internacional sobre si era el movimiento correcto. En cierto modo, fue una guerra de relaciones públicas. Cualquiera que haya conocido a Max o haya corrido contra él tiende a creer que, de hecho, está preparado. Su jefe de equipo en Toro Rosso, Franz Tost, lo describió más tarde como un piloto de 20 años la primera vez que lo conoció. El día del anuncio, calificó al holandés como «uno de los pilotos jóvenes más hábiles de la nueva generación y creemos que tiene la madurez y la fuerza mental necesarias para asumir este reto con éxito».

Tost añadió: «Teniendo en cuenta que la Scuderia Toro Rosso se creó con el objetivo de traer jóvenes talentos de la Red Bull Junior Team en la Fórmula 1 y para educarlos, ahora dependerá de nosotros proporcionar a Max un coche competitivo, que le permita tener el mejor comienzo posible en su carrera en la Fórmula 1».

Los escépticos se multiplicaron. Especialmente condenatoria fue la opinión del presidente de la FIA, Jean Todt, alguien que podría suponer un verdadero impedimento para la carrera de Max. «Personalmente, creo que es demasiado joven», dijo.

El excampeón del mundo Jacques Villeneuve se quejó de que «todavía es un niño, por lo que es muy arriesgado», mientras que otro exganador, Damon Hill, se mostró preocupado por el daño que podría causar esta medida. «Por su bien, espero que no se haya acelerado a ese nivel demasiado rápido, porque eso puede retrasarte durante mucho tiempo si no tienes cuidado», dijo Hill.

Marko no tuvo el mismo miedo de que ocurriera lo que les pasó a Hill o Jos, y también se sintió obligado a defender su decisión de poner a Verstappen, que tendría diecisiete años y 166 días cuando debutara en Australia, en un coche de F1. Por supuesto, no se contuvo. Le pidieron que comparara a Max con otro piloto de F1, si podía. «Lo más parecido es Ayrton Senna», dijo Marko.

«Él [Verstappen] es un talento excepcional que sólo aparece una vez en décadas. No hay que fijarse en su edad. He estado hablando con gente experta en el desarrollo de jóvenes y todos dicen que [en términos de] su mente tiene más de 22 que de 16. En cuanto a sus habilidades al volante, lleva compitiendo desde los cuatro años, de forma profesional. Así que esperamos que sea competitivo desde la primera carrera».

Los aliados de Jos en Holanda cerraron filas. Giedo van der Garde, un amigo cercano de los Verstappen y entonces piloto de pruebas en Sauber, parecía estar equidistante.

«Personalmente, creo que diecisiete años es muy joven, pero algunos maduran antes que otros. Cuando me miro a mí mismo, no estaba en absoluto preparado para la Fórmula 1. Por supuesto, ayuda el hecho de que su padre, Jos, estuvo en la Fórmula 1 y sabe exactamente cómo funciona todo».

Otro ex piloto holandés, Jan Lammers, añadió: «A los cuatro años, Max ya estaba en un kart y la transición de la Fórmula 3 a la Fórmula 1 no es ilógica. Alain Prost, Kimi Raikkonen y yo, todos lo hicimos. Nadie debería olvidar que Max es un talento de la más alta calidad».

El exejecutivo de relaciones públicas de McLaren y de la F1, Tony Jardine, advirtió que Verstappen «no sería bienvenido» en el paddock, aunque la reacción inicial de los pilotos parecía sugerir lo contrario. Felipe Massa, de Williams, dijo que mostraba que «los equipos todavía están interesados en el talento del piloto y no en el dinero», aunque admitió que a los diecisiete años parecían un poco jóvenes. Romain Grosjean, de Lotus, dijo que era «una oportunidad maravillosa» y «es bueno ver sangre fresca», pero, al igual que Massa, añadió una advertencia: «Tendrá muchos deberes que hacer». Incluso a Jean-Eric Vergne, el titular del asiento de Toro Rosso al que Max sustituiría, le costó mucho trabajo tragarse la bilis.

«Entiendo la decisión. No estoy enfadado. Estoy un poco triste, obviamente, porque me gusta el equipo y creo que es bueno».

En privado, Vergne estaba mucho más frustrado. Estaba cabreado, aunque era demasiado sensato como para decirlo en público.

«Es inútil estar enfadado, o si tengo algo de enfado, lo pondré al volante y daré un espectáculo», dijo, deseoso de ganarse un puesto en otra parte de la parrilla para 2015.

El anuncio de Verstappen llegó once carreras después de la tercera temporada de Vergne con el equipo; sólo había terminado seis de ellas, pero los abandonos se debieron casi exclusivamente a fallos mecánicos en el coche. Cuando había completado las carreras, había puntuado tres veces, superaba por poco a su compañero de equipo

Daniil Kvyat y también le aventajaba en el Campeonato de Pilotos. Había ganado a su anterior compañero de equipo, Daniel Ricciardo, tantas veces como había perdido con él. Vergne no había hecho nada mal y tenía todo el derecho a levantar el puño al cielo y maldecir a los crueles hados de la Fórmula 1 por ponerle en el camino tanto de Verstappen como de Sainz, porque incluso la instalación de Verstappen no significaba necesariamente el final para Vergne. Kvyat se había ganado un ascenso al equipo principal, que en teoría sería ocupado por Verstappen, y el holandés, de hecho, estaba deseando tener a Vergne a su lado.

«Es importante mantener a Jean-Eric; creo que será una gran ayuda», dijo, mostrando ya una propensión a decir lo que piensa mientras la línea apropiada hubiese sido probablemente «sin comentarios».

«Ya tiene experiencia con los neumáticos, así que puede ayudarme mucho con eso. Si tengo a alguien como Jean-Eric, seguro que me ayudará, no sólo para una carrera, sino para toda la temporada. Creo que es una situación en la que todos salimos ganando, tanto yo como el equipo».

Toro Rosso estaba sopesando sus opciones. Vergne contaba con tres novatos para la competición: Sainz, Pierre Gasly y Alex Lynn, todos los cuales estaban impresionando en las fórmulas júnior. Vergne había observado con bastante atención el progreso de todos ellos, pero, por supuesto, Verstappen era el que más llamaba la atención.

«Oí hablar de él, ya sabes, en el karting, en la Fórmula 3. Obviamente, fui el primer interesado en saber lo que iba a hacer después en la Fórmula 1 porque era mi asiento», dice Vergne desde su apartamento en París, con el beneficio de la retrospectiva y los dos títulos mundiales de la Fórmula E *dans la poche* para suavizar el golpe seis años después.

«Me parece bien [que le diesen mi asiento]. Es un piloto increíble y preferiría que él ocupara mi lugar antes que algún otro que no hubiera hecho nada en Toro Rosso durante dos años».

¿Habría tenido una respuesta tan ecuánime en las semanas y meses posteriores a su caída?

«No era el mismo piloto de entonces [que el de ahora]. Tampoco tenía la misma mentalidad», admite Vergne.

«Sin embargo, cuando Kvyat se fue, todavía tenía este asiento a mi lado, pero entonces Helmut decidió el ascenso [de otro novato]. Se puede argumentar que fue un desastre para mí, pero las cosas suceden por una razón. Estoy muy contento donde estoy hoy. Me impresionó mucho su primera temporada, y desde entonces ha sido impresionante».

La decisión de elegir a Sainz en lugar de Vergne no llegó hasta muy tarde. Toro Rosso confirmó el ascenso del español al equipo tras el final de la temporada 2014, quizá queriendo dar a Vergne el mayor tiempo posible para demostrar su valía, aunque es más probable que estuvieran eligiendo entre los tres novatos: Vergne no podría enseñarles mucho que no supieran ya en los últimos seis meses de su contrato de tres años.

Significa que Toro Rosso tendrá la alineación de pilotos más joven de la historia de la F1, con Verstappen a los diecisiete años y Sainz aún sin cumplir veintiuno. Las preguntas sobre si Verstappen es demasiado joven para conducir en la F1 —o, para el caso, en las carreteras públicas— sólo se intensificarían.

«Si te anuncian como el piloto de Fórmula 1 más joven de la historia, puedes esperar esas críticas. Yo también me había preparado para eso. No me importan esas críticas; cada uno tiene su propia opinión. Realmente no me molesta. Veremos cómo resulta el año que viene», dijo Max.

La única manera de refutarlos de verdad era triunfar en la pista.

10

LUCHA DE COMPAÑEROS DE EQUIPO

Incluso antes de que Max debutara en la F1 en Melbourne, hubo algunos momentos difíciles que podrían haber dejado a los que habían confiado en él cuestionando la cordura de su decisión. Después de todo, hay una razón por la que el seguro de coche para los adolescentes es tan caro.

Cuando se anunció el ascenso de Max a la F1, todo el mundo en Holanda estaba entusiasmado, pero quizás nadie más que los organizadores de VKV City Racing, el evento de automovilismo de Rotterdam. Habían nombrado a Jos en la junta directiva a principios de ese año y en 2013 Max había participado, acelerando su kart por las calles de la ciudad holandesa. Al principio, temían que sus nuevos patrocinadores tomasen el control inmediato de todas sus apariciones en los medios de comunicación. Para compensarle, les hicieron un regalo aún mayor que la presencia de Max: conduciría su nuevo coche de F1 en público por primera vez en Rotterdam. Regalo es quizás la palabra equivocada. Sin el patrocinio de la empresa de alquiler de coches VKV, Max probablemente no habría podido conducir en la Fórmula 3. Esto fue parte de los esfuerzos de los Verstappen para devolver algo de esa fe.

No sería exactamente su primera vez en un coche de F1. Unos días antes del evento de finales de agosto, se dirigió a Rockingham, en East Midlands, a las afueras de Corby, para aprender la puesta a punto del Toro Rosso. También había mucho que aprender. El volante medio de un F1 tiene más de veinte interruptores y botones diferentes en la parte delantera que permiten al piloto activar cientos de modos y ajustes diferentes. También está el sistema de levas de doble embrague, el procedimiento de arranque y el hecho de que este coche es más potente y rápido que cualquier otro que Max haya experimentado antes. Max aprende rápido y siempre lo ha hecho, pero esto sería una gran exigencia.

Cuando por fin llegó el día, Max ya estaba agotado. Apenas había estado en su casa en el último mes, con vuelos por toda Europa, corriendo en la F3, firmando contratos, ajustando asientos, haciendo pruebas, cumpliendo con los requisitos de los medios de comunicación y haciendo más entrevistas en unas pocas semanas que en toda su vida.

Sin embargo, impresiona. Conecta con los ingenieros, y los medios de comunicación están desconcertados por cómo un chico de dieciséis años puede manejar los focos con tanta facilidad, rechazando las preguntas difíciles cuando llegan y participando en las más positivas. Su padre dice que Max siempre se fijaba en su forma de tratar con los medios de comunicación y que lo aprendió así. Muchos dirían que Max ya era mucho mejor de lo que Jos había sido nunca.

Ese día, las calles de Rotterdam están repletas de aficionados que intentan ver a Max por primera vez en un coche de F1. El motor resuena en las paredes del Museo Marítimo y del edificio Allianz mientras Max hace «dónuts» y hace girar los neumáticos en el cruce cerrado de Coolsingel y Westblaak. El día anterior había conducido el coche tranquilamente por el puente Erasmus, justo al final de la calle, en una maniobra de relaciones públicas, pero ahora tenía la oportunidad de lucirse y lo estaba disfrutando. Todos sus amigos estarían muy celosos. Ni siquiera podían conducir ellos mismos un coche normal y ahí estaba produciendo nubes de humo con los neumáticos en el centro de Rotterdam. Vuelve a arrancar a toda velocidad por el minicircuito que han montado antes de volver a la plaza a por unos cuantos dónuts más. Entonces se queda atascado. A bajas velocidades, los coches de F1 son notoriamente difíciles de girar y él pierde el impulso, se queda parado frente a la barrera. No puede engranar la marcha atrás, por lo que hace señas a unos comisarios para que le empujen hacia atrás. Intenta reanudar su exhibición, pero una vez más se encuentra yendo lentamente hacia una barrera, tan lentamente que el sistema antipérdida entra en acción y Max es sorprendido, incapaz de usar el acelerador para salir del problema. Se desvía hacia la izquierda para evitarlo, pero estos coches no giran bien a

50 kilómetros por hora y Max choca contra el muro. Su alerón delantero se rompe y, de nuevo, los comisarios tienen que liberarlo. El público se ríe, se burla y luego rompe a aplaudir, quizás por simpatía. Después de todo, era sólo un niño.

Después, admitió su culpa, pero trató de quitarse de encima el incidente con los buitres de los medios de comunicación ya dando vueltas. Se utilizaron frases como «vergonzoso y sonrojo». Un medio de comunicación sugirió cruelmente que Max *Vercrashen* Jr. estaba al menos defendiendo el nombre de la familia.

«Dos veces salió fantástico, una vez hubo un error», dijo a *De Telegraaf.*

«Es un proceso de aprendizaje. Pero después de todo, esto es lo que siempre he querido: conducir un coche de Fórmula 1».

Apenas un mes después, Max debía debutar en la F1 en una sesión de entrenamientos del viernes por la mañana en el Gran Premio de Japón. Los mecánicos de Toro Rosso bien podrían haber empaquetado un par de alerones delanteros extra, por si acaso.

Sin embargo, hubo mejores noticias para su padre. La segunda esposa de Jos, Kelly, dio a luz sin problemas al primer hijo de la pareja, una niña a la que llamaron Blue Jaye, pocos días después del evento VKV City Racing. Él tuvo unas semanas para disfrutar de la compañía de su tercer hijo antes de volar con Max a Japón, al igual que cuando nació Max. Max también tuvo la oportunidad de conocer un poco a su hermanastra recién nacida, a pesar de su nueva y agitada agenda, y sigue tratándola con la misma ternura que a Victoria. Su nuevo trabajo le obligará a descubrir una nueva dureza, la de un niño en un mundo de hombres, pero parece que nunca perderá los instintos del hermano mayor cariñoso que siempre fue. Le compró a Blue Jaye un triciclo de cuatro ruedas personalizado, con los colores de Red Bull, por supuesto. «Nunca es demasiado pronto para dejar que mi hermana pequeña haga algunas carreras en casa», insiste.

Padre e hijo se dirigieron a Japón y llegaron el lunes. Max debía conducir en el famoso circuito de Suzuka, en lugar de Jean-Eric Vergne, el viernes por la mañana, pero todavía no tenía licencia para hacerlo. Cualquier piloto necesita una superlicencia para competir en un Campeonato del Mundo de F1, incluso en una sesión de entrenamientos, y los Verstappen todavía estaban esperando que llegara el papeleo, aunque no se esperaba ningún problema. Sin embargo, era posible que Max simplemente estuviera en el garaje como observador, como algunos creían que debía estar. Las quejas sobre que era demasiado joven no eran sólo preocupaciones, sino que se pedía una revisión, y finalmente la opinión de Jean Todt provocó una revisión de la FIA de las condiciones para obtener la licencia. Está claro que consideraron que, aunque no podían dejar de conceder la superlicencia a Verstappen, no debían volver a encontrarse en la misma situación. Eric Boullier, entonces jefe de equipo de McLaren pero también involucrado durante años en la gestión de pilotos, fue uno de los que apoyó un cambio en la normativa, aunque no sólo por su preocupación por la edad de Verstappen.

«Hay diferentes problemas. Uno es económico, en el sentido de que algunos equipos están vendiendo los asientos del viernes por la mañana y están buscando algunos conductores que no cumplen las normas de la superlicencia», dijo Boullier en octubre de 2014.

«La otra cuestión es que sabemos desde hace unos años que han aparecido muchas series y no hay un camino claro hacia la F1. Si vas al fútbol, tienes tu academia y luego vas a la tercera, segunda y primera. Aquí tenemos diferentes series y es un poco confuso para los conductores.

»Así que la superlicencia necesita actualizarse un poco en la forma en que se da. Algunas series han desaparecido, otras siguen en pie, y el nivel de cada serie varía mucho».

Sus palabras no cayeron en saco roto y la FIA actuó rápidamente. No podían, sin parecer increíblemente mezquinos, cambiar el reglamento e impedir que Max compitiera en 2015, pero sí podían asegurarse de que nadie tan joven como él volviera a hacerlo. Anunciaron que a partir del inicio de 2016, los solicitantes de la superlicencia tendrían que tener dieciocho años o más y al menos dos años de experiencia en carreras de monoplazas en su haber, junto con un sistema de puntos basado en su éxito en esos años, ponderado a las series más rápidas. Mientras tanto, sin embargo, no podían hacer nada para evitar que Max Verstappen celebrara su decimoséptimo cumpleaños en Japón, el día después de recibir la superlicencia, después de haber acumulado los 300 kilómetros necesarios en una prueba en Italia con un coche de Fórmula 1 de 2012. Debutó en un coche de Fórmula 1 en un fin de semana de carreras, y en uno de los circuitos más exigentes del mundo, con una serie de curvas de alta velocidad y alta fuerza G que lo convierten en el favorito de los pilotos. También es un circuito agotador y el nuevo programa de fitness y de fortalecimiento del cuello de Max tendría su primera prueba real.

«Todavía era un niño que llegaba a un mundo en el que quería vencer a todo el mundo, en el que quería destruir a todo el mundo y todavía no sabía cómo lo iba a hacer», recuerda Vergne sobre la llegada de Max al paddock aquella mañana de octubre.

«Pero, por supuesto, tenía algo que muy pocos pilotos tienen».

Ni todas las pruebas del mundo podrían haber preparado a Max para salir del garaje de Suzuka y pisar el acelerador. Sus experiencias anteriores, en Corby y Rotterdam, habían sido con una generación de coches diferente a la actual. Este motor híbrido V6 era una bestia completamente diferente.

«Casi no pude soportar la aceleración. Me sorprendió mucho que fuera tan rápido», dijo Max después.

Intentó conducir en lo que llamó «modo seguro». No podía ganar el campeonato ni disipar las dudas en esa primera sesión, pero sí podía darles munición y arruinarle el fin de semana de carrera a Jean-Eric Vergne si se estrellaba. En su cabeza, todo lo que Max se decía era: «¿Cómo voy a mantener esto en la pista?». Afortunadamente para él, lo hizo, y algo más. De hecho, al final de sus 22 vueltas a Suzuka, tenía el duodécimo mejor tiempo y estaba a sólo cuatro décimas de segundo de Daniil Kvyat y Sebastian Vettel, el comienzo de su campaña para dejar a los dudosos a su paso. Su sesión se vio acortada en siete minutos cuando su motor Renault se paró en una nube de humo. A pesar de eso y de los nervios por intentar no chocar, Max ya estaba esperando su próxima oportunidad de conducir el coche un mes después en Austin.

Mientras tanto, su improbable persecución de Esteban Ocon y un título de la F3 europea con el que despedirse de su breve etapa con Van Amersfoort Racing se había deslizado hacia los reinos de lo imposible después de que un abandono en Imola prácticamente le diera el botín de la temporada a Ocon. Los problemas técnicos de principios de temporada, y un par de errores de novato del propio Max, habían dejado demasiado terreno para recuperar a Ocon, de Prema, un merecido campeón que lucharía con Max en la F1 en los años venideros. Cuando llegaron a la última carrera de la temporada, incluso fue superado por el segundo puesto por el piloto británico Tom Blomqvist, pero apenas pareció importar. Consiguió diez victorias en la carrera en general, una temporada de novato que nadie en el equipo Verstappen se había atrevido a esperar, y lo más importante de todo, tenía un asiento en la F1 el próximo año. Todavía le quedaba una misión en la F3, el famoso Gran Premio de Macao, pero su atención se centraba principalmente en la línea de salida de Melbourne el año que viene.

Además de horas y horas en el simulador, Max tuvo dos sesiones más de entrenamientos en los fines de semana de carrera, en Austin (Texas) y en Interlagos (São Paulo). En el Gran Premio de EE.UU. terminó con el décimo mejor tiempo el viernes por la mañana, aunque se le cronometró a 99 kilómetros por hora en el *pit lane* y recibió una multa de 1.000 euros por su exceso. El límite de velocidad en el *pit lane* era 80.

En Brasil estuvo a punto de sufrir un accidente más espectacular. En la bajada de la colina del último sector, pisó el acelerador un poco antes de tiempo y la potencia del motor hizo que el coche entrase en barrena. Comenzó a derrapar y se desplazó lateralmente tratando de recuperar el control. Medio segundo después, lo subsanó en el último momento y lo recuperó en línea recta. En el muro de boxes, Jean-Eric Vergne dijo «*wow*» antes de reírse sobre la situación con los ingenieros que estaban a su lado. El jefe del equipo, Franz Tost, miró aliviado hacia abajo. Max no sólo había ahorrado a sus mecánicos una pausa para el almuerzo muy ocupada, sino que había demostrado una o dos cosas sobre su control del coche. La mayoría de los pilotos habrían estado recogiendo trozos de fibra de carbono de la barrera de neumáticos mientras él se dirigía a la recta de llegada para dar otra vuelta.

Su viaje a Macao, donde Max se embolsó la vuelta más rápida en la carrera principal, pero tras salir el 24º debido a un accidente en la clasificación sólo pudo terminar en un meritorio séptimo puesto, fue el comienzo de un invierno de preparación muy ajetreado. Hubo ceremonias de entrega de premios y un par de sesiones de pruebas, así como el incesante trabajo físico que Max sabe ahora de primera mano que es esencial para hacer frente a las fuerzas G de la F1, pero en general su preparación es en privado.

Su nuevo entrenador personal, Jake Aliker, le presiona físicamente y su agenda, que vuela por todo el mundo para los test, los días de prensa y las cenas de gala, en las que está muy solicitado por los que quieren conocer al nuevo niño maravilla, le presiona mentalmente. Aun así, encuentra tiempo para divertirse. Los mejores pilotos que se le ocurren nunca abandonaron el karting y él sigue encontrando tiempo para correr con un kart. En diciembre, la familia Verstappen tiene un poco de tiempo para estar juntos. Jos y Sophie tienen una relación bastante civilizada para ser padres divorciados y ambos están en la pista de Genk para ver a Max y a Victoria, que también ha estado aprendiendo las cuerdas del karting, probar los nuevos karts Intrepid.

«Puedo aprender mucho conduciendo detrás de Max. Por ejemplo, cómo puedo tomar mejor las curvas y dónde están los puntos de frenado. Luego le dimos la vuelta y Max condujo detrás de mí para ver si lo estaba haciendo bien», dijo Victoria después. Puede que Max acabase de aterrizar en Europa desde Qatar, pero todavía tenía tiempo para su hermana. Puede que su relación no sea tan cercana físicamente como antes, pero la pareja sigue estando claramente muy unida. Al final del día, sus padres toman el relevo para dar unas cuantas vueltas. Aunque Max es el más rápido, los tiempos de todos son competitivos. Con la vida de Max a punto de cambiar irreversiblemente, no está claro si tendrán la oportunidad de volver a hacerlo o cuándo. El nuevo año traerá nuevos retos.

El primer nuevo reto fue el examen teórico de conducir. En Bélgica, la edad mínima para obtener el carné de conducir es de dieciocho años, pero una vez que Max había aprobado la teoría, al menos podía practicar, bajo supervisión, aunque odiaba hacerlo. Incluso para el teórico, que su madre le obligó a hacer, se limitó a estudiar durante siete horas la noche anterior y lo superó por la mañana. Los medios de comunicación se llenaron de bromas sobre el hecho de que se le permite ir a más de 300 kilómetros por hora en su coche de F1 por su cuenta, pero no se le permite ni siquiera arrancar el motor al llegar a casa. También hubo pruebas físicas, aunque menos formales. Cada día empezaba con una sesión de gimnasio de dos horas mientras su entrenador intentaba preparar su complexión de diecisiete años para lo que vendría en las pruebas de invierno, que consistían en dos semanas de carrera en Barcelona. Era la primera oportunidad de Max de conducir largos periodos en el STR10 y de empezar a entender los neumáticos Pirelli. El viernes de la primera semana, Max dio 139 vueltas y salió del circuito sintiendo los efectos. Los tiempos por vuelta no significan mucho en días como este: Felipe Nasr puso a su Sauber, un equipo que no había sumado ni un solo punto el año anterior, tercero en la tabla de tiempos, pero la experiencia lo es todo, y 600 kilómetros de carrera fueron muy útiles para tener acumulados.

El Toro Rosso no era el coche más rápido de la parrilla, pero el diseño del chasis era prácticamente idéntico al de su equipo matriz, Red Bull, que tiene uno de los mejores, diseñado por Adrian Newey, conocido como el aerodinamista más experto e inventivo del deporte. Los motores que el equipo compraba a Renault cada año seguían siendo una preocupación, tanto por la potencia como por la fiabilidad, y el último día de pruebas de Max se vio obstaculizado por un cambio de unidad de potencia, pero en los circuitos en los que la carga aerodinámica es una prioridad sobre la potencia, Toro Rosso salió de Barcelona con la convicción de que podrían conseguir algunos buenos resultados, y sus dos jóvenes tenían ganas de dar alguna sorpresa.

Jos seguía observando desde tan cerca como le permitía Toro Rosso. No es probable que fuese a poner a punto un motor en un futuro próximo, pero él y Max se reúnen después de cada sesión y, en algunos circuitos, Jos está encantado de enseñarle ciertas curvas, ya que ha conducido muchas de ellas en su propia carrera. Los coches cambiaron, pero, en general, los circuitos no lo han hecho, y Jos recuerda en una columna del *Telegraaf* que, aunque tenía a Huub Rothengatter intentando hacer lo mismo por él, «no creía que Huub lo entendiera en términos de carreras». Jos también notó muchas otras diferencias en las experiencias de Max, menos en el coche y más en la organización del equipo. Para empezar, el entrenamiento físico era mucho más exhaustivo que el que él había llevado a cabo en las semanas previas a su propio debut, que se le impuso después de que J. J. Lehto se rompiera el cuello en un accidente de pruebas y lo elevara de piloto de pruebas a piloto a tiempo completo. Jos siempre sintió que no estaba físicamente capacitado para afrontar su primera temporada en la F1, y deseaba que su hijo evitara los mismos escollos. Asimismo, siempre se sintió inferior; su compañero de equipo Michael Schumacher ni siquiera dormía en el mismo hotel que él, pero «en Toro Rosso, Max es el centro».

Y añade: «El equipo no competirá por el título mundial, pero en términos de organización y profesionalidad es realmente un equipo de primera».

A diferencia de Marko, él manejaba las expectativas para Melbourne. «Si acaba, termina antes que su compañero de equipo y consigue algunos puntos, me doy por satisfecho». Carlos Sainz Jr, aunque probablemente no haya leído estas palabras, no necesitaba oírlas para entender el reto que tenía por delante. La primera batalla a la que se enfrenta cualquier piloto de F1 es contra su compañero de equipo. Max tenía su primer rival en la Fórmula 1.

Sainz era el siguiente piloto en la lista de Red Bull hasta que ficharon a Verstappen para el programa júnior, y su oportunidad de conducir en 2015 la F1 parecía haberse evaporado una semana más tarde cuando no se le tuvo en cuenta y el holandés fue fichado por Toro Rosso. Sin embargo, la decisión de Sebastian Vettel de dejar Red Bull por Ferrari y el posterior ascenso de Daniil Kvyat le dieron una segunda oportunidad, y, tras ganar el título de la Fórmula Renault 3.5, la aprovechó.

Sin embargo, como dice Jos, «Max es central» y cuando los promotores de la F1 eligieron a seis pilotos para una conferencia de prensa antes del fin de semana de la carrera, junto con el campeón mundial defensor Lewis Hamilton, el nuevo chico de Ferrari Vettel y el piloto local Daniel Ricciardo, Verstappen también fue elegido. Inusualmente, estaba un poco nervioso, pero sonrió, dando respuestas más cortas de lo habitual, tal vez un poco avergonzado, haciendo que el normalmente maduro Max pareciera más un adolescente de nuevo. Insiste en que el paddock de la F1, sentado junto a los campeones del mundo, «no se siente como algo nuevo».

Fiel a su palabra, Verstappen parecía estar completamente en casa y Toro Rosso tenía claramente un equipo fuerte. Sin embargo, ese primer reto, el de vencer a Sainz, parecía difícil. Tres años mayor que él y con cuatro años más de carreras de coches en su haber, el español salió volando y se clasificó octavo, superando a Verstappen por unas dos décimas de segundo el sábado. En una pista donde los adelantamientos son tan difíciles, podría ser una ventaja decisiva. Verstappen, sin embargo, todavía salía undécimo, y estaba por delante de Kvyat en el coche mayor y teóricamente mucho más rápido. Sin embargo, estaba decepcionado. Un dolor en el hombro, dice, dificultó su rendimiento y forzó un error que le privó de estar entre los diez primeros. Los puntos seguían siendo su objetivo; el piloto más joven de la historia en tomar la salida en un Gran Premio no había volado a Australia para hacer el numerito.

Jos estaba, como siempre, mucho más nervioso. Hizo todo lo posible por no transmitir la tensión a su hijo, pero al igual que en Emmen para la primera carrera de karts, agarrándose a la valla, o en el hotel del sur de Gales, quedándose despierto hasta tarde preocupándose por el día siguiente, o incluso cuando se despertó a las cuatro de la mañana de la firma del contrato de Max, Jos estaba ansioso; más ansioso incluso que cuando él mismo corría en la F1. Red Bull y Toro Rosso parecían entender la importancia de mantenerlo cerca, y también de hacerlo sentir partícipe. Desde el punto de vista legal, Max aún no tenía dieciocho años y la presencia de Jos era básicamente necesaria, por lo que tenía sentido que el equipo lo mantuviera contento, sobre todo teniendo en cuenta su fogosa reputación. Le hacían llegar ideas y hablaban con él sobre los aspectos técnicos del coche, pero no había ningún indicio de que participara en el proceso final de toma de decisiones. Después de todo, la F1 ha evolucionado enormemente desde la última vez que condujo en la serie.

Sin embargo, observó con ansiedad cómo Max, uno de los mejores arrancadores de las carreras júnior, intentaba arrancar un coche de F1 por primera vez. Se abrió camino hasta la novena posición con los neumáticos medios, más duros, mientras los pilotos de cabeza consumían sus gomas blandas. En la vuelta 33, cuando finalmente entró en boxes después de haber conservado los neumáticos pero todavía rodando rápido, iba sexto. Después de volver a la pista en novena posición, por delante de su compañero de equipo, que había perdido tiempo por un fallo en la rueda, y todavía en camino de batir otro récord: el piloto más joven en puntuar, Max entró en pánico por primera vez.

«Comprueba el coche porque creo que está echando humo. El motor suena pesado», dijo a su equipo por radio, con la voz ligeramente quebrada. Era un problema de motor, y un problema terminal. Esa carrera había terminado sin puntos. Jos no pudo contener su frustración, se quitó los auriculares y salió furioso por la parte trasera del garaje. Raymond Vermeulen permaneció inmóvil, el menos acalorado de la pareja de directivos de Max. Para colmo de males, Max ni siquiera pudo arrastrar su coche hasta los boxes. Aparcó justo antes de la entrada al *pit lane* y tuvo que caminar los últimos cientos de metros hasta el garaje. Su casco ocultó su cara roja, pero también le dio tiempo para pensar, para controlar sus emociones. La primera carrera de F1 de su padre también había terminado con una decepción, un enorme choque de cuatro coches. Si hubiera acabado así, con un fallo mecánico ajeno a su voluntad, seguramente se habría enfadado más. Sin embargo, Max siempre dice que tiene algo de su padre y de su madre. Cuando llegó a su entrevista posterior a la carrera, sonreía abiertamente. Puede que sea un ganador nato y comprometido, pero también acababa de cumplir la primera parte de un sueño de toda la vida y competir en un Gran Premio.

En cierto modo, también le pareció apropiado que ahora tuviera la oportunidad de conseguir sus primeros puntos en lugar de en Malasia, el circuito donde había asistido por primera vez a un fin de semana de carreras, y donde más amigos y familiares podían verlo juntos. El Gran Premio de Australia había comenzado en la madrugada del domingo en los Países Bajos; la hora de inicio de las 9 de la mañana para la carrera de Malasia era un poco más agradable. Su abuelo Frans pudo echar a rodar y sacar al club de fans de Verstappen a toda voz. «Max, Max, Max», coreaban, al igual que el nombre de su padre. Las expectativas eran las mismas, quizás incluso mayores. Pronto se repartirían por todo el mundo.

Probablemente, Malasia no era un circuito que Max esperara con ansias. Con sus dos largas rectas, era poco probable que el motor Renault, en dificultades, les diera mucho empuje, y la humedad, las temperaturas y las curvas de alta velocidad siempre hacían del circuito de Sepang uno de los más exigentes físicamente, sin duda mucho peor que el otoñal circuito urbano de Melbourne. Si Max hubiera rezado por algo, habría sido por la lluvia, para compensar algunas de las debilidades del motor y permitirle mostrar sus habilidades sobre mojado. El sábado llegó la lluvia y pudo hacer una vuelta lo suficientemente rápida como para ser sexto en la parrilla. Los dos Red Bull más veteranos eran cuarto y quinto por delante de él, mientras que Sainz volvía a ser decimoquinto. Era una gran oportunidad, pero Max también sabía que iba a luchar por mantener detrás de él a pilotos como Felipe Massa en el Williams y el Ferrari de Kimi Raikkonen. El séptimo u octavo lugar era posible, pensó, un resultado que seguiría siendo histórico.

Efectivamente, Verstappen se descolgó y se quedó fuera de los puntos en los primeros compases de la carrera del domingo, pero finalmente pareció poner sus neumáticos a punto, ejecutando maniobras de adelantamiento de libro sobre Sergio Pérez, Daniil Kvyat y de forma brillante sobre Daniel Ricciardo, al que dio el espacio justo pero hizo imposible que el australiano le devolviera la jugada. En el muro de boxes de Red Bull debieron levantar las cejas al ver cómo su piloto júnior adelantaba a los dos veteranos en las primeras veinte vueltas de la carrera. El único problema era que Sainz, que estaba haciendo una buena carrera, le estaba adelantando, pero pronto se encargaría de ello. A siete vueltas del final, Verstappen se salió del rebufo para inspeccionar el hueco en el interior de la curva tres, sólo para volver a colocarse detrás de su compañero de equipo, aparentemente feliz de esperar su tiempo hasta la siguiente curva. De repente, justo antes del punto de frenada, volvió a salir y se lanzó por el interior para conseguir la séptima plaza. En el garaje, la comisura de la boca de Jos comenzó a curvarse en una sonrisa, pero nunca se le cayó la cara, porque sabía lo mismo que el equipo: los frenos de Max estaban en las últimas en este circuito que hiere a los cuerpos y a los coches, y podrían ser tan fácilmente dos abandonos de dos como un primer botín de puntos. Afortunadamente,

Max consiguió que su coche se llevara seis puntos, superando a su compañero de equipo y a los dos coches de Red Bull. Había un inconveniente: ahora tendría que comprarle a su hermana Victoria el bolso Louis Vuitton que le había prometido con motivo de sus primeros puntos en el campeonato. Sin embargo, Max estaba contento de hacerlo. Su jefe de equipo, Franz Tost, calificó de bien amordazados a los «estúpidos críticos». También estaba empezando a causar efectos en la escala del equipo.

Sin embargo, hubo problemas en Milton Keynes antes de que Toro Rosso empezara a dejar en evidencia a sus hermanos mayores más experimentados. Vettel se alejó del equipo a finales de 2014 por su frustración ante el rendimiento del coche en la nueva era de los motores híbridos.

«Si las cosas no van bien, intento mirarme a mí mismo antes de señalar a los demás. Estaba claro que quería hacer algo nuevo», dijo después de unirse a Ferrari, señalando sutilmente a los proveedores de motores Renault. Parecía haber sido el movimiento correcto cuando ganó su primera carrera de la era híbrida en Sepang, pero también había sido un movimiento emocional. Al crecer en Alemania, Michael Schumacher había sido su héroe y los acontecimientos de 2014, cuando un accidente de esquí dejó al siete veces campeón del mundo en coma durante meses, habían puesto las cosas en su sitio. Ahora, de pie en el podio, escuchando el himno nacional alemán primero, seguido del italiano, prácticamente la melodía de la F1 en la década de 2000, se sentía bien. Era otro que había sido criticado por ser tan joven cuando empezó en la F1, otro al que el Dr. Helmut Marko había conocido de joven y al que había vigilado para guiarle en el deporte, y otro que tenía el toque humano y maduro necesario para navegar por las agitadas aguas del deporte del motor.

James Allison, ejecutivo de Ferrari desde hace mucho tiempo, dijo: «He trabajado con dos tipos que realmente entendían el valor de formar parte de un equipo. Uno fue Michael y el otro Sebastian».

En la escudería hermana de Red Bull se hacían comparaciones similares sobre Verstappen, al principio sólo desde dentro del equipo pero cada vez más desde fuera también. Los escépticos estaban un poco más tranquilos ahora que había demostrado su valía, especialmente después de otra impresionante conducción en China y una serie de adelantamientos en las últimas frenadas que le valieron comparaciones en el box con Ayrton Senna, aunque su carrera terminó cuando su motor Renault estalló a dos vueltas del final. Tras el Gran Premio de España en Barcelona, en el que Max terminó undécimo, dijo: «Me alegro de que la insistencia sobre mi edad haya terminado».

Pero los regañones, los dudosos y los escépticos de «¿cuántos años?» no iban a desaparecer. Simplemente esperaban una caída. La Fórmula 1, le recuerda Jos, es un nido de víboras.

No tardaron en tener su oportunidad cuando Max llegó para su primer Gran Premio de Mónaco, un fin de semana de ensueño para cualquier piloto. Fue en este lugar hace doce meses cuando Red Bull empezó a hablar de un ascenso por sorpresa y ahora estaba aquí con un trabajo que hacer. Le gustan los circuitos urbanos, en los que hay menos carga aerodinámica y menos agarre en el asfalto. Se trata de la sensación y el instinto, como en el karting, y existe la emoción añadida de intentar mantenerlo fuera del muro, lo que es, en sus palabras, «bastante divertido». Mónaco es la gran prueba de nervios por esa misma razón, aunque a Max le haga gracia.

Toro Rosso era optimista, al no tener que preocuparse por la potencia del motor en Mónaco, en gran parte debido a su falta de largas rectas, y luego ver cómo Max terminaba segundo en la primera sesión de entrenamientos. Con eso en mente, Verstappen estaba decepcionado por clasificarse décimo. Estaba decidido a compensar el sábado y, tras una salida limpia, ejecutó un brillante adelantamiento al Lotus de Pastor Maldonado en la primera curva. En un circuito tan estrecho, pases como ese no se dan muy a menudo. Fue una combinación perfecta de sincronización, nervio y juicio. También hubo un aire de oportunismo, algo que resucitó más tarde en la carrera cuando Valtteri Bottas se apartó para permitir que el Ferrari de Vettel le doblara. Al salir de la horquilla, Verstappen le siguió hasta el final y sorprendió a Bottas. Fue el movimiento de un corredor con 60 Grandes Premios en su haber, no el de uno con seis. Cambió a los neumáticos superblandos y se encontró intentando adelantar a otro Lotus, esta vez Grosjean, por la décima plaza.

Durante cinco vueltas no pudo encontrar la forma de pasarle, y entonces su paciencia se agotó. Trató de repetir su movimiento sobre Maldonado, algo que había visto en la vuelta anterior, pero Grosjean se movió para cubrirlo. Verstappen dijo que frenó mucho antes que la vez anterior, pero Grosjean dice que sus datos no lo reflejan, y los comisarios estuvieron de acuerdo. Max se estrelló contra las barreras en Sainte Devote y salió el coche de seguridad. Salió ileso, pero su reputación se vio afectada.

«Max tiene mucho, mucho talento, y lo que ha estado haciendo es bastante impresionante, pero ha cometido un error», dijo Grosjean. «Me parece decepcionante que no haya aprendido de ello».

De hecho, lo hizo. Aprendió lo que se siente al estrellar un coche de Fórmula 1 a gran velocidad.

«Fue un gran accidente, pero al final del día entiendes realmente lo fuerte que es un coche de F1», dijo. «Creo que incluso me ha mejorado. A mí me dio más confianza. Siempre te da un poco de miedo chocar o tocar un muro, pero ahora he tenido un gran golpe y todo se relaja un poco más».

Verstappen no se disculpó, a pesar de recibir una penalización de cinco puestos en la parrilla para la siguiente carrera, y prometió seguir conduciendo de la misma manera. Otro veterano, Felipe Massa, ya había presionado a la FIA para que actuara contra Verstappen.

¿No fue Massa el hombre que causó una colisión bastante torpe allí un año antes? Jos escuchó con una sonrisa. Eso era lo que la parrilla estaba aprendiendo de Max. No tiene miedo de adelantar, y no importa quién seas, te responderá. Realmente era el hijo de su padre, y nunca lo fue más que dos meses después en Hungría. Budapest había sido el lugar del primer podio de Jos en la F1 y su hijo estuvo a punto de igualarlo.

Los dos Verstappen dijeron que les gustaba el Hungaroring porque el coche desliza mucho allí, algo que los pilotos recién salidos de las fórmulas júnior parecen afrontar mejor. De hecho, el ingeniero de Max, Xevi Pujolar, se refirió a ello al principio de la temporada.

«Los pilotos que llevan años en la Fórmula 1 se han acostumbrado a tener mucho agarre y un coche estable», dijo. «Cuando su coche empieza a derrapar en una curva, esos hombres se ponen nerviosos un poco antes que los jóvenes conductores que provienen de una clase inferior, donde este derrape sigue siendo cotidiano. Siguen empujando en una situación así».

El Gran Premio de Hungría había comenzado con una nota triste, ya que la parrilla lloraba la muerte de Jules Bianchi, que había fallecido tras un accidente en Suzuka el año anterior. Varios miembros de la parrilla habían sido portadores del féretro en su funeral y hablaron de un miembro popular y con talento de la parrilla. Antes de la carrera, todos los pilotos colocaron sus cascos en el centro de un círculo y enlazaron sus brazos en un momento de silencio. Una vez que el gruñido gutural del coche de F1 rompió el silencio, siguió una carrera llena de acción, que el ganador Sebastian Vettel dedicó al difunto Bianchi. Detrás de él, Kvyat consiguió su primer podio, mientras que Verstappen terminó cuarto, su mejor resultado hasta el momento, superando sesiones de entrenamientos interrumpidas, una mala salida, daños en el alerón delantero por cortesía de Bottas y una penalización por exceso de velocidad detrás del coche de seguridad. Quizá lo más satisfactorio de todo es que Fernando Alonso se quedó a cinco segundos de él.

«Todos son iguales para mí en la pista, pero es bonito si puedes mantener a un campeón del mundo detrás de ti», dijo Max. Se estaba acostumbrando a hacerlo.

Varios momentos destacan de la primera temporada de Max en la F1, tanto en la pista como fuera de ella, pero el que más se recuerda fue el de Bélgica. Spa era la carrera de casa de Max y la pista en la que, apenas doce meses antes, había comenzado su notable carrera en la F3 que finalmente le llevó a su asiento actual. En verano, fichó por el equipo Redline y pasó tiempo en su simulador, jugando a iRacing por diversión, pero también como técnica de desarrollo. Su maniobra sobre Nasr en Blanchimont, a más de 300 kilómetros por hora, fue votada como «Acción del Año» en la ceremonia de premios de la FIA al final de la temporada. Había practicado la maniobra en línea varias veces para entender dónde podía y no podía adelantar a otro coche, y cuando lo hizo se quedaron con la boca abierta en el *pit lane*. Tras comenzar decimoctavo, ese adelantamiento le ayudó a conseguir el octavo puesto, a pocos segundos del quinto.

Blanchimont no fue el único lugar donde tuvo un gran impacto ese fin de semana. En toda la pista, Verstappen era el nombre que estaba en boca de los espectadores. La tribuna junto a la recta de Kemmel no era exactamente el muro *Oranje* en el que se ha convertido desde entonces, pero estaba poblada por muchos más aficionados holandeses y belgas, ambos reclamando cierta propiedad sobre Verstappen, nacido en Bélgica y con licencia holandesa, y él estaba feliz de reconocer a ambos. Los organizadores de la carrera se habían enfrentado a la posibilidad de perder el evento después de años de declive, pero Max estaba empezando a cambiar eso y parecía que también estaba aquí para quedarse. Su primer Gran Premio en Spa le permitió conseguir su cuarta posición en los puntos, la guinda del pastel. Esto le llevó a la décima posición en el Campeonato del Mundo de Pilotos con 26 puntos, diecisiete más que su compañero de equipo Sainz. La pareja estaba en igualdad de condiciones, pero incluso con los problemas de fiabilidad de Verstappen a principios de la temporada, tenía una clara ventaja con dos tercios de la temporada ya transcurridos.

Así que cuando en Singapur, uno de los circuitos urbanos de bajo agarre y con muros que tanto le gustan a Max, Toro Rosso le pidió que dejara pasar a su compañero de equipo, no se tomó muy bien la petición. Su carrera había empezado de forma desastrosa cuando se caló en la parrilla y tuvo que ser empujado al *pit lane* para arrancar el coche. Se reincorporó con una vuelta menos, pero la aparición del coche de seguridad le dio un salvavidas a las trece vueltas de la carrera. En la vuelta siguiente superó a Grosjean y se hizo con la octava posición. De media, había recuperado una posición cada tres vueltas en una pista en la que no siempre es fácil adelantar.

«No», gritó por radio cuando le dijeron que intercambiara posiciones con Sainz, detrás de él con neumáticos frescos, para que el español pudiera intentar adelantar a Sergio Pérez por el séptimo puesto.

«Hazlo», respondió su ingeniero. Max no cedió. Después, empapado de sudor tras una agotadora noche en Singapur, se explicó.

«Estuve una vuelta detrás y luego al final volví como el coche líder. Estaba persiguiendo a los de delante, así que para mí no había razón para dejarlo pasar».

Un desprecio tan flagrante de las órdenes de equipo normalmente le habría valido a un piloto unas palabras severas en el *debriefing* posterior a la carrera. Daniil Kvyat, bajo presión, había mantenido a raya a Max durante la carrera, algo que los responsables del equipo admitieron más tarde que había salvado su asiento, pero la reacción a la insubordinación de Verstappen fue la indicación más clara hasta ahora del sentimiento de Red Bull hacia el piloto más joven de la historia del Gran Premio. Su jefe Tost pareció sugerir que habían calculado mal las cosas en el muro de boxes y que Max tenía toda la razón al anularlas.

«Carlos tenía neumáticos nuevos, por lo que pensamos que podíamos cambiar de posición. Pero entonces Carlos era demasiado lento, estaba demasiado atrás y Max tenía razón. Vio que Carlos no se acercaba y que Carlos no podía alcanzar a Pérez, así que hicimos bien en dejarles marchar», dijo Tost.

«Carlos siempre estuvo un mínimo de tres a cinco décimas por detrás, si quiere que intercambiemos las posiciones debe estar más cerca de él o no tiene sentido. No habría alcanzado a Pérez».

La afirmación de Jos de que «Max es central» sigue siendo cierta, aunque él mismo le había dicho a Max que si alguna vez el equipo le pedía que se cambiara, no debía hacerlo y dejar que lo resolvieran después de la carrera. La gente, dijo, le perdería el respeto como piloto de carreras si lo hacía. Puede que Red Bull haya suavizado las cosas públicamente, y Sainz siempre ha insistido en que ambos se llevaban bien fuera de la pista aunque fueran rivales en ella, pero no era un incidente que quisieran que se repitiera. Ya habían pasado por una confusión interna cuando el joven Sebastian Vettel ignoró las órdenes del equipo de no competir con Mark Webber, y sabían el conflicto que causaría. El equipo necesitaba encontrar una forma de salir adelante, especialmente con lo que estaban planeando a continuación.

11

LOS CRÍTICOS EXISTEN PARA QUE SE PUEDA DEMOSTRAR QUE SE EQUIVOCAN

Red Bull había quedado muy impresionado con Max desde el principio. Cada vez que le pedían que hiciera algo por primera vez, lo dominaba casi instantáneamente. Cuando condujo un coche de F1 por primera vez, estaba mojado y les preocupaba que en una pista húmeda y técnica, que no era realmente representativa de lo que se encontraría en la F1, no pudieran aprender mucho. En cambio, su ingeniero Xevi Pujolar quedó maravillado. Fue su guía en la sesión de entrenamientos libres de Suzuka y vio con asombro cómo Max realizaba una mañana impecable. También en las pruebas de invierno, las simulaciones de carrera fueron asombrosamente rápidas para alguien que nunca había conducido esa distancia en un coche de F1. Incluso los mecánicos e ingenieros empezaron a decir a todo el que quisiera escuchar lo especial que era este chico. Antiguos pilotos y expertos se unieron al coro, y algunos recibieron muchos palos por mencionar su nombre al mismo tiempo que Ayrton Senna y Michael Schumacher. Sin embargo, Red Bull, con toda la información disponible, siempre tuvo fe en él, y con dos hombres como Jos Verstappen y el Dr. Helmut Marko empujándole al límite, así como su propio impulso interno, las dudas de la comunidad de pilotos sólo podían alimentarlo aún más. Los titulares los crea con sus adelantamientos, pero en realidad lo que más impresiona al equipo, incluso desde su primera carrera, es su trato con los neumáticos. Cuidar las gomas Pirelli es difícil y es algo en lo que Max no tenía experiencia, pero que asumió rápidamente. Lo único en lo que tuvo que trabajar su entrenador de rendimiento, Jake Aliker, fue en la detención del coche en su justo lugar durante las paradas en boxes de los entrenamientos, algo que nunca pareció tener problemas durante las carreras.

Sin embargo, desde fuera, el paso de Toro Rosso a Red Bull fue el más grande de su carrera. Los Verstappen probablemente argumentarían que otros momentos, como su primera carrera de Fórmula 3 o la sesión de entrenamientos en Suzuka, supusieron un cambio mayor, pero desde el punto de vista del público, este era el gran momento y las expectativas eran más altas que nunca.

Sin embargo, Max había crecido mucho en su primer año en la F1, y no sólo en el aprendizaje de los neumáticos Pirelli, los frenos electrónicos, las paradas en boxes y los motores híbridos. Para empezar, por fin había aprobado el examen de conducir, el palo con el que tantos titulares de prensa sensacionalista solían golpearle. Bromeó en Twitter diciendo que ahora era «legal para conducir y nacido para correr», aprobando a la primera el día de su decimoctavo cumpleaños, aunque no sin algún que otro error. En un momento dado giró a la izquierda en lugar de a la derecha y no fue el conductor más paciente del mundo.

«Hubiera sido un gran, gran drama si hubiera tenido que hacerlo dos o tres veces», dijo Verstappen. «Una vez, no cedí el paso, pero estaban como a kilómetros de distancia, así que no vi necesario parar. Así que continué, pero claramente [el examinador] pensó de otra manera».

El examinador consideró que se trataba de un «incidente de carrera» en la jerga de la F1 y Max aprobó, un paso importante en la vida de cualquiera, pero sobre todo en la suya. El paso a la F1 había puesto a prueba y cambiado su relación con su padre, a quien, según Marko, a Max le resultaba comprensiblemente difícil excluir de su vida. En cuanto pudo conducir, se mudó a un apartamento en Mónaco. Nunca le había importado demasiado que sus carreras supusieran que la vida social quedara siempre en segundo plano y se encajara entre los fines de semana de carreras, pero al trasladarse al sur de Francia, aparte de las favorables condiciones fiscales, estaría más cerca de un gran número de pilotos de carreras que ahora se estaban convirtiendo en sus amigos y rivales. En Montecarlo, no se puede pasar por una esquina sin toparse con un piloto de carreras actual o anterior. Como regalo de dieciocho años, Jos y Raymond le compraron un par de motos acuáticas, el juguete ideal para el nuevo residente de Mónaco.

«En realidad no ha cambiado mucho, porque viajo constantemente, y en cualquier momento puedo volver a Bélgica [de visita]», insistió Max.

Sin embargo, es un momento importante para cualquier joven. También había una mujer en su vida, quizá inevitablemente otra piloto de carreras, la sueca Mikaela Ahlin-Kottulinsky, que también se convertiría en deportista de Red Bull. Su propio calendario de carreras en la Copa Audi TT requiere menos viajes internacionales, con la mayoría de las carreras en Alemania, pero su relación sigue sin ser sencilla, incluso con todos los jets privados del mundo, y cuando se trata de prioridades, cualquier futura señora Verstappen debe saber que ella no es, al menos por ahora, la máxima prioridad.

«Mi carrera es más importante que las chicas», dijo Max poco antes de cumplir los 18 años durante una entrevista conjunta con el jefe de la F1 y tres veces casado Bernie Ecclestone.

«Sólo tienes una oportunidad aquí, y la voy a aprovechar». Esta actitud intransigente se ha convertido en una de las señas de identidad de Verstappen en su primer año en la F1 y es parte de lo que le hace ser un corredor y un adelantador tan feroz. Si ve un hueco, va a por él.

Por eso, cuando apareció un hueco en Red Bull, en un asiento de uno de los equipos más exitosos de la historia reciente de la F1, Max nunca dudó en ir a por él.

Red Bull ya se había planteado prescindir de Kvyat hacia el final de la temporada 2015, pero carreras como la de Singapur, en la que defendió su puesto, parecieron convencer al Dr. Marko —probablemente el más duro crítico del automovilismo— de mantener su apoyo a Kvyat. Sin embargo, se sintieron frustrados por haber terminado cuartos detrás de Williams en 2015, en parte por la falta de fiabilidad del motor Renault, pero también por la inconsistencia de Kvyat, y finalmente perdieron la confianza en él.

En cierto modo, Verstappen era el peor hombre que Kvyat podía comparar con sus jefes de Red Bull, porque tenía muchas de las mismas características —era joven e inexperto, como Max—, pero sus debilidades estaban en áreas en las que Max era fuerte. No se le consideraba lo suficientemente maduro para manejar la presión de las carreras de alto nivel y tampoco tenía la misma comprensión de los neumáticos, algo que Max había desarrollado con notable rapidez. A medida que se hizo evidente que la gestión de los neumáticos sería un gran foco de atención en la era híbrida, las debilidades de Kvyat se volvieron intolerables, y la diferencia con Daniel Ricciardo, en el mismo coche, era enorme. Estuvo a más de un segundo del ritmo del australiano en la primera carrera de la temporada 2016 (aunque el fallo eléctrico del domingo no tuvo nada que ver con él), y en Bahréin la diferencia fue igualmente grande. Los adelantamientos eran cada vez más difíciles en la F1, lo que enfatizaba la importancia de la clasificación, donde la incapacidad de Kvyat para poner los neumáticos en la temperatura adecuada y, por lo tanto, producir una vuelta de clasificación rápida, era casi imposible. La gota que colmó el vaso fue la carrera en su casa, en Sochi, donde partió octavo, golpeó a Sebastian Vettel en la parte trasera dos veces en la primera vuelta, recibió una penalización y terminó decimoquinto. También chocó con su compañero de equipo Ricciardo, que terminó fuera de los puntos como resultado. Además, en la clasificación, Kvyat había sido sólo una décima de segundo más rápido que Verstappen, y si Max no hubiera sufrido un fallo de motor, habría terminado sexto. Sin embargo, según Vettel, y lo que Red Bull probablemente preferiría que todo el mundo creyera, la decisión se había tomado incluso antes de lo ocurrido en Rusia.

Marko y el jefe del equipo, Christian Horner, un viejo partidario de Kvyat, habían visto suficiente. Tanto Verstappen como Ricciardo le habían superado constantemente, de diferentes maneras, y había llegado el momento de tomar la decisión, tan necesaria pero tan cortante. Parece apropiado que cuando el Dr. Marko llamó a Kvyat para comunicarle la decisión, el piloto ruso estaba viendo *Juego de Tronos*.

Verstappen se había mostrado bastante convencido de que se sentaría en el asiento de Kvyat más pronto que tarde, incluso antes de la temporada 2016. «Por supuesto que sólo hay un asiento disponible ahí arriba [en la categoría superior], pero estoy muy confiado, conozco mi contrato y todo parece muy positivo», dijo en una entrevista de pretemporada con el periodista Chris Medland.

Como a menudo sucede en la carrera de Max, algunos confundieron su inquebrantable confianza con arrogancia, especialmente los que estaban fuera de la F1. Es fácil olvidar que el propio trabajo requiere esa confianza y esa autoconfianza. Los coches de F1 no funcionan cuando se conducen a medias o a baja velocidad, como aprendió Max cuando abolló su Toro Rosso en el centro de Rotterdam. La forma más segura de conducirlos es a toda velocidad y con pleno compromiso, acciones que requieren una confianza en las propias manos superior a la de la vida civil. El entrenador de Max, Jake Aliker, que dejó de trabajar con él después de cinco años en 2020, enseña a sus alumnos a reconocer el momento en el que el instinto básico te pide reducir la velocidad, y utilizarlo como una señal para seguir avanzando un poco más. Esto se aplica tanto al entrenamiento físico como a la conducción. Los mejores pilotos conducen al límite, con choques, y todas las consecuencias potenciales, a sólo una fracción de segundo de vacilación. Lo que Verstappen comparte con todos los grandes es esa confianza en sí mismo.

Tampoco se puede acusar a Red Bull de no haberse dado cuenta de lo que tenía. Algunos caracterizaron el ascenso anticipado —Verstappen tenía casi garantizado el paso a Red Bull Racing a finales de 2016 de todos modos— como un intento de mantener al holandés como parte de la franquicia, ya que dos equipos que lo habían cortejado durante toda su carrera buscaban atraerlo con la promesa de un coche más rápido que Red Bull, que terminó cuarto en 2015 y que seguía siendo superado por Ferrari.

La preocupación de Red Bull por los tiburones que circulaban no era infundada. Ferrari sabía que Kimi Raikkonen no estaría para siempre y Jos estaba interesado en lo que podían ofrecer, mientras que McLaren también intentaba planificar la vida después de Jenson Button. Red Bull tampoco podía predecir que Nico Rosberg se retiraría repentinamente después de ganar el título mundial de 2016, pero cuando parecía que su sustituto Valtteri Bottas podría no estar a la altura, Mercedes mantuvo conversaciones con Max y Jos Verstappen para incorporarlo. Niki Lauda, el hombre que había atraído a Hamilton de McLaren a Mercedes, esperaba que la promesa de un coche ganador del título con una unidad de potencia totalmente dominante pudiera poner a prueba la determinación de Verstappen, pero en su lugar firmó un nuevo contrato extremadamente lucrativo hasta el final de 2020.

Sin embargo, en 2016 todavía tenía que demostrar a todo el mundo que se merecía el ascenso. Al fin y al cabo, ahora pilotaba para un equipo con potencial de líder a pesar de no haber liderado nunca una carrera ni haber acabado en el podio.

«Cualquiera de nuestros jóvenes pilotos debe ser capaz de ganar un Gran Premio, ese es nuestro objetivo», dijo Marko para explicar su decisión. «Si vemos que no hay posibilidad de lograrlo, entonces reaccionamos».

Fue un recordatorio para Max, así como una simple verdad, de que si vives por la espada puedes morir por la espada con la misma facilidad. ¿Cómo afrontaría la presión?, le preguntó un periodista. «¿Qué presión?», respondió con una sonrisa. Lo mínimo que tendría que hacer Max sería igualar o superar a Daniel Ricciardo. Eso confirmaría en gran medida la validez del movimiento. No pudo haberse atrevido a soñar con lo que realmente ocurrió, aunque conociendo a Max, probablemente lo hizo.

El momento del anuncio de su traslado al equipo principal tenía una ventaja. Su primera carrera sería en Barcelona, la pista en la que ya había acumulado cientos de kilómetros en las pruebas. No había ninguna pista que conociera mejor en un coche de F1, lo que significaba que podría concentrarse en tratar de asegurarse de que sabía lo que hace cada botón del volante y entender todos los procedimientos del equipo. También tendría que aprenderse sus líneas para lo que siempre era probable que fuera una incómoda rueda de prensa de la FIA. El holandés estaba sentado en la primera fila de los seis pilotos, al lado de Kvyat, mientras se le preguntaba por los porqués de su descenso. El interrogatorio tampoco se anduvo con chiquitas. Daniil, ¿crees que Max se merece tu antiguo asiento?, y Max, ¿crees que Daniil se merecía perder su asiento?

«Creo que eso no depende de mí», dijo Max, con deferencia y sensatez, poniéndose del lado de sus jefes. No le debía nada a Daniil y, desde luego, no iba a arriesgarse a la ira del Dr. Marko en su primera carrera con el equipo principal.

Públicamente, Max se quitó la presión de encima insistiendo en que la clasificación se limitaba a tratar de tener mejores sensaciones con el coche y a seguir produciendo una mejor vuelta. Sin duda lo consiguió y terminó a cuatro décimas de segundo de su compañero de equipo Ricciardo, lo que le valió para conseguir su mejor posición en la parrilla. Kvyat sólo fue decimotercero. Todavía era pronto, pero Red Bull ya podía sentirse razonablemente reivindicada.

La ironía es que lo que siguió, la primera victoria de Max en un Gran Premio, no fue en absoluto su mejor pilotaje, y quizás ni siquiera fue el mejor pilotaje de su primavera. De hecho, el Gran Premio de España en 2016 fue tan memorable por cómo empezó como por cómo terminó. La carrera por el título se estaba convirtiendo de nuevo en una carrera de dos caballos entre Hamilton y Rosberg, amigos de la infancia y ahora compañeros de equipo. El alemán había ganado las cuatro carreras iniciales y Hamilton ya había tenido problemas de motor en dos ocasiones. Estaba a 43 puntos y tenía menos motores disponibles para el resto de la temporada. Era, en sus palabras, «una batalla cuesta arriba» para él. Estaba animado por haber superado a Rosberg en la *pole position*, pero esa alegría se disipó rápidamente al ser adelantado por el exterior de la primera curva. Subiendo la colina hacia la curva tres, Rosberg se dio cuenta de que estaba en el modo de motor equivocado y era más lento que Hamilton. Cruzó la pista para defender su posición, obligando al piloto británico a irse a la hierba. Perdió el control de su coche y chocó con su compañero de equipo, poniendo fin a la carrera para ambos. El jefe del equipo, Toto Wolff, se puso furioso y el incidente se hizo eco de la amarga batalla que ambos mantuvieron durante toda la temporada. Por detrás, sin embargo, la carrera siguió su curso y, de repente, Verstappen, que había aguantado a un Vettel que arrancaba rápido, estaba en segunda posición. Con Ricciardo a la cabeza, entró en boxes primero y Red Bull le dio la estrategia de tres paradas mientras que Max, que ya había demostrado su capacidad para cuidar los neumáticos, estaba en la de dos paradas. Los estrategas de RedBull habían hinchado las mejillas al elegir poner a Max en un plan de dos paradas. Estaba justo en el límite de lo posible, pero también sabían que probablemente era la única forma de vencer a los Ferrari. Funcionó a la perfección y Max, tras superar brevemente un momento de distracción a diez vueltas del final, cuando se dio cuenta de que la victoria estaba a su alcance, condujo al límite, aguantando la presión prolongada de Raikkonen sin forzar demasiado sus neumáticos, y ganó la carrera por menos de un segundo. Al final, sus neumáticos desgastados parecían andar sobre hielo, y el trabajo para mantenerse en pista fue el de un hombre mucho más viejo y experimentado. Kvyat, por su parte, fue superado ampliamente por su compañero de equipo Sainz y consiguió un único punto.

«No puedo creerlo», dijo Max por la radio del equipo.

«Max Verstappen, eres un ganador de carreras. Fantástico. ¡Qué debut! Gran, gran trabajo», dijo su jefe Christian Horner.

Había creado historia. Se había convertido en el primer holandés en liderar un Gran Premio de Fórmula 1, y luego en el primero en ganar uno, así como en el piloto más joven en terminar en el podio o en conseguir la victoria. Con dieciocho años y 227 días, había pulverizado el anterior récord de Sebastian Vettel en casi tres años. Era un hito importante. Marko siempre había creído que no quería un piloto en su equipo principal que no pudiera ganar un Gran Premio, y Max había demostrado que podía hacerlo.

Después, Max fue lo suficientemente humilde como para reconocer que tuvieron la suerte de que los dos Mercedes se eliminaran mutuamente y que su estrategia había sido mejor que la de su compañero de equipo y primer líder, Ricciardo. Y aunque su humildad era impresionante, también era genuina. Sabía lo suficiente sobre este deporte como para saber que no tenía el coche más rápido de la parrilla, o quizás ni siquiera de su propio equipo. Sin embargo, cualquiera que quiera cuestionar su lugar en el deporte tendría su trofeo de ganador de Barcelona enrostrado en su cara. Había demostrado algo importante al paddock, al deporte y al mundo. Ahora era un ganador de carreras.

En el *pit lane*, la voz de Jos se había quedado ronca de tanto gritar y celebrar.

«Sabía, cuando era más joven, que estaba trabajando para llegar a la Fórmula 1, pero que gane una carrera en su segundo año es algo increíble», dijo, secándose las lágrimas. Max era ahora oficialmente más exitoso que él, y no lo querría de otra manera. Siempre había dicho que no echa de menos las carreras porque ver a Max le proporcionaba toda la adrenalina y la emoción de la conducción, y quizás incluso más. Ahora también le daba satisfacción.

Jos había planeado volar de vuelta a Bélgica el domingo por la noche después de la carrera, pero Red Bull es famoso por su hospitalidad y no había manera de que Jos se perdiera la fiesta. «Esto es muy especial. Quiero estar con Max», dijo. Tampoco había prisa fuera del circuito, con un test de dos días programado para el martes y el miércoles, así como una sesión de fotos con los patrocinadores el lunes. Si Max, de dieciocho años, tenía resaca, tendría que superarla.

En Holanda, más de un millón de personas habían sintonizado la carrera, más del cinco por ciento de la población. El lunes por la noche, apareció en una tertulia holandesa a través de un enlace de vídeo, mientras su abuelo Frans y uno de sus mejores amigos, Jorrit Pex, ahora campeón del mundo de karting, estaban sentados en el estudio, con sus propias resacas. Max nunca olvidó sus raíces y era un visitante habitual de la pista de karting de Genk o de la fábrica de Pex.

Sin embargo, a pesar de su popularidad en Holanda, Max no era universalmente popular en el paddock, una consecuencia de ser un talentoso perturbador en un deporte en el que la modernidad del marketing se evitaba a menudo en la era de Ecclestone. Cuando estaba en Toro Rosso, sus atrevidos y agresivos adelantamientos a otros miembros del pelotón habían sido grandes momentos para que los aspirantes al título disfrutaran después de la carrera. Ahora que estaba luchando con ellos por los puntos y los podios, era mucho menos entretenido.

Kimi Raikkonen se había pasado las últimas vueltas del Gran Premio de España mirando la caja de cambios de Verstappen y frustrándose ante su incapacidad para adelantar al holandés. Hay una habilidad para hacer que el coche de uno sea lo más ancho posible y, como la mayoría de las cosas, Max la había captado bastante rápido y la ejecutaba sin concesiones. A medida que el nivel de rendimiento de Red Bull y Ferrari convergía, Raikkonen pasaba más tiempo luchando con Verstappen, un piloto que tenía sólo tres años cuando él había debutado en la F1. En Hungría, Max había salido por detrás de Raikkonen tras la primera tanda de paradas en boxes y no pudo encontrar la forma de superarlo, pero en las últimas etapas los papeles se invirtieron. Raikkonen trató de adelantar con neumáticos más frescos en la curva dos, pero se quejó furiosamente por radio después de que Verstappen cruzara la carretera para bloquearle. Un par de semanas después, en Spa, volvieron a chocar al final de la recta de Kemmel.

«Su único interés es sacarme del circuito por completo», dijo Raikkonen a sus ingenieros y al director de carrera.

Cuando Verstappen volvió a defenderse agresivamente unas vueltas más tarde, Raikkonen lo tachó de «jodidamente ridículo». Una vez más, la FIA no estuvo de acuerdo con él y Raikkonen fue típicamente contundente después, pero inusualmente hablador.

«Habrá un gran accidente si esto no se detiene. No debería hacer cosas estúpidas».

El compañero de equipo de Raikkonen, Vettel, que se enfrentaría a Verstappen más adelante en la temporada, adoptó un enfoque más diplomático.

«Intentaré hablar con Max, no ahora porque creo que no tuvo un buen día, yo no tuve un buen día, Kimi no tuvo un buen día. Pero no soy partidario de penalizar a la gente; no es la forma de educar. Tenemos que hablar entre nosotros, y tenemos que tener respeto», dijo Vettel.

«Creo que ha habido un par de maniobras en las que el resto del pelotón no está contento con su comportamiento. Como he dicho, la mejor manera es educar y la mejor manera de hacerlo es simplemente hablar en lugar de crear un escándalo en los medios de comunicación y tratar de hablar a través de otros canales. Somos hombres y lo mejor es estar frente a frente y hablar entre nosotros».

«Me llevo bien con él, me gusta, es agresivo y creo que eso es un punto fuerte para él, pero ciertos movimientos, sobre todo en las frenadas a las que me enfrenté cuando corría con él, no creo que sean correctos».

Era una señal de que Verstappen había sacado de quicio a muchos, tanto por su meteórico éxito como por su agresivo estilo de conducción, pero cuando se tiene tanto control del coche como él, ¿por qué no ser más agresivo? Los comisarios suelen estar de acuerdo en que nunca está fuera de control.

Max se niega a ceder fuera de la pista como no lo hizo en ella. «Tendría que haber recibido una penalización si la maniobra no era correcta, así que creo que hoy también todo ha sido justo», dice con un atisbo de sonrisa, aunque sólo un atisbo: terminó undécimo tras sufrir daños en el suelo al principio y no tenía mucho por lo que sonreír. En septiembre, poco después del Gran Premio de Bélgica, el director de carrera Charlie Whiting le dio a Verstappen «una leve advertencia» acerca de lo negativo que es «tener mala fama» en las carreras. Un mes después, y no por primera vez, la FIA cambió el reglamento para hacer frente a Verstappen y desautorizó moverse en la zona de frenado, la táctica que muchos creían que se había convertido en su marca. Tuvo poco efecto. Max no se amedrentaría y luchaba con Vettel y Raikkonen por el cuarto puesto del campeonato. Vettel gritó improperios por radio cuando Verstappen no cedió un puesto que había ganado ilegalmente al cortar una curva en México. Después de cruzar la línea de meta, le hizo un gesto al holandés. Max salió a la palestra después.

«Está gritando por la radio como un niño, y luego hace esto después de la línea de llegada, es aún más infantil», dijo Verstappen, antes de respaldar a su compañero de equipo después de que Vettel casi chocara con Ricciardo. «Es ridículo lo que hizo. Nunca he hecho algo así, ni de cerca».

En retrospectiva, Verstappen todavía dice que tenía razón, pero admite que quizás se dejó llevar por la impetuosidad de la juventud en el corralito mediático posterior. Hablaba el Jos que hay en él.

Sin embargo, aparte de los abundantes artículos aparecidos, las semanas y el mes posteriores a su victoria en España fueron relativamente estériles. Su carrera «de casa» en Mónaco, pasando por el apartamento en el que había vivido los últimos seis meses, fue una gran decepción, ya que se estrelló en la clasificación y luego en la carrera y se fue sin puntos, lo mismo que en su verdadera carrera de casa en Bélgica. Hubo varios podios —segundo en Austria y Gran Bretaña, y tercero en Alemania—, pero al final de la etapa europea de la temporada, con catorce de las 21 carreras completadas, estaba firmemente sexto en el Campeonato Mundial de Pilotos, aunque los dos pilotos de Ferrari estaban a poca distancia.

Podría haber sido fácil desanimarse, ya que el mundo parecía estar esperando su fracaso, pero Christian Horner fue un defensor constante y público.

«Sucede siempre con los pilotos de talento excepcional. Siempre se les critica cuando se están abriendo camino, como Sebastian Vettel, Lewis Hamilton, Fernando Alonso y Ayrton Senna», dijo Horner después de la advertencia de Whiting, y no hay preocupaciones dentro del equipo sobre la conducción de Verstappen. En muchos sentidos, encaja con la marca y están contentos de dejar que el joven piloto aprenda y cometa algún que otro error. Ya ha superado sus expectativas.

Siguió puntuando en la temporada con buenos resultados y también con momentos destacados. En Malasia, se enfrentó a su compañero de equipo Ricciardo en una batalla por la victoria de la carrera, primero pidiéndole al equipo que le dejara pasar bajo órdenes de equipo y luego intentando adelantarle en una batalla justa. El australiano lo mantuvo a raya y lideró un doblete de Red Bull después de que el motor de Hamilton estallara, pero Horner bromeó después con su par de pilotos agotados, contándoles que los habían hecho sudar de los nervios en el muro de boxes, cuando los dos pilotos iban rueda con rueda.

«Sí, ha estado bien», dijo Max, sonriendo a su compañero de equipo, que le devolvió la sonrisa. En un negocio orientado a los resultados, nada había salido mal y por eso podían sonreír, pero sería una conversación que retomarían en circunstancias menos felices más adelante.

Sin embargo, se fue con algo de fuerza en 2016, un año que podría considerarse como un regalo, ya que lo empezó con un equipo diferente. El Gran Premio de Brasil ha ofrecido a menudo carreras brillantes con la posibilidad de que llueva, y las condiciones cambiantes de la edición de 2016 hicieron que fuera un clásico si se podía hacer frente a ellas. No hace falta decir que Max lo disfrutó.

Un momento en particular destacó. A mitad de la carrera y con los neumáticos de lluvia, Verstappen salió de la última curva y trató de dar potencia, pero se le hundió un neumático en el bordillo por el interior. El coche entró casi instantáneamente en barrena y la parte trasera trató de adelantar a la delantera. De cara al muro, Verstappen comenzó a desplazarse lateralmente. Inicialmente, había intentado contravolantear, pero en una fracción de segundo se dio cuenta de que sería inútil. En lugar de ello, dirigió las ruedas en punto muerto y bloqueó los frenos para que el coche se enderezara y se mantuviera alejado del muro, como así fue.

«Bien aguantado, Max, bien aguantado», llegó el mensaje a su oído. «Sí, los latidos del corazón subieron un poco», respondió con notable calma.

Sin embargo, había más trabajo por hacer. Una decisión errónea de cambiar a neumáticos intermedios demasiado pronto les costó diez puestos, y a falta de dieciséis vueltas para el final estaba en la decimoquinta posición. Ya había realizado el adelantamiento del día a Rosberg por el exterior en la fase más húmeda de la carrera, pero aún quedaba mucho por hacer. No tardó en abrirse paso hasta la punta de la carrera. Su ingeniero Gianpiero Lambiase le había guiado a través del pelotón, haciéndole ver con calma a quién se acercaba en las condiciones de baja visibilidad y empapamiento. Cuando llegaron a Sebastian Vettel, hubo un cambio en el tono de voz.

«Bien. Entonces. Ahora. Sebastián adelante…»

Tardó dos vueltas en atraparlo, pero cuando lo hizo, se escoró hacia el exterior y frenó después por el interior de la última curva. Vettel intentó volver por el exterior y Verstappen le cerró la puerta. Se sintió como una declaración de intenciones tanto como un adelantamiento por el quinto lugar.

«¡Adelante!», se escuchó en la radio desde el muro de boxes. «Vamos, vamos. Consigamos la P3».

Max no necesitó una segunda invitación. En la penúltima vuelta de la carrera, atrapó a Sergio Pérez en un Force India con motor Mercedes y lo adelantó en la misma curva en la que había pasado a Vettel.

Al finalizar la carrera, acusó con picardía a Lambiase de emocionarse demasiado.

«Bueno, me has excitado un poco», replicó. Red Bull pensó brevemente que podría amenazar a los dos pilotos de Mercedes. No pudo, pero un puesto en el podio le pareció una victoria.

«Lo había visto antes, en un kart. Pero hacerlo en un coche de F1, en circunstancias muy difíciles… Me preguntaba por qué otros pilotos no probaban otras líneas. Pero es un regalo saber dónde ir, buscar el agarre, tener el *feeling*», dijo Jos.

«Cuando estábamos en el karting, si empezaba a llover, todos los demás se retiraban, pero yo ponía los neumáticos de lluvia. Salíamos a la pista y él aprendía mucho».

Los clips de las payasadas de Max bajo la lluvia fueron vistos millones de veces en todo el mundo. El público estaba más interesado en sus adelantamientos que en las acciones del ganador Lewis Hamilton. Los observadores más entusiastas de todos eran Liberty Media, que acababa de comprar la F1 por 3.300 millones de libras. Con la disminución del número de espectadores, se les encargaría la tarea de hacer que la gente volviera a la F1. Teniendo que elegir entre un Mercedes dominante y el emocionante Verstappen, sabían cuál era el camino a seguir. Los pilotos podían quejarse de él todo lo que quisieran: Max Verstappen era el futuro.

12

EN BUSCA DE LA HISTORIA Y MÁS ALLÁ

Cuando Sebastian Vettel dejó Red Bull a finales de 2014, Red Bull se quedó con una alineación de cuatro pilotos entre los dos equipos, de los cuales Daniel Ricciardo, con 25 años, era el más veterano. Era exactamente lo que quería el gran ojeador de pilotos Dr. Helmut Marko y, desde una perspectiva de marketing, lo que necesitaba la bebida energética que respaldaba al equipo. Eran jóvenes, de alto octanaje y aventureros, y no les importaba lo que los poderes establecidos pensaran de ellos. Ir a la autocaravana en Mónaco y su piscina en la azotea era el motivo por el que todo el mundo quería conseguir una pulsera de acceso.

Max y Daniel estaban bien emparejados en términos de estilo de conducción. Ricciardo era conocido como uno de los mejores —si no el mejor— adelantadores de la parrilla, con un carácter intrépido y la capacidad de ser intrépido desde cualquier lugar. También Max, aunque los ingenieros habían quedado impresionados por su gestión de los neumáticos, destacaba sobre todo por sus adelantamientos en pista y su carácter audaz y duro. El propio Ricciardo había sido incluso víctima de algunos de ellos. Fuera de la pista, ambos tenían un descarado sentido del humor y la capacidad de reír o hacer una broma en las situaciones de mayor presión. Ricciardo estaba un poco más cómodo en su propia piel, pero tenía ocho años más que Max, así como más de cien Grandes Premios.

Así que cuando los dos se convirtieron en compañeros de equipo en Red Bull, se sintió como una pareja hecha en el cielo, y que Verstappen podría aprender mucho del australiano, dadas sus similitudes. De hecho, durante los primeros seis meses de su estancia en el equipo, Max utilizó en gran medida la misma configuración que Ricciardo para darle una ventaja en un coche nuevo. Sólo cuando se dirigieron a Malasia, Max y sus ingenieros sintieron que podían empezar a desviarse significativamente de ese plan. Sin embargo, internamente, Ricciardo albergó algunas preocupaciones cuando Verstappen fue promovido. La reputación del holandés como un temible adelantador iba acompañada de una percepción de autoestima que rozaba la arrogancia, y la presencia de Jos también era preocupante. La fuerte creencia de Ricciardo de que era el mejor del mundo parecía destinada a chocar con la rigidez y la falta de voluntad de Verstappen. Ricciardo también se consideraba a sí mismo como el hombre más veterano del equipo, lo cual es comprensible dada su mayor experiencia, pero Max había sido el mandamás en Toro Rosso, en Van Amersfoort, realmente toda su vida. No se tomaría a bien ninguna sugerencia de que fuera el piloto número dos.

Sin embargo, los jefes de Red Bull, Christian Horner y Helmut Marko, habían visto florecer a Ricciardo y Vettel juntos, a pesar de que este último era claramente el piloto número uno, y parecían despreocupados por los potenciales fuegos de artificio internos de dos jóvenes pilotos inquietos. Se demostró que tenían razón en el primer año en el que ambos corrieron juntos, ya que rápidamente se convirtieron en uña y carne, prosperando en la pista y disfrutando de las extravagantes ideas de Red Bull en las redes sociales fuera de ella. Ya sea probando la fruta durian en Malasia (incluso Max, cuya comida favorita es la carne cruda —carpaccio— no pudo soportarlo) o bailando al ritmo de EDM en Eau Rouge, parecían abrazar la oportunidad de pasar tiempo juntos.

«Si estamos luchando por un campeonato del mundo, y vamos a tope, entonces seguro que en algún momento nos cruzaremos», dijo Ricciardo después de unos meses de trabajo con Max.

«Sin embargo, es la forma en que lo afrontas. Si puedes afrontar la derrota con madurez, entonces no creo que haya ningún tipo de conflicto».

La realidad en Red Bull era que 2016 fue otra procesión de Mercedes y en Hamilton y Rosberg tenían un gran ejemplo de cómo las luchas por el título mundial pueden separar incluso las mejores amistades. El dinero también puede empezar a interponerse entre los amigos, y aunque la relación de Verstappen con Ricciardo nunca se agrió demasiado, fue el dinero y el estatus lo que finalmente les hizo tomar direcciones diferentes.

Max siempre se había llevado relativamente bien con sus compañeros de equipo. En el karting, era difícil tener enemigos porque las personas con las que competías eran también, por lo general, tus mejores amigos, tan intensa y exigente era la afición a las carreras. Max pasó meses viajando por el mundo con la familia Pex y Stan y Jorrit se convirtieron en sus hermanos. Cuando pasó a la Fórmula 3, lo veían y animaban desde cualquier lugar en el que estuvieran corriendo ese fin de semana, al igual que cuando volvió a subir de categoría. Durante el año que pasó en Van Amersfoort, apenas tuvo tiempo de conocer a Gustavo Menezes o a Jules Szymkowiak. Sainz y él corrieron duro en la pista, pero ambos siempre insistieron en que se llevaban razonablemente bien y se opusieron a la imagen que los medios de comunicación daban de ellos como enemigos. Incluso sus mejores amigos acabaron preguntándole si se peleaban dentro del equipo.

«Todo el mundo piensa que Max y yo nos odiamos, y no es en absoluto el caso», dijo Sainz, dieciocho meses después de que Verstappen ascendiera.

«Nos divertíamos ese año, lo prometo. Nos divertíamos mucho fuera de la pista. En la pista, éramos extremadamente competitivos. Sabíamos que estábamos luchando por nuestras carreras, por nuestro pedigrí en la Fórmula 1 en nuestro primer año, la temporada de novato, y me llevé con él mucho mejor de lo que la gente piensa».

Más recientemente, Sainz está claramente harto de la cuestión. Se lleva bien con todos sus compañeros de equipo, dice, y lo de Max es pura palabrería. Sin embargo, en privado se queja del hecho de que Verstappen fuera promovido primero a Toro Rosso por delante de él (aunque la salida de Vettel hizo que acabara consiguiendo un asiento también) y luego a Red Bull por delante de él. Siempre sintió que el fenómeno Max Verstappen estaba destinado a la cima y recibió el tratamiento de vía rápida por parte del equipo. No podía odiar a Max por eso, pero era un sentimiento que no sería el primero en experimentar.

La primera vez que el «romance» de Ricciardo y Verstappen tuvo problemas fue en el calor abrasador de Budapest en 2017. Max había soportado un frustrante comienzo de año con cinco abandonos en diez carreras y una serie de problemas mecánicos en el coche, que era claramente el tercero más rápido por detrás de Mercedes y Ferrari. A la frustración de Max se sumó, a pesar de su amistad con Ricciardo, que a Daniel le había ido mucho mejor con cinco podios consecutivos, incluyendo una victoria en Azerbaiyán, una sorpresa teniendo en cuenta que la unidad de potencia de Renault era mucho más débil que la de sus competidores.

Red Bull tenía muchas ganas de que las cosas fueran bien en la última carrera antes del parón veraniego, entre otras cosas porque Dietrich Mateschitz estaba presente, así que difícilmente podría haber estado más frustrado cuando Ricciardo ni siquiera llegó a la cuarta curva de la carrera. Verstappen había bloqueado una rueda delantera en la curva dos y se estrelló contra el lateral de su compañero de equipo, rompiendo el radiador y obligando al australiano a retirarse. Estaba furioso.

«¿Fue quien creo que era?», preguntó por la radio.

Tras confirmar que era Max, escupió: «Maldito perdedor amargado».

Tampoco se había calmado mucho cuando se puso delante de una cámara de televisión: «Eso fue de aficionado, por decirlo de alguna manera. No creo que le guste que un compañero de equipo se ponga delante de él. Tiene toda la carrera para intentar reparar un error, pero el adelantamiento nunca se produjo. Ni siquiera fue un intento de adelantamiento, fue un error muy lamentable».

Para ser justos, Max reconoció su error. El jefe del equipo, Horner, insistió en que el joven de diecinueve años sería «lo suficientemente hombre» como para asumir su culpa y, en cuanto terminó la carrera, fue a pedir disculpas a su compañero y a todo el equipo.

«Intenté evitar a Daniel, por supuesto, pero desgraciadamente no fue posible», dijo a los medios de comunicación después. «Por supuesto, nunca es mi intención golpear a nadie, pero especialmente menos a tu compañero de equipo y sobre todo con la relación que tengo con Daniel;

siempre es muy buena. Siempre podemos reírnos, así que esto no es agradable».

También le valió una penalización que probablemente le costó la oportunidad de una segunda victoria en la carrera, añadiendo un insulto a la herida en un día difícil bajo el caluroso sol húngaro, una pista rara en la que Red Bull parecía tener el coche más rápido de la parrilla. Sin embargo, todo parecía haberse resuelto cuando llegó Japón en octubre. La pareja interrumpió la rueda de prensa posterior a la carrera, después de terminar en segundo y tercer lugar, lanzándose toallas y agua el uno al otro y sobre el ganador de la carrera, Lewis Hamilton, con sonrisas por doquier.

Sin embargo, los incidentes de 2017 iban aumentando y, a pesar de que la relación de Verstappen y Ricciardo estaba intacta, Max no lo tenía fácil. En abril, Jos se vio envuelto en una pelea en un bar junto al lago en Roermond, del que salió con cortes en la cara y un ojo morado. Unos meses después se divorció de su segunda esposa, Kelly van der Waal.

La familia Verstappen estaba preocupada de que el difícil año de Jos empezara a afectar a la carrera de Max, y su abuelo Frans llamó al Dr. Marko para intentar suavizar las cosas. El austriaco no parecía muy preocupado.

«Dejé claro que Red Bull tiene un contrato sólo con Max, y todo lo demás que sucede en la familia no es nuestro negocio», dijo, aparentemente lavándose las manos del incidente.

Sin embargo, la llamada pareció tener algún tipo de impacto. Apenas un mes después de la pelea, Jos fue contratado como ojeador para el programa de la academia de pilotos de Red Bull.

«Se trata de una buena cooperación y expansión del equipo júnior de Red Bull», dijo el Dr. Marko.

«Es una cuestión de tiempo, ya que hay coincidencias con las carreras júnior, por lo que no puedo verlas. Así que le preguntamos si tenía tiempo y ganas de visitar ciertas carreras para nosotros».

Presumiblemente, esas coincidencias serían con los Grandes Premios que el Dr. Marko y otros miembros del equipo no pueden perderse, pero que Jos sí. Parece que Red Bull está acercando a Jos con una mano y alejándolo de su hijo con la otra.

«Jos siempre ha estado muy involucrado en el karting», añadió el Dr. Marko. «No sólo puede entrenar a los pilotos con su experiencia, sino también mirar a los equipos. El éxito en la fase de desarrollo que gestionó con Max también es evidente».

El Dr. Marko también estaba cada vez más preocupado por el futuro a largo plazo de Max en el equipo. Los rumores de que Lewis Hamilton se iba a ir a Ferrari estaban cobrando fuerza y los ejecutivos de Red Bull, a pesar de los desmentidos de última hora, seguían sin saber cómo interpretar la situación. Por ello, se lanzaron a hacer un trato. El Dr. Marko dijo que no estaba interesado en jugar al póquer, y en su lugar ofreció a Max una prórroga de un año hasta el final de 2020 (cuando se esperaba un cambio reglamentario radical), y le dio un enorme aumento de sueldo para mantenerlo en su puesto. El acuerdo tenía un valor estimado de 30 millones de dólares más bonos durante las tres temporadas. Fue una muestra de fe por ambas partes; Verstappen tenía pocas razones para sospechar que Red Bull tendría un coche ganador del título a corto plazo, dadas las dificultades del motor Renault, mientras que él era técnicamente superado por su compañero de equipo. Sin embargo, Red Bull nunca dejó de creer en Verstappen y viceversa. A ello contribuyó el hecho de que Max lograra dos victorias puntuales en el tramo final de la temporada. Un día después de su 20° cumpleaños, superó a Lewis Hamilton en Malasia de forma magistral y controló la carrera desde la parte delantera para conseguir su segunda victoria en la F1. En el garaje de Red Bull, su hermana Victoria, que iba a cumplir 18 años un mes después, rompió a llorar cuando cruzó la meta. Los hermanos habían permanecido muy unidos durante la maníaca carrera de Max y en septiembre él había empezado a llevar un león diseñado por ella —que había estado trabajando con Red Bull en los Países Bajos y estaba lanzando una marca de moda— en la parte superior de su casco. El estrés de su año, la agitación familiar y el hecho de no tener el escapismo de las carreras y los viajes que tenía Max era, comprensiblemente, demasiado. Detrás de ella, Jos abrazaba a su nueva novia Amanda Sodre. En aquel momento dijo que estaba «de nuevo en el camino de la felicidad», aunque la pareja se separó pocos meses después. Max también estaba más asentado y había empezado a salir con Dilara

Sanlik, a la que, según las páginas de cotilleos alemanas, presentó el Dr. Marko, amigo de la familia de ella desde hacía mucho tiempo, aunque el austriaco negó haberse involucrado en el tema.

Max sumó su segunda victoria de la temporada antes de que acabara el año, superó a Vettel de forma contundente para ganar el Gran Premio de México desde la segunda posición de la parrilla, mostrando lo mejor de sus habilidades mientras Hamilton sellaba el título mundial llegando más atrás en el pelotón. La suerte en Red Bull pareció cambiar, ya que Ricciardo registró tres abandonos en las últimas cuatro carreras, pero no fue suficiente para que Verstappen lo superara en la clasificación de pilotos. De todos los pilotos que han completado una temporada completa, nadie había dado menos vueltas que Verstappen, y no parecía que fuera culpa suya: de sus siete abandonos, cuatro fueron mecánicos y tres fueron choques en la primera vuelta, ninguno de los cuales le valió una penalización o una reprimenda. En las carreras en las que ambos pilotos habían terminado, había sido el mejor Red Bull en cinco de las siete ocasiones y, de media, fue tres décimas más rápido que Ricciardo en la clasificación. Aunque sólo terminó sexto en la carrera por el título —último lugar efectivo en una parrilla en la que tres equipos eran, de lejos, mejores que el resto—, 2017 se sintió como una victoria, todo sea dicho. En la ceremonia de entrega de premios de la FIA, que es el evento más ruidoso del calendario de la F1, Verstappen ganó el premio a la Personalidad del Año por tercera vez consecutiva, pero no pudo conseguir su cuarto premio consecutivo a la Acción del Año. Al aceptar el premio, dijo que había sido un «año educativo sobre cómo ser positivo en los momentos difíciles». Fue otra indirecta apenas velada a Renault, pero también un reconocimiento de su resistencia frente a su propia falibilidad, una cualidad que se pondría a prueba en los próximos doce meses.

La relación entre Red Bull y Renault estaba cada vez más deteriorada. A finales de 2017, Toro Rosso puso fin a su acuerdo con el equipo francés para el suministro de motores y se pasó a Honda, mientras que la desastrosa relación de McLaren con el equipo japonés finalizó y tomaron los motores Renault en su lugar. El movimiento fue una pieza de postura política que potencialmente allanaría el camino para que Red

Bull siguiera su ejemplo, si Honda podía demostrar en Toro Rosso que estaba a la altura. La mejora, que partía de un punto extremadamente bajo, había sido positiva en McLaren y parecía estar en la buena dirección. El cambio de Red Bull a Honda empezaba a parecer inevitable, pero también había incertidumbre en el garaje de Max. A Ricciardo sólo le quedaba un año de contrato y empezaba a preocuparse por su papel en el equipo. El australiano quería ganar un título mundial y realmente creía que podía hacerlo («¿Por qué si no estaría haciendo esto?», dijo a un entrevistador), y con el creciente impulso y recursos hacia Max dentro del equipo, daba la sensación de que no se le daría necesariamente la oportunidad de hacerlo, incluso si Red Bull desarrollaba un coche capaz. La incertidumbre y la inconsistencia del motor Renault tampoco ayudaban, ni la inminente salida de su ingeniero de carrera Simon Rennie. Cada vez más, Ricciardo tenía la sensación de que Red Bull no era el lugar adecuado para estar, mientras que Max nunca se había sentido tan a gusto.

Igualmente, nunca había sido tan pesimista sobre sus posibilidades de ganar. Antes del Gran Premio de Australia 2018, una semana en la que tradicionalmente se acepta hablar bien del equipo y del coche, por muy alejadas que estén las afirmaciones de la realidad, Max criticó la potencia del motor Renault.

«Las rectas seguirán siendo un poco dolorosas para nosotros. Soy ciertamente positivo, pero también realista», dijo. «Rezo por una mayor fiabilidad, pero las mejoras de rendimiento son las que son». No se trataba del habitual esfuerzo por restar importancia a las cartas que tenía en su mano, ese engaño que algunos pilotos gustan de desplegar para confundir a sus rivales. En este caso era la verdad.

Sin embargo, 2018 resultaría ser un gran año para Max en términos de desarrollo personal. Cumpliría 21 años en septiembre, pero antes de eso su padre daría un paso atrás en su carrera, Ricciardo confirmaría su alejamiento para dejar a Max como piloto principal y Red Bull se uniría a Honda para avanzar en la parrilla.

Sin embargo, empezó con un conflicto, como todas las grandes historias. Ricciardo estaba desesperado por un comienzo rápido de la temporada para reforzar su posición de negociación con sus equipos preferidos,

Mercedes y Ferrari, así como para convencer a Red Bull de que podría valer la pena desembolsar el dinero de Max Verstappen para mantenerlo. Todavía había una posibilidad, y muchos del paddock todavía creían que Ricciardo terminara quedándose, pero en privado parecía preferir la idea de irse. Red Bull se empeñó en reforzar que la rivalidad que se había desarrollado entre Ricciardo y Verstappen, desde su perspectiva, no era un problema... hasta que lo fue. En Azerbaiyán, uno de los circuitos urbanos rápidos, bacheados y de baja adherencia que tanto le gustan a Max, este se defendía a ultranza de su compañero de equipo Ricciardo. Después de la recta más larga de la F1, chocaron, el australiano se estrelló contra la parte trasera de Verstappen, sacando a ambos coches de la carrera.

«Ahí se van 30 puntos que acabamos de tirar», dijo Horner a Marko en el garaje, con la cabeza entre las manos, incrédulo.

No era la primera vez que Horner veía a sus dos pilotos chocar entre sí. Mark Webber y Sebastian Vettel habían chocado cuando lideraban la carrera en Turquía en 2010, Red Bull había insistido en dejar que siguieran compitiendo entre ellos. Las carreras, después de todo, son el centro de la marca Red Bull, para la que está hecho el equipo; no querían convertirse en el tipo de equipo que fue Ferrari a principios de la década de 2000, obligando a Rubens Barrichello a detenerse y permitir que Michael Schumacher ganara carreras que no había dominado, pero igualmente, habían visto lo que Hamilton y Rosberg se hicieron el uno al otro en 2016. Sin embargo, cuando Verstappen golpeó a Ricciardo, Horner estuvo a punto de cambiar de opinión. Ambos pilotos sabían que lo habían hecho mal —la mayoría repartió la culpa al 50 % entre los dos— y, en la sala de reuniones posterior, el habitualmente calmado Horner les echó la bronca. Le miraron como si fueran niños traviesos reprendidos por un director de escuela. Después, ambos se fueron con la cabeza agachada y prometieron no volver a hacerlo.

Red Bull llegó a Mónaco un mes después y ambos pilotos tenían cosas que demostrar. Max nunca había terminado en el podio aquí y en sus dos primeras visitas ni siquiera había logrado terminar. La presión de los medios de comunicación iba en aumento y el nombre «Vercrashen» volvía a sonar. Sin embargo, en las calles de Montecarlo, el fuerte chasis de Red Bull y la escasa dependencia de la velocidad en línea recta significaban que esta sería una pista oportuna para que el equipo consiguiera una victoria en la carrera. Sin embargo, una vez más, Max volvió a caminar en lugar de conducir, enfadado y frustrado. Al menos esta vez, fue el sábado por la mañana, durante los entrenamientos, cuando chocó contra el muro. Sin embargo, su equipo se enfrentó entonces a un rápido trabajo de reparación antes de la clasificación en un Gran Premio en el que es más importante que nunca porque adelantar es todo un reto. Al final, ni siquiera completó una vuelta en la calificación, a pesar de un notable trabajo de reparación. Como para añadir sal a la herida, Daniel consiguió la pole.

Desde el punto de vista de Red Bull, resumió por qué estaban tan interesados en mantener al australiano. La consistencia de Ricciardo fue lo que le permitió batir a Max en 2017 y fue su consistencia la que le convirtió en una red de seguridad si Max sobrepasaba el límite, como un joven piloto está obligado a hacer ocasionalmente. Cuando convirtió la pole de Mónaco en victoria, no hizo más que reforzar su determinación. Los críticos de Max volvieron a salir en masa después de que sólo fuera capaz de terminar noveno el domingo tras el desastre del sábado.

Se sienta en la parte trasera del garaje, dolido, deseando poder atravesar como un fantasma las calles del principado, ahora abarrotadas, y desaparecer en su apartamento para comer un carpaccio y dormir un largo rato.

«Ya llegará», le aseguró Hornera Max, y él también lo creía. Después de haber invertido una suma enorme en el joven, se tenía que hacer, por el bien de todos. «Alégrate por tu compañero de equipo hoy, celébralo con él. Ya sabes cómo es este negocio, tiene altibajos».

Max dijo: «Debería haber ganado esa carrera».

Se levantó y cambió su incombustible traje de carreras por un polo con la marca del equipo antes de dirigirse a la fiesta más cool de la ciudad, la celebración de Daniel. Sonrió y charló con un eufórico Ricciardo. Por dentro, sólo quería ir a ayudar a recoger el garaje, sobre todo después de lo mucho que habían sudado sus mecánicos el sábado. Era la misma sensación que aquel día en Italia, cuando su padre le hizo limpiar el kart y cargarlo él mismo después de que un error le costara la victoria.

Esa rabia, vergüenza, frustración y bochorno se desbordaron dos semanas después en Canadá, cuando le hicieron una serie de preguntas sobre sus caídas y errores en la primera parte de la temporada. Los errores empezaban a acumularse en su contra: además de los incidentes de Mónaco y Bakú, había hecho un trompo en Australia, Bahréin y China, todos ellos mientras intentaba realizar ambiciosos adelantamientos, y en España había dañado su coche al intentar superar a un piloto rezagado. Max se cansó de las preguntas.

«Si me vuelven a preguntar esto, puede que le dé un cabezazo a alguien», dijo, devolviendo la mirada al periodista conflictivo. La oportunidad no se presentó, pero es evidente que la presión iba en aumento.

Con su hijo claramente en dificultades, el padre de Max dio un paso atrás de forma consciente. Había dicho a los periodistas reunidos en 2016, cuando su presencia constante e influyente había alimentado los rumores de una ruptura dentro de Toro Rosso, que tomaría un papel menos activo en la carrera de su hijo ahora que había dado un paso adelante en Red Bull Racing, pero no se le vio con menos frecuencia en el garaje el día de la carrera. Como tantas veces, lo que Jos dice y lo que Jos hace parece diferir en ese sentido, aunque la experimentada mano de Christian Horner en el timón y su cercanía con Max, que se formó rápidamente, pudo haber ayudado a apartarlo. Esta vez, sin embargo, fue el Dr. Marko quien, más adelante en la temporada, sugirió que Jos se había alejado de nuevo, lo que hace que suene bastante más cierto.

Lewis Hamilton había soportado una ruptura bastante más pública con su propio padre Anthony, aunque la pareja se ha reconciliado y tiene una relación más tradicional, menos centrada en los negocios, ahora que no es dirigido por su padre. En 2019, Jos insistió en que siguió siendo un confidente durante toda la carrera de su hijo.

«No creo que lleguemos al punto de que él piense así porque realmente le dejo hacer sus cosas, pero siempre tengo los oídos abiertos», dijo.

«No estoy ahí sólo para quejarme, sino también para decirle lo que es bueno y también tenemos a Raymond, así que también habla con él».

Vermeulen era una figura cada vez más crucial. Cualquiera que quisiera un trozo del tiempo o de la imagen de Max, y había muchos, tenía que pasar por Raymond, que se había convertido en parte del mobiliario de Verstappen, y era una importante capa de protección frente a los tiburones que circulaban dentro y fuera del paddock.

Mientras tanto, tras Mónaco y con el parón veraniego acercándose, empezaron a caer las fichas de los planes para 2019. Red Bull rescindió su acuerdo con Renault tras doce años de colaboración e, impresionados por el progreso en Toro Rosso, firmaron con Honda.

Para Renault, fue un golpe importante a su orgullo y a sus fuentes de ingresos, en un momento en que su participación en el deporte estaba siendo evaluada. El equipo francés devolvió el golpe. Con Red Bull suponiendo que Ricciardo, puesto que otros equipos de primera línea le habían cerrado las puertas, acabaría firmando un nuevo acuerdo, se les informó de que había aceptado unirse a Renault. Horner se quedó atónito y sorprendido. Dijo que habría entendido un cambio por Mercedes o a Ferrari, pero en Renault era, como mucho, un corredor del medio de la parrilla. Sin embargo, eran corredores respaldados por una de las mayores compañías automovilísticas del mundo y habían ofrecido a Ricciardo 40 millones de razones, y algunas grandes ambiciones, para firmar un contrato de dos años. Red Bull respondió promocionando a Pierre Gasly de Toro Rosso para ser el nuevo compañero de equipo de Max. Se escuchó a Horner decirle al padre de Ricciardo, Joe, que «aquí no hay pilotos número uno» cuando intentaba convencerle de que Daniel debía quedarse. Parece poco probable que haya podido decir lo mismo a la gente de Gasly con la cara seria.

La temporada terminó, desde el punto de vista de Verstappen, de la manera típica ambivalente. Había sido el año en el que había asestado algún que otro golpe al imperial Mercedes de Lewis Hamilton, pero en el que, en su mayor parte, había estado luchando por los puestos del podio con los Ferrari de Vettel y Raikkonen. A falta de tres carreras, seguía estando a 30 puntos de Raikkonen en la lucha por el tercer puesto del campeonato. Volviendo al Gran Premio de México que había ganado el año anterior, superó a Ricciardo en la salida de la primera curva y, a pesar de que su ingeniero le dijo a mitad de carrera que «esta carrera no iba a ser sencilla hasta el final», la hizo parecer fácil. Tenía a Vettel, que intentaba desesperadamente impedir que Hamilton ganara el título, y además sus neumáticos perdían goma rápidamente, el motor de su compañero de equipo había explotado, así que tuvieron que bajar el suyo, y aun así controló tranquilamente la carrera hasta el final y consiguió su quinta victoria. Dos semanas más tarde, en Brasil, podría haber sido la sexta, pero se bajó del coche al final con algo menos de calma.

Verstappen, que lideraba el Gran Premio de Brasil gracias a sus brillantes adelantamientos a Vettel y Bottas, parecía seguro que se alejaría de Hamilton y ganaría. Esteban Ocon, antiguo rival de Max en la F3 y ahora piloto de Racing Point, se había quedado atrás, salió de los boxes detrás de él, pero con neumáticos mucho más frescos, y buscó desmarcarse adelantando al líder, que resultó ser más lento. Los dos chocaron y Verstappen, después de expresar claramente con gestos lo que pensaba de él, terminó segundo, mientras que Ocon recibió una penalización de diez segundos por parte de los comisarios.

«Espero no encontrarlo en el paddock», dijo Max por radio. Por desgracia para Ocon, lo hizo. Mientras los pilotos hacían cola para pesarse después de la carrera, Verstappen se enfrentó al francés. Según Max, Ocon se rio cuando le preguntó qué había pasado y Verstappen montó en cólera, empujando a su rival en escenas captadas por las cámaras y que rápidamente dieron la vuelta al mundo. Le llamó «marica» en la rueda de prensa posterior a la carrera. Más tarde, cuando se le preguntó si Ocon se había disculpado, Max dijo: «No, dio una respuesta realmente estúpida… todos somos apasionados, así que esas cosas pasan».

Mucha gente habría reconocido al hijo de su padre en ese momento, y un año después, una vez que Max se había calmado por fin, bromeó diciendo que el incidente era el karma de cuando Jos había hecho algo muy parecido al líder de la carrera, Juan Pablo Montoya.

«No debemos exagerar», escribió Jos sobre la reacción de su hijo en ese momento. «Los jugadores de fútbol se hacen eso todos los fines de semana y Max es lo suficientemente profesional como para no golpear a nadie».

Jos parecía pensar que si hubiera sido él, se habrían lanzado golpes, pero alabó a su hijo por no ir más allá de unos cuantos empujones. Fue un comentario extraño.

El incidente le costó a Verstappen una victoria en la carrera y lo dejó con la necesidad de terminar segundo al menos en la última carrera de la temporada para atrapar a Raikkonen por el tercer lugar por el título, no es que le importase. Max no se pasa la pretemporada sudando en un gimnasio para luchar por el segundo o el tercer puesto. Está en la F1 para ganar.

Las escenas de enfado en Brasil, sin embargo, incluso Max acabó reconociendo que no eran deseables, como su amenaza de cabezazo en Canadá. Podría haber hecho maravillas para su imagen de rebelde y la visibilidad general de la F1 (la cuenta oficial de la F1 publicó el incidente con Ocon con la leyenda «En la esquina azul… Max Verstappen»), incluso agradaría bastante al público de Red Bull, pero sabía lo que había más allá de ese camino de la ira; su padre era la advertencia perfecta. En 2019, hizo un esfuerzo consciente para calmarse.

«Este año he estado mucho más tranquilo delante de las cámaras. Más zen», dijo Verstappen en una entrevista televisiva con Ziggo Sport.

«En general, eso funciona mejor. De todos modos, nunca lanzo cosas, ya que mi padre nunca me lo ha permitido, pero a veces no puedes evitar enfadarte».

«Eso es ser humano, pero, si estoy enfadado, he aprendido a esperar antes de ponerme delante de las cámaras. Cuando estaba muy enfadado, a veces me saltaba los medios de comunicación por completo. Eso era un problema, pero ya no lo hago».

Puede que sea una situación muy poco clara, pero su año zen coincidió con la mejor temporada de su historia en la F1. Consiguió tres victorias en una temporada por primera vez, terminó tercero en el Campeonato Mundial de Pilotos y acumuló 278 puntos, el máximo de su carrera. El mérito de Max se debe en gran medida al cambio a las unidades de potencia Honda, con las que el proveedor de motores consiguió su primera victoria desde 2006, cuando ganó la carrera de casa de Red Bull en Austria, ante una grada entera vestida de naranja. A pesar de estar a diez horas en coche de la ciudad natal de Max, el Gran Premio de Austria se había convertido en un hogar para Verstappen. Sin embargo, cuando Max subió al podio, era en los mecánicos japoneses de Honda en quienes pensaba.

Para Jos, también fue un momento conmovedor. La empresa japonesa le había contratado en 1998 como piloto de pruebas para el proyecto que suponía el regreso de la empresa, y de Jos, a la F1 como equipo de trabajo. Habían estado probando en España y confiaban en convencer a la sede de Honda de que tenían el ritmo necesario para producir un coche ganador, cuando el director técnico y antiguo aliado de Jos en Tyrrell, Harvey Postlethwaite, un jefe de equipo universalmente popular, sufrió un fatal ataque al corazón en su oficina del circuito, a la edad de sólo 55 años. El proyecto murió con él. Cuando Red Bull consiguió finalmente su primera victoria con Honda, Max sabía de forma innata el gran momento que suponía para los fabricantes de motores.

«Pasaron por un momento tan difícil con McLaren y fue muy bueno [volver a ganar]», dijo Jos. «Y luego, cuando Max subió al podio y señaló el logotipo de Honda, del que nunca se había hablado, fue porque tenía el mismo sentimiento. Luego, al ver a los japoneses en el garaje, se les llenaron los ojos de lágrimas y se podía ver cuánto corazón y esfuerzo pusieron en todo esto».

Había sido una mala salida de Verstappen y en la tercera curva ya era octavo. Perdió más posiciones en la primera vuelta que en sus catorce carreras anteriores. Después de eso, sin embargo, fue un ataque clásico de Max, una clase magistral de adelantamiento, en que pasó a tres campeones del mundo diferentes: Vettel, Hamilton y Raikkonen antes de acercarse a Leclerc, su antiguo rival de karting, a cinco vueltas del final. El piloto monegasco se defendió a la desesperada, pero en la vuelta 69 de la carrera de 71, Verstappen se metió por el interior de la curva uno. La pareja golpeó las ruedas, pero Max salió por delante y Leclerc ya no tenía nada más que dar. «¡Qué demonios!», gritó por la radio. «Ha girado hacia mí», dijo Max respondiendo a su ingeniero. Hacía siete años, Leclerc había adelantado a Verstappen por el liderato en las Euro Series de karting y lo había empujado fuera de la pista, lo que dejó al holandés furioso. Ahora Verstappen le devolvió el favor, aunque esta vez con un premio bastante mayor en juego.

El resultado fue importante para todos los involucrados, por razones aún más grandes de lo que nadie sabía en ese momento. Cuando Max firmó su nuevo contrato en 2017, había una cláusula que le permitía dejar el equipo como agente libre un año antes si no se cumplían ciertas condiciones. Una de ellas era que estuviera entre los tres primeros en el Campeonato de Pilotos, una posición que en ese momento todavía no había conseguido al final de la temporada. La fecha para alcanzar este objetivo era el parón veraniego de 2019, y antes del Gran Premio de Austria, Max estaba a once puntos del tercer puesto ocupado por Sebastian Vettel. Red Bull no sólo se enfrentaba a otro año en tierra de nadie en medio del pelotón, sino que se enfrentaba a la posibilidad de perder al mejor piloto de su generación, mientras su segundo piloto, Pierre Gasly, se tambaleaba en un lejano sexto puesto. Todo el mundo quería que Verstappen se quedara, al igual que él, pero él quería, ante todo, ganar. Si no fuera por esa victoria en Austria, Red Bull podría haberlo perdido para siempre. Una carrera caótica en Alemania en un Nürburgring mojado, un fin de semana desastroso para Mercedes y una conducción magistral de Verstappen en condiciones cambiantes confirmaron las cosas.

La franca toma de decisiones de Max, de la que esa cláusula contractual es un buen ejemplo, encajaba bien con el estilo propio del equipo. Con Gasly incapaz de responder a sus expectativas, Red Bull llegó al parón veraniego, cuando ya sabían que Verstappen se quedaría, y se deshizo del francés devolviéndolo a Toro Rosso, y lo sustituyeron por Alex Albon, que se aferró lo suficiente a la estela de su nuevo compañero como para ganarse otro año en el equipo, el 2020, pero seguía sin ser ni de lejos tan rápido como él. Por fin, Verstappen tenía un coche lo suficientemente rápido y un motor lo suficientemente fiable como para luchar contra Ferrari, pero a veces en la F1 eso sigue sin ser suficiente, y dos coches son sin duda mejor que uno. En la pista, Verstappen podía batir a Vettel y a menudo a Leclerc, que se estaba convirtiendo rápidamente en el piloto preferido de la escudería italiana, pero frente a un equipo que podía dividir sus estrategias y jugar a dos bandas, Red Bull salía más a menudo en segunda posición.

Como tal, 2019 se convirtió en una temporada de altibajos, en la que las apuestas estratégicas eran de alto riesgo y alta recompensa, pero sin ningún desafío real por el título ni siquiera pensable de cara a otro año de dominio de Mercedes; le vino bien a Max. Su estilo de conducción también estaba evolucionando: sus adelantamientos seguían siendo aguerridos e intransigentes, como descubrió Leclerc en Austria, pero su capacidad para mantener la calma cuando las cosas no iban a su manera o cuando se requería tranquilidad para gestionar los neumáticos, estaba creciendo. Siempre había entendido bien los neumáticos, pero ahora empezaba a entenderse a sí mismo con una madurez que, como tantas veces, no se correspondía con su edad. En una entrevista con GQ, se le pidió que se comparase con el adolescente que debutó en la F1 en 2015.

«Me siento mucho más sabio. Si le preguntas eso a cualquiera, cuando mira hacia atrás desde que tenía diecisiete años a cuando tenía veinte, es muy normal que tenga esa misma sensación», respondió.

«Es lo mismo en las carreras. Cuando haces muchas más carreras, te encuentras con muchas más cosas durante las mismas o durante un fin de semana, lo que te da más experiencia en la vida en general, y más experiencia en la pista también».

Se aseguraría una victoria más en la temporada 2019 en una pista que se estaba convirtiendo rápidamente en su favorita, Interlagos en San Pablo. Era una pista popular y a menudo el sitio de las carreras más emocionantes del año, pero hubo serias preocupaciones, sobre todo de Verstappen, cuando parecía que la carrera no continuaría allí más allá de 2021 debido a una disputa política, pero su futuro se preservó hasta 2025 a finales de 2020.

Teniendo en cuenta que la carrera fue una de las canceladas por la pandemia de coronavirus en 2020, no era imposible que Max Verstappen hubiera pasado a la historia como el último ganador del Gran Premio de Brasil en Interlagos. Salió en la pole por segunda vez en su historia y lideró la carrera cómodamente hasta que se vio bloqueado por el Williams de Robert Kubica en el *pit lane* y se vio obligado a frenar de golpe, lo que permitió que Lewis Hamilton se pusiera efectivamente en cabeza. Max no se dejó llevar por el pánico. Sabía que sería rápido con neumáticos frescos y sólo tardó dos vueltas en volver a adelantar a Hamilton, ejecutando un perfecto adelantamiento por el interior de la primera curva y defendiéndose con fuerza para mantenerse al frente. Un coche de seguridad a dieciséis vueltas para el final le hizo lanzarse a por neumáticos frescos, mientras Hamilton se quedaba fuera, preparando otro final de grada mientras el ya coronado campeón del mundo (por sexta vez) intentaba mantener el liderato. Su defensa duró apenas unos cientos de metros, ya que esta vez Verstappen se fue por el exterior de la primera curva. Hamilton trató de remontar en la curva conocida como Subida del Lago, pero Max le pasó por fuera. Sin embargo, la carrera tuvo un último giro inesperado. Los dos Ferraris se enredaron y el coche de seguridad se desplegó una vez más, volviendo a los boxes con sólo dos vueltas para el final. Los Red Bull se vieron privados de una segunda vuelta cuando Hamilton se estrelló contra Albon en un intento de adelantamiento en el último momento, pero Max se libró de los problemas.

«Si puedes luchar contra el campeón del mundo por el liderato, es mejor que luchar por la posición décima. Nos dimos suficiente espacio y fue genial», dijo Max después.

Mientras Pierre Gasly respondía a preguntas junto a ellos en la rueda de prensa posterior a la carrera, Hamilton y Verstappen bromeaban fuera de micrófono sobre la carrera. El seis veces campeón del mundo estaba apenas amargado por la derrota, ya que había sellado la victoria en la general. Un año antes, habían charlado sobre su enfrentamiento con Ocon cuando sus posiciones estaban invertidas, y Hamilton había sido la voz de la razón.

«Se le permite desdoblarse, sabes», le dijo Hamilton, dejando a Max brevemente sin palabras. Como alguien que ha crecido rodeado de la F1, el respeto de Verstappen por Hamilton es obvio, y ahora parece que ese respeto es mutuo.

De alguna manera, Brasil había terminado siendo un lugar de crecimiento para Max. En 2016, había sorprendido al mundo allí en mojado, dos años después había enseñado los dientes con Ocon, y esta era probablemente su victoria más madura hasta ahora, ganando desde la pole por primera vez desde sus días en la F3. Su educación en las carreras estaba a punto de completarse. No hacía mucho tiempo, estos pilotos le llamaban peligroso y la FIA cambiaba las reglas por su culpa.

Ahora era un igual entre los de la talla de Hamilton y Vettel, y algún día tal vez los supere.

Cuando el Covid golpeó en 2020 y cortó de raíz la mayor parte del deporte internacional del mundo, nadie fue inmune a sus efectos, pero gente como Verstappen estuvieron entre los afortunados. Con su simulador de carreras en Mónaco y más dinero del que podría haber soñado cuando era adolescente, pudo mantener una vida relativamente normal, aunque fue su período más largo en un país durante una década. Aunque no es tan prolífico en las redes sociales como Lando Norris o Charles Leclerc —la madurez de Max amplía la mínima diferencia de edad entre él y otros miembros de la «próxima generación» de la F1—, su perfil se benefició de la oportunidad de mostrar una cara diferente de sí mismo.

Sin embargo, no era lo mismo. Max es un piloto de simulación muy hábil y la mayor parte del tiempo utiliza su simulador para divertirse o pasar el tiempo con sus amigos. Al igual que Norris, no lo ve como su trabajo y, tal vez, al ser tan joven y entusiasta, la falta de distancia entre su afición y su ocupación no le parece un problema. Tampoco le importa estar solo, y su apartamento en Mónaco está lleno de equipos para mantenerlo ocupado; no sólo hay un simulador de carreras en su sala de estar, sino que su balcón es como un minigimnasio completo con una bicicleta Watt, una máquina de esquí, una máquina de remo y pesas. También es un apasionado del ciclismo de carretera —como muchos de los pilotos que viven en Mónaco— y al final tuvo a su entrenador personal como compañía. Sin embargo, las carreras eran lo que quería hacer, algo que la F1 finalmente hizo posible en julio de 2020 en un estricto sistema de burbujas y pruebas. Lo más importante es que se permitió a los pilotos volver a subirse a los coches y correr. Era todo lo que querían y el mundo agradecía la distracción de la sombría realidad.

Cuando se esperaba que la temporada empezara con normalidad, Red Bull se mostró muy optimista. En la segunda mitad de la temporada en particular, habían mostrado un excelente ritmo. Verstappen había terminado el año con tres podios consecutivos para superar a Charles Leclerc en el tercer puesto y estaban a menos de 100 puntos de Ferrari. También estaban animados por el hecho de que una investigación de la

FIA sobre el motor de Ferrari había dictaminado que habían estado operando ilegalmente en ocasiones en 2019, o al menos a través de una laguna legal, y su ventaja de potencia sobre Red Bull casi se desvaneció. En los test invernales de febrero, Red Bull era el segundo equipo de la parrilla y se mostraba optimista para desafiar incluso a Mercedes. La confianza había convencido a Verstappen para que firmara un nuevo contrato en enero, que le mantendría en el equipo hasta 2023, hasta bien entrada la nueva normativa que debía llegar a finales de 2020, retrasada luego un año debido al Covid-19. Fue un movimiento audaz, especialmente con los asientos de Ferrari y Mercedes abiertos en ese periodo. Una vez más, fue una tremenda muestra de confianza.

Sin embargo, se vieron perjudicados por el cierre de las fábricas, que esencialmente congeló el desarrollo entre las pruebas y el comienzo de la temporada, a pesar de que esa brecha se había ampliado de dos semanas a más de tres meses. Tradicionalmente, Red Bull es un equipo que llega con más fuerza al final de la campaña porque parece ser mejor en el desarrollo de la temporada. En lo que iba a ser una temporada de diecisiete carreras a lo largo de seis meses (en lugar de 21 o 22 a lo largo de nueve o diez), había menos oportunidades para ello, y Red Bull sintió la disminución.

Pistas como México, Brasil, Mónaco y Singapur fueron tachadas de la lista y sustituidas por eventos más asequibles en lugares como Turquía y Portugal. El Gran Premio de Holanda también fue una víctima, y negó a Max la oportunidad de correr en las dunas de Zandvoort en un coche de F1 por primera vez. En su lugar, hubo carreras dobles en Austria, Gran Bretaña y Bahrein.

«Creo que nos perjudicó al principio», dijo Max, recordando el año. «Teníamos que poner las cosas en orden, y si las carreras se suceden tan rápido es un poco difícil».

Si pensó que el comienzo de la temporada fue malo, es una señal de las implacables altas expectativas que tiene sobre sí mismo. La primera carrera se saldó con una temprana decepción por un problema de motor y dos semanas más tarde desearía no haberse estrellado vergonzosamente de camino a la parrilla de salida en Hungría, aunque su equipo hizo una reconstrucción notablemente rápida y acabó terminando segundo.

De hecho, durante las trece primeras carreras de la temporada, terminó en el podio cada vez que no se retiró, lo que hizo en cuatro ocasiones, todas por problemas mecánicos. La frustración, sin embargo, fue que en esas trece carreras, a pesar de haber acumulado una sola victoria y de estar todavía por detrás del campeón del mundo, Hamilton, por 120 puntos, una vez más no tuvo un compañero de equipo capaz de correr lo suficientemente rápido como para apoyar sus esfuerzos contra Mercedes. Si el equipo Red Bull quería que su actitud ante la temporada se resumiera en un comentario, este fue el que hizo durante el Gran Premio del 70º aniversario en Silverstone.

Su ingeniero le acababa de decir que desacelerara porque el aire turbulento de la parte trasera del coche de Hamilton, y las altísimas temperaturas del aire de la ola de calor británica, estaban empezando a dañar sus neumáticos.

«Amigo, esta es la única oportunidad que tenemos de desafiar a los Mercedes en lugar de quedarnos atrás como una abuela», respondió. Si se echaba atrás, le daría a Hamilton un hueco suficiente para compensar el hecho de que tendría que entrar en boxes antes con gomas más blandas. Si se mantenía a su cola, podría obligar al piloto británico a forzar más, desgastar sus neumáticos más rápido y quizás incluso cometer un error. Empezando con un neumático más duro, Red Bull pretendía que una parada fuera más rápida que las dos paradas de Hamilton, y así fue. Superaron a los Mercedes por once segundos. Sin embargo, si Verstappen no hubiera presionado a sus ingenieros para que le permitieran mantenerse en contacto desde el principio, podría no haber funcionado.

«Hoy hemos sido más rápidos, amigo», le dijeron por la radio del equipo después de la bandera a cuadros, pero la verdad es que, si no hubiera insistido y no hubieran confiado en él mismo, nunca habría funcionado. Es el tipo de actitud y decisión que a pocos pilotos modernos les permiten sus equipos: Hamilton, Vettel, Raikkonen y Verstappen. Max es el único de ellos que no tiene un título mundial, lo que dice mucho.

Algo que se recordará de 2020, aparte de la pandemia de Covid, es el auge del antirracismo mundial que comenzó como una serie de manifestaciones en Estados Unidos y fue creciendo hasta convertirse en una conversación mundial sobre la desigualdad racial en la sociedad. También llegó al deporte, con estrellas de una amplia gama de eventos que «se arrodillaron» en solidaridad. Se hizo tan grande que generó una importante reacción, y muchos afirmaron que *Black Lives Matter*, la organización que lideraba las protestas, tenía objetivos más nefastos y destructivos contra la ley y el orden que la mera igualdad.

Por ello, cuando se trata de «arrodillarse» en los Grandes Premios, el paddock está dividido. La propia respuesta de la F1 fue confusa, cortando la manifestación de los pilotos en un momento clave de la retransmisión televisiva mundial en una carrera y luego estropeando la organización de la misma en otra. Varios pilotos, entre ellos Max, decidieron no hacerlo, mientras que trece lo hicieron en cada carrera. Inicialmente fueron catorce, antes de que Kevin Magnussen decidiera dejarlo durante la temporada.

«Estoy muy comprometido con la igualdad y la lucha contra el racismo», publicó Verstappen en las redes sociales, explicando su decisión de no arrodillarse. «Pero creo que todo el mundo tiene derecho a expresarse [sic] en el momento y de la manera que le convenga. No me arrodillaré hoy, pero respeto y apoyo las decisiones personales de cada conductor. #WeRaceAsOne #EndRacism».

Como en casi todos los países, especialmente en Europa, donde la guerra cultural de la derecha frente a la izquierda, de la «libertad de expresión» frente a los «progres» se libra con tanto ímpetu y vigor como nunca antes en una década tumultuosa. En Holanda, la decisión de Max de no arrodillarse se convirtió en un debate nacional. Incluso el director de la selección nacional de fútbol, Ronald Koeman, fue preguntado al respecto.

«No entiendo que no todo el mundo lo haga», respondió, con la misma confusión que muchos sintieron ante una muestra de unidad tan desunida. «Me sorprende. ¿Esto es algo que se discute? En Inglaterra se ve a los equipos de fútbol arrodillarse. Sería muy extraño que tres o cuatro jugadores se quedasen ahí de pie...».

No era tanto una crítica a Max, sino a la respuesta del deporte en su conjunto. Finalmente, con el piloto más exitoso de todos los tiempos y el único negro de la parrilla, Lewis Hamilton, al volante, la F1 coordinó su propia muestra de solidaridad con la lucha contra la desigualdad racial.

Para Max, le arrastró a una esfera política que siempre había querido evitar. Cuando el movimiento *Black Lives Matter* llegó a la F1, fue instantáneamente cauteloso.

«Es bueno hacer algo, pero también hay que ser muy cuidadoso en estas situaciones, y tener cuidado con lo que se escribe o publica», dijo. «No puedo decidir por los demás, y no quiero hacerlo. Sólo puedo hablar por mí. Pero no me imagino a nadie favoreciendo el racismo. Para mí, todos son iguales en este mundo».

La reacción de Max podía leerse de muchas maneras. Nadie dudaba de su visión moral personal, de antirracismo e igualdad, pero era evidente que algunos pilotos hacían más que otros. Podría decirse que Max no se sentía, siendo relativamente joven, lo suficientemente mayor en la parrilla como para ser un líder; Hamilton ya había logrado mucho en su carrera cuando se arrodilló frente a sus colegas con una camiseta de *Black Lives Matter*. Max, sin embargo, ya era una figura veterana en la parrilla. Puede que sólo hubiera cumplido 23 años en 2020, pero era su sexta temporada en la Fórmula 1. De hecho, cuando al final de la temporada los pilotos entregaron un casco firmado al director general saliente de la F1, Chase Carey, fueron Hamilton y Verstappen quienes hicieron la presentación.

Tal vez la falta de seguridad en sus logros en la pista también influyó en la aparente falta de convicción de Max en el activismo social. Todavía no era campeón del mundo, ni siquiera había terminado entre los dos primeros. En su mente, aún no había conquistado la F1, aunque todo el mundo le consideraba uno de los mejores pilotos del mundo, quizá el mejor junto a Hamilton.

En la pista, Verstappen terminó la temporada en lo más alto, aunque las celebraciones se vieron detenidas debido a sus características altas expectativas. Con Hamilton aún recuperándose por haber contraído Covid, conduciendo después de un test negativo pero aún aletargado, Verstappen consiguió la pole el sábado antes de alejarse del resto en una corta carrera hacia la primera curva. Al igual que en Silverstone, en su única victoria de la temporada, gestionó sus neumáticos a la perfección, aunque esta vez corría con aire limpio y fresco en la parte delantera, en lugar de con las turbulencias de los dos coches de Mercedes. En ningún momento Max se vio realmente amenazado durante su estrategia de una sola parada, a pesar de que le había dicho a su ingeniero a veinte vueltas del final que tenía poca confianza en la duración de los neumáticos.

«Ha sido la mejor carrera estática que hemos disfrutado en mucho, mucho tiempo», dijo Christian Horner después, refiriéndose a ella como un marcador para el desafío del título de 2021.

Verstappen resistió el impulso de realizar unos dónuts de celebración en la pista. Dejó que Hamilton, campeón de pilotos, y su compañero Bottas, que había contribuido a asegurar el título de constructores, crearan una enorme cortina de humo en la recta de salida y llegada. Ya estaba pensando en llegar a casa por Navidad, celebrarlo con su familia y luego volver a empezar los entrenamientos de pretemporada. Sería un invierno corto, con menos de tres meses entre la última carrera y el primer día de pruebas, antes de precipitarse de nuevo a la temporada 2021, y tenía que preparar un desafío al título. Se había quedado a nueve puntos de adelantar en el segundo puesto a Valtteri Bottas, que tenía un coche mucho más rápido y fiable, lo que en realidad constituía una hazaña.

«Para mí, eso no es muy interesante», dijo sin un atisbo de sonrisa en su rostro cuando le preguntaron a dos carreras del final de 2020 si estaba pensando en arrebatarle a Bottas el segundo puesto. Era ganar o reventar. No tenía tiempo para conducir como una abuela detrás de los dos Mercedes. Lewis Hamilton acababa de empatar con Michael Schumacher en un récord de siete títulos mundiales. Era el momento de empezar a perseguirlos.

13

UN VERDADERO RIVAL PARA LEWIS

Hay un dicho en la Fórmula 1 que, de tan extendido, se ha convertido en un cliché: una cosa es atrapar el coche que tienes delante y otra muy distinta adelantarlo.

Para Max, adelantar era lo que le había ganado una reputación tan grande. La jugada que le había hecho a Felipe Nasr en Bélgica había recibido elogios de casi todos los que habían conducido un auto de F1. Su paso de puntillas por el exterior de la curva uno para adelantar a Hamilton en Brasil en 2019 fue tan agresivo como valiente. Pero no quería ser sólo conocido por unos momentos de brillantez. Quería ser conocido por ganar títulos.

Probablemente estaba listo para hacerlo incluso antes de su séptima temporada, pero su auto no lo estaba. Red Bull, el equipo que había mostrado la fe en él necesaria para plasmar su firma cuando aún era un adolescente, había tardado en llegar a tener un buen coche en la era híbrida, pero la segunda mitad de 2020 fue un paso adelante. Significativamente, el motor Honda ya no estaba siendo superado por el tren motor de Mercedes, que había sido prácticamente imparable desde 2014 y el comienzo de la tecnología híbrida en el deporte.

Sin embargo, la charla de Christian Horner al final de la temporada anterior acerca de desafiar por el título en 2021 era sólo eso: palabras. Su equipo necesitaría andar por el camino que habían expresado pero no ejecutado desde 2013. Pero la duda no era algo que detuviese a los de Red Bull, y a Verstappen tampoco. Sus únicas dudas reales eran si el auto era suficientemente bueno como para desafiarlos, e incluso a principios de 2021 quedó claro que lo era. En ese sentido, Red Bull había alcanzado a Mercedes. Ahora lo que necesitaban era que Max pudiera pasarlos.

Probablemente sea una coincidencia que los cambios en la vida personal de Max sucedieran al mismo tiempo que lo que podría llamarse una «subida de nivel» en su profesión. A fines de 2020, comenzó una relación con Kelly Piquet. Kelly, nueve años mayor que Max, había sido una cara familiar en el paddock durante algunos años. Su padre, Nelson Piquet, había sido tres veces campeón mundial de F1 y ella siempre había estado cerca del deporte del motor. A través de las conexiones de su padre había conocido a Daniil Kvyat, el expiloto Red Bull con quien tuvo una hija, Penélope, en 2019. Lamentablemente, ella y Daniil se separaron más tarde ese año. En octubre de 2020, ella y Max se juntaron y pronto apareció por el box de Red Bull los fines de semana de carrera junto a Raymond Vermeulen.

Las relaciones de los pilotos de carreras son a menudo como sus vidas profesionales —emocionantes, rápidas, vertiginosas, pero en general fugaces—, incluso aunque nunca esperes que lo sean. Al menos en el caso de Kelly, Max tiene a alguien que ha visto mucho de lo que pasa en la vida en el paddock antes de conocerla. Se podría pensar que poco acerca del loco circo de la F1 pudiese sorprenderla.

Una persona a la que sin embargo se la veía un poco menos en el box de Red Bull en 2021 fue el padre de Max. Siempre había insistido, aunque no muy convincentemente, que él no se interpondría en el camino de la vida de su hijo. Ciertamente, el equipo de Red Bull a veces ha estado interesado en mantenerlo a cierta distancia, su feroz reputación podía ser un riesgo potencial para la marca que hace que el espíritu de equipo sea posible. Ya había comenzado a mantenerse alejado de algunas carreras: cuando Max se estrelló en la vuelta de calentamiento a la parrilla media hora antes de la carrera en el Gran Premio de Hungría de 2020, Jos estaba enviando mensajes de texto desesperadamente al equipo desde lejos tratando de averiguar si serían capaces de arreglar el coche a tiempo. Para el contexto, esos 30 minutos de ingeniería fueron uno de los cambios más notables de la era moderna de la F1, como lo atestiguan los frenéticos mensajes de radio que se publicaron más tarde. Consiguieron que el coche estuviera en una sola pieza y funcionando antes de que se apagaran las luces, algo por lo que Max se disculpó larga y sinceramente. Pero sólo puedes imaginar cómo le fue al equipo en el momento en que el padre del piloto, que había pasado décadas construyendo karts y administrando su carrera, seguía pidiendo actualizaciones. El director del equipo fue el responsable de rechazarlo y le aseguró a Verstappen padre que todo saldría bien, y ¿podríamos seguir adelante, por favor? Cualquier maestro de escuela cuyos alumnos tienen esos llamados «padres agresivos» puede simpatizar con el equipo.

En 2021, Jos estuvo un poco más de tiempo en el sofá tratando de no ponerse nervioso, aunque aún reaparecería en momentos clave. A medida que aumentaba la carrera por el título, él estaba casi siempre presente. Claramente, nunca se perdería el Gran Premio de Holanda en Zandvoort, y aun así se presentó en lugares como Silverstone, Barcelona y Budapest, quizás la lección aprendida de 2020 en este último. Pero ciertamente estaba más alejado. Después de todo, también tenía una familia en constante crecimiento a la que dedicar tiempo; Jason Jaxx y Mila Faye todavía estaban en pañales, al igual que Luka, el primer hijo de su hija, a quien pronto se uniría Lio. Ahora que era abuelo además de padre, Jos tenía cada vez menos tiempo para volar alrededor del mundo para los Grandes Premios.

«Tengo mi propia vida privada, así que no puedo estar en todas partes», dijo Jos después de que alguien le preguntó sobre su ausentismo. «Ahora tengo una hermosa familia, así que no quiero viajar tanto. Iré cuando tenga que ir, es un año importante y todo parece ir bien».

Incluso admitió que las carreras a menudo eran más emocionantes verlas en su casa, o tal vez sólo más estresantes, porque no sabes todo lo que estaba pasando. Y tenía un nuevo protegido para trabajar: Thierry Vermeulen, el hijo de Raymond, a quien estaba asesorando a través de las primeras etapas de su carrera deportiva.

Mientras tanto, su antiguo aprendiz, Max, sufrió un revés temprano cuando Mercedes lo superó en estrategia en Bahrein. El siete veces campeón del mundo Lewis Hamilton recibió la bandera a cuadros y agradeció a su equipo en Bahrein y de vuelta en la fábrica de Brackley. Pero la situación no era la misma. Las cosas eran diferentes.

«Sabemos que no somos lo suficientemente rápidos», dijo Hamilton a su ingeniero a pesar de haber aguantado a Verstappen en las cinco vueltas finales, dolorosamente consciente del hecho, después de que el holandés lo adelantase, aunque lo había hecho con las cuatro ruedas fuera de la pista, por lo que su ingeniero de Red Bull le dijo que le devolviera el lugar.

«¿Por qué no me dejaste ir?», se quejó Max en la radio después. Sabía que su movimiento incurriría en una penalización de cinco segundos, pero confiaba en que podría sacar una brecha más grande que esa sobre Hamilton y retener la victoria. Fue un impetuoso y frustrado momento de alguien tan harto de terminar segundo, e incluso más harto de tener que regalar literalmente la carrera. No sería el primero de esa temporada, pero probablemente fuese el menos controvertido.

Bahrein es un lugar cálido y pegajoso, y después, con el beneficio de una toalla fría, un repaso de la carrera franco con el siempre tranquilo Horner y a pesar de las frustraciones de Max, había un optimismo real en el paddock. Le dijo al equipo que un fin de semana de carrera como ese, que incluyó la *pole position* sólo para que Hamilton lo socavara cuando Red Bull tardó en responder durante la fase de parada en boxes, les habría encantado en 2020, y fue una medida del progreso y expectativas del equipo en 2021 que estaban molestos por haber quedado segundos. Su reacción también fue una medida de su creciente madurez.

Lo que no podía saber necesariamente, aunque podría haberlo adivinado, era que su madurez y su carácter se pondrían a prueba y, de hecho, se cuestionarían en el curso de una campaña que estaría dominada por la batalla entre él y Hamilton: el pretendiente y el campeón se enfrentarían entre sí en una confrontación que ni siquiera los productores de la propia serie documental de la Fórmula 1, *Drive to Survive*, podrían haber soñado.

La lista de pilotos que realmente pueden decir que han superado a Hamilton es muy pequeña. Su compañero de equipo Jenson Button en McLaren y Nico Rosberg en Mercedes, quien le ganó el título mundial en 2016, quizás sean los únicos que pueden afirmar que lo han hecho. Fernando Alonso estuvo cerca, terminando en los mismos puntos que él cuando ambos estaban en McLaren en 2007, pero terminó tercero en la clasificación por detrás de Hamilton. Puedes preguntarles a los tres qué piensan de Lewis y todos creen que es un corredor brillante, posiblemente el mejor de todos los tiempos, pero todos también saben una cosa: puedes irritarlo. Puede ser menos cierto cada año a medida que envejece y, de alguna manera, mejora, pero los tres obtuvieron cierta ventaja mental sobre Hamilton que lo hizo más fácil de vencer. En el caso de Rosberg, estaba jugando con la inseguridad sobre la política interna de Mercedes. En el caso de Alonso, fue un descuido como retrasarse en su pit box en Hungría para obstaculizar la carrera de clasificación de Hamilton. El siempre afable Button dice que siempre encontraba la manera de ser más rápido los domingos, y se aseguraba de que Hamilton lo supiera, al menos inconscientmeente.

Verstappen, tal como había irritado a varios pilotos cuando llegó por primera vez a la F1, comenzó a incordiar a Hamilton en la segunda carrera de la temporada. Habiendo cedido para permitir el paso de Hamilton en Bahrein, estaba decidido a ser duro pero justo, pero principalmente duro, durante el resto de la temporada. Los buenos chicos rara vez terminan primeros, particularmente en automovilismo, y Verstappen se cansó de ser un buen tipo, si es que alguna vez lo fue en la pista. Esa primera carrera se mantendría como una anomalía en lugar de la norma. La batalla se armaba en ambos lados.

En condiciones de humedad en Imola, condiciones lo más opuestas posibles al desierto en Bahrein, nuevamente fue Verstappen primero en la curva uno, aunque Hamilton estaba junto a él. Así como Lewis no le había dado espacio en las etapas finales de la primera carrera, Verstappen no le dejó ninguno esta vez. Hamilton rebotó por encima de bordes de la pista y sólo pudo observar cómo su rival se alejaba. Un coche de seguridad volvió a agrupar el campo y en el reinicio, Hamilton colocó su auto en el exterior de la misma curva. El hueco estaba allí de nuevo, pero su lección había sido aprendida. Se sintió como un momento especial. No puedes establecer contacto visual con otro piloto en un Gran Premio, pero si pudieras, Max podría haber detectado un parpadeo en la mirada de Hamilton.

Un error de Hamilton más tarde, que él mismo llamó «impaciente y humano», palabras con las que normalmente no lo asociamos, significaba que Verstappen no tendría obstáculos en su camino hacia victoria.

Sin embargo, el piloto británico consiguió recuperar la segunda posición, lo que significaba que dos cosas quedaron claras rápidamente: que Hamilton y Mercedes estaban un poco nerviosos, y que este título se lo llevaría quien cometiese la menor cantidad de errores, y pudiera mantenerse tranquilo.

Por ahora, sin embargo, Hamilton y Verstappen —y Mercedes y Red Bull— todavía mantenían la civilidad en sus relaciones. Tal vez con tantas carreras por delante y sin choques que le hubieran costado a ninguno de los dos más que unos pocos puntos, era difícil enfadarse demasiado. Eso ya llegaría, pero todavía no. Incluso cuando Verstappen desplazó al ganador de la pole, Hamilton, en la primera curva del Gran Premio de España, el dominio de Mercedes en esa pista significó que lo atrapó más tarde.

«Tenían todas las opciones», aseguró Horner a Max después, señalando que Mercedes estaba tan lejos del resto de vehículos que podían cubrir sus apuestas entre Hamilton y Bottas.

Red Bull había sido dolorosamente consciente de lo fácil que le resultó a Mercedes derrotar a sus nuevos rivales en 2020 al tener dos autos al frente en lugar de uno. Esperaban en 2021 haber resuelto ese problema eliminando a Albon, cuyas actuaciones habían arrojado sólo dos podios en la temporada 2020 y un séptimo lugar en el campeonato, y trayendo a Sergio Pérez. Es difícil explicar cuán radical fue este movimiento de Red Bull, pero en el fondo son un equipo construido sobre el desarrollo y la audacia de los pilotos. Después de todo, promover a los jóvenes pilotos era lo que Helmut Marko había querido hacer desde el principio, y cómo había tentado a Dietrich Mateschitz para que se involucrara en las carreras de autos en primer lugar. Entonces, cuando firmaron un contrato para 2021 con Sergio Pérez, un piloto mexicano de 31 años con un gran paquete de patrocinio y casi 200 carreras de F1 a sus espaldas, fue una desviación significativa del ADN del equipo y envió a todos dos mensajes claros: Max es nuestro número uno y haremos cualquier cosa para llevarlo al escalón más alto del podio.

¿El único problema? No estaba funcionando. Hamilton había ganado tres de las primeras cuatro carreras, podría decirse que sólo había perdido en Imola por su propio error, e incluso allí terminó segundo.

Mientras tanto, Pérez aún no se había abierto camino en el podio y no pudo apoyar de forma efectiva a Verstappen. Por su propia admisión, Pérez aún luchaba por familiarizarse con el auto, diseñado específicamente para Verstappen con su alto rake y parte trasera notoriamente resbaladiza e inestable. Mercedes tuvo sus propios problemas entre los pilotos cuando Bottas ignoró una orden de dejar pasar a Hamilton, pero al menos el finlandés fue lo suficientemente rápido como para estar por delante, mientras que Pérez ni siquiera tuvo el ritmo necesario para ir por delante de Verstappen. Red Bull también tenía un dilema desde un punto de vista técnico. Max no pensaba que la derrota de Barcelona se debía a un problema de estrategia.

«Ayuda mucho cuando claramente eres más rápido», dijo de forma típicamente contundente, reflejando los mensajes de Hamilton a su propio equipo después de la primera carrera sugiriendo que no tenía ritmo. Cuando dos equipos en F1 dicen que el otro es más rápido, probablemente ambos crean que están mintiendo.

Red Bull no pensaba que fueran más rápidos, por que continuó adelante con una estrategia de desarrollo agresiva. Con el cambio de regulación en el horizonte a finales de 2021, los equipos comenzaron a dedicar recursos al auto 2022 en algún momento de la temporada. Algunos equipos como Haas incluso dijeron que desarrollarían el automóvil de 2021, simplemente centrándose en el cambio radical que entrará en vigor a principios de 2022. Red Bull no tenía tales pensamientos, y creía que su implacable trabajo en la fábrica eventualmente daría sus frutos.

Mientras tanto, tuvieron que capitalizar los errores de Mercedes, y la oportunidad apareció poco después del decepcionante Gran Premio de España. La carrera en Montecarlo es algo así como un regreso a casa, con tantos pilotos que llaman hogar al principado. Max, por supuesto, sigue siendo uno de ellos: su apartamento da al muelle que alberga a yates de millones de dólares. Sin embargo, el Gran Premio había sido invariablemente una ocasión de frustración para él. En 2018, terminó el día desplomado en la esquina de una habitación anónima en la sede móvil de Red Bull, enojado consigo mismo por el accidente de calificación que arruinó el fin de semana. Se había arrastrado a la ducha y luego al otro lado de la ciudad para la celebración de su compañero de equipo Daniel Ricciardo después de haber logrado la victoria, pero aunque sonrió para las cámaras y para Daniel, a quien realmente le gustaba, el corazón de Max no estaba en eso. No había probado el punto que estaba tan desesperado por probar, y tres años después, todavía no lo había hecho; Red Bull le había dado un auto que, en algunos días, era lo suficientemente rápido como para competir con Hamilton y aún tenía que vencerlo mano a mano.

Mónaco no siempre es la mejor carrera del calendario. Los autos de F1 se han ensanchado y las calles de Montecarlo no. Es tan estrecho y la pista tan corta que adelantar es prácticamente imposible. Max aprendió lo difícil que era en 2015 cuando se estrelló contra las barreras en la curva uno después de intentar adelantar a Romain Grosjean, y cuando, con un auto mucho más rápido, sólo pudo avanzar del último al noveno en el transcurso de la carrera de 2018.

Así que fue un punto de cierta frustración que no pudiera conseguir la *pole position* el sábado, superado por dos décimas de segundo por el único piloto monegasco de la parrilla, Charles Leclerc. Esa frustración se duplicó por el hecho de que Leclerc se estrelló al final de la sesión, provocando una bandera roja y eliminando a todos los demás corredores, incluido Verstappen, que estaba en la mitad de una vuelta que probablemente le habría valido la pole. Una serie de improperios siguió por la radio de regreso a la pared de boxes cuando salió la bandera roja mientras él circulaba a través del túnel.

«Esto me está cabreando», dijo, sintiendo que los dados estaban cargados en su contra.

Su ira se convirtió en alivio 24 horas después cuando Ferrari encontró una fisura en la carrocería de Leclerc que le impedía arrancar la carrera y Verstappen, aunque desde el segundo cuadro de parrilla, conduciría efectivamente desde la pole. Mientras tanto, Hamilton, después de un día difícil tratando de calentar los neumáticos, fue séptimo.

Su compañero Bottas no completó la carrera tras que la tuerca de una rueda se atascara durante una parada en boxes y tuvo que ser quitada con un soplete mucho más tarde. En otras biografías de pilotos, ese fin de semana de semana fue una pesadilla. Para Max, se sentía como un poco de redención. Después de años de mala suerte inmerecida en la Riviera, las cosas finalmente se habían vuelto a su favor. El único peligro el día de la carrera había sido la salida que ejecutó magistralmente cubriendo la posible embestida de Bottas. El resto fue casi una procesión, conducir un coche de 1000 caballos de fuerza alrededor de una estrecha ruta costera en la cual el error más pequeño puede costarte la carrera. En el coche, él sólo sonreía. No había sido una tarde particularmente agotadora o cargada de adrenalina. Fue tan rutinario como él pensó que debería ser.

No pudo ocultar su sonrisa después. Era completamente consciente de que ni siquiera había subido al podio en Mónaco.

Sabía que había un largo camino por recorrer en la temporada y dijo que ya estaba pensando en la próxima carrera en Azerbaiyán; apenas notó la presencia de Serena Williams de pie junto a él en la ceremonia posterior a la carrera.

Sin embargo, desde el exterior, existía la sensación de que este campeonato entre Hamilton y Verstappen todavía estaba esperando para estallar. En realidad, no habían corrido mucho en pista uno contra el otro y cuando lo habían hecho había sido en circunstancias donde los dos autos tenían cantidades bastante diferentes de ritmo. En esos días, los medios deportivos generalistas estaban obsesionados con la pelea de dos boxeadores pesos pesados: Anthony Joshua y Tyson Fury. Si estos dos pesos pesados de las carreras podían enfrentarse también, sería el tipo de antídoto que el público deportivo necesitaba para sacarse de encima dieciocho meses de infierno por el Covid. Una vez más en Azerbaiyán, el destino los mantuvo separados: Verstappen se detuvo por una falla en los neumáticos y Hamilton por un golpe involuntario de un interruptor en la cabina que inutilizó sus frenos durante un reinicio tardío, pero aquellos que aullaban por un enfrentamiento de gladiadores no tendrían que esperar demasiado más.

Hasta ahora, la narrativa había sido a menudo que la presión de Verstappen y su enfoque rock-and-roll de las carreras había obligado a Hamilton, en estos días un piloto en última instancia tranquilo, a cometer errores, pero en Francia esos roles se invirtieron. Max, según admitió, cometió un error en la primera curva y dejó pasar a Hamilton. Red

Bull reaccionó dieciocho vueltas más tarde al intentar una maniobra que Ricciardo en McLaren ya había desplegado con gran resultado. Eso le permitió una buena posición en la pista, y Red Bull volvió a llamar a boxes a Verstappen cuando se dieron cuenta de que la estrategia de dos paradas les permitiría ser más rápidos al final de la carrera, con gomas más frescas y blandas. Fue un movimiento típicamente audaz de un equipo que ha hecho de esa valentía su tarjeta de presentación. Con sólo una vuelta y media para el final, Max alcanzó a Hamilton y lo pasó con facilidad. Extendió su ventaja al frente de la clasificación a doce puntos. Era la pistola que marcaba la salida de la carrera por el título en serio.

Verstappen dijo: «Durante toda la carrera hemos estado peleando entre nosotros. Será así por el resto de la temporada». Su predicción, por supuesto, resultaría ser correcta. Y cualquiera que haya estado dudando si Verstappen realmente podría desafiar a Hamilton por el título, o si simplemente se desvanecería como tantos lo habían hecho antes una vez que se alcanzase la parte importante de la temporada, no podía dudar más de él.

«Si podemos vencerlos aquí, podemos vencerlos en cualquier lugar», dijo Horner triunfalmente. Mercedes también lo sabía. «Tenemos que encontrar algo de ritmo», dijo Hamilton en un mensaje de radio que resonó en los oídos de casi todos los 891 empleados de Mercedes. Él sabía que ellos estaban enfrentados. Y si alguien todavía no estaba seguro, Verstappen consolidó su lugar en lo más alto de la clasificación con una doble victoria en las dos carreras que se corrieron en Austria, la pista de casa de su equipo, el lugar donde había impresionado a sus jefes por primera vez y donde tuvo su primera oportunidad de conducir un coche Red Bull. También fue una carrera donde todo el stand estaría engalanado de naranja. La reincorporación del Gran Premio de Holanda al calendario significa que Max tiene muchos carreras en casa ahora (Países Bajos, Bélgica, Mónaco), pero la relativa proximidad y ubicación de Austria en pleno verano significa que siempre hay un fuerte contingente de viajeros holandeses que viajan para hacer que el Red Bull Ring sea como sentirse en casa. Max se sumó a ese sentimiento con dos impulsos imperiosos en el espacio de ocho días. En ambas se hizo con la *pole position*, se escapó limpiamente y ganó la carrera al galope. Mercedes incluso admitió la derrota ante la bandera a cuadros en el primero, y en el segundo, Hamilton, Bottas, Pérez, Leclerc y Norris produjeron una de las carreras de la temporada peleando por los puestos del podio, pero Max se había ido hacía mucho tiempo, terminando con más de 45 segundos de ventaja sobre Hamilton, quien estaba con los ojos muy abiertos asombrado ante la diferencia de ritmo entre los coches. Sabía que Red Bull había traído una mejora aerodinámica significativa a Austria, pero no pudo predecir cuánto ritmo extra agregaría.

«Sigue apretando el tornillo», fue el consejo de Christian Horner para Verstappen, palabras incendiarias de las que podría haberse arrepentido unas cuantas semanas después.

Lo que siguió fue el momento más memorable de la temporada hasta la fecha, y en cualquier otro año habría sido el momento icónico. De hecho, se podría argumentar que en realidad fue más impactante que el final dramático de 2021, porque cambió el tono de la relación de Verstappen y Hamilton para siempre. A lo largo de sus años compitiendo entre sí en ocasiones y hasta 2021, cuando la mayoría de sus enfrentamientos no habían sido más que sparring, habían logrado mantenerse un respeto. En 2019, en Brasil, incluso habían disfrutado dándose suficiente espacio para empujarse de manera segura. «¡Eso fue genial!», dijo Max en ese momento. No tanto, dos años después.

El contexto del Gran Premio de Gran Bretaña es importante. La carrera de Silverstone tiene un estatus especial dentro del deporte del motor y es históricamente una de las más concurridas. También lo sería en 2021, ya que obtuvo el permiso del gobierno del Reino Unido para dar la bienvenida al evento a cientos de miles de espectadores, a pesar de las restricciones pandémicas en curso. Lo mejor de todo fue que brilló el sol, y el Woodstock de la F1 se adelantó en un maremoto de sidra cara, quemaduras solares y césped pisado.

Eso también se transmitió a los pilotos, particularmente a Hamilton, cuya relación con el público británico no siempre fue tan optimista. En este punto, se había graduado cerca del nivel de tesoro nacional y, de todos modos, los amantes de las carreras que venían a Silverstone nunca habían dudado de él. De cualquier manera, las escenas después de que fue el más rápido en la clasificación el viernes por la noche, parte del formato experimental de F1 que incluía una carrera de velocidad el sábado que determinaría el orden de salida de la carrera en su totalidad, permanecerán durante mucho tiempo en la memoria. Fue una celebración cargada de emociones frente a una multitud adoradora el viernes por la noche que se había sentido a un mundo de distancia cuando Hamilton estaba sentado en una habitación de hotel del Medio Oriente sufriendo mucho por Covid unos meses antes. Incluso para los fanáticos que no son de Hamilton, la ocasión fue un tónico.

El sol volvió a salir el sábado y también lo hizo la multitud. Se sintieron decepcionados cuando Verstappen se adelantó en la calificación pero emocionados cuando Hamilton se quedó cerca. En *Copse Corner*, una rápida curva a la derecha rodeada por algunas de las tribunas más grandes del circuito, Hamilton se deslizó por el exterior. Los autos modernos toman la curva levantando apenas el pie del acelerador, a alrededor de 280 kilómetros por hora. El instinto es necesario, pero también una tremenda confianza por parte del propio piloto. Hamilton llegó a la mitad de la misma a toda velocidad, pero luego lo pensó mejor. Si se iba de largo o chocase, perdería posiciones y tendría que pelear desde atrás el domingo. En una carrera por el título tan reñida, el riesgo no valía la pena. Él podría tener otra oportunidad, pensó, pero Red Bull le cerró la puerta. Verstappen nunca tuvo más de dos segundos de distancia, pero Hamilton nunca se acercó a menos de uno. Max lo mantuvo a distancia corriendo con aire sucio, una barrera invisible que Lewis no podía atravesar. Comenzando desde atrás el domingo, necesita hacer algo especial para pasar. La primera vuelta fue prácticamente idéntica, aunque con Verstappen comenzando ocho metros por delante de Hamilton en la pole en lugar de detrás. Tuvo el mejor comienzo una vez más, mantuvo a raya a Hamilton (solo) a través de la primera parte de la vuelta y lo colgó por fuera de la horquilla de Brooklands. Subieron por el viejo foso derecho y una vez más, Hamilton se detuvo junto a Verstappen en Copse.

Sólo que esta vez, Max se había movido hacia el exterior para cubrir la línea de carrera mientras su rival se había movido hacia el interior y comenzó a ponerse junto a él. Esta vez, no aflojó, chocaron. Verstappen fue empujado hacia fuera y terminó contra la pared de neumáticos.

Había perdido una rueda incluso antes de chocar contra ellas. La grava hizo poco para frenarlo y golpeó la pared a una velocidad espectacular Era el tipo de accidente que habría sido fatal en años pasados, tal vez incluso matando a los espectadores también. Los avances en el mecanismo de seguridad salvaron muchas vidas. Si no hubieran existido, las consecuencias habrían sido considerablemente mayores.

Tal como estaban las cosas, todavía había mucha controversia. Una vez que se estableció que Verstappen estaba bien (salió del auto por sus propios medios, pero lo ayudaron a subir a una ambulancia y lo llevaron al hospital para que lo revisaran), Red Bull y Mercedes comenzaron a comunicarse frenéticamente por radio con Michael Masi, el director de la carrera, defendiendo a sus respectivos pilotos. El jefe de Mercedes, Toto Wolff, le envió a Masi un correo electrónico con telemetría que, según decían, demostraba que era culpa de Verstappen, mientras que Red Bull dijo que tenían datos que demostraban lo contrario. Masi les dijo que no revisaría sus correos electrónicos durante las carreras y que los comisarios se encargarían de ello en su momento. Eventualmente decidieron que era culpa «predominantemente» de Hamilton y le dieron una penalización de tres lugares en la parrilla para la siguiente carrera.

Esa decisión se discutió durante meses. ¿Se le dio a Hamilton «espacio para correr»? ¿Verstappen fue demasiado agresivo? ¿Lewis era demasiado impaciente? ¿Deberían golpearse las cabezas de los dos en un esfuerzo por hacerlos entrar en razón? Todos tenían una opinión dividida sobre el incidente y la sanción.

Como era de esperar, nadie en los boxes de Red Bull pensó que la penalización estaba lo suficientemente cerca, incluido Max. Incluso antes de salir del hospital, había tuiteado al respecto, mirando en la televisión con Jos cómo Hamilton rociaba champán y se lo bebía después de finalmente sellar la victoria y cerrar la brecha en la carrera por el título mundial a sólo ocho puntos.

«Me alegro de estar bien», escribió Max. «Muy decepcionado por haber sido sacado así de la carrera. La penalización impuesta no nos ayuda y no hace justicia a la peligrosa jugada de Lewis en la pista. Ver sus celebraciones mientras aún estás en el hospital es un comportamiento irrespetuoso y antideportivo, pero seguimos adelante».

Ese sentimiento permaneció vivo. Incluso la mañana después de la última carrera de la temporada, cuando Jos y Max se sentaron para tener una entrevista con David Coulthard, hablaron sobre eso y cómo les había impactado esas celebraciones.

Además, el accidente le había costado a Red Bull más que unos pocos puntos. Las reparaciones del coche de Max costarían más de 1 millón de libras esterlinas en el primer año en el que la F1 estuvo sujeta a límites de gastos. Sintieron que se había convertido en temporada de caza libre para dispararle a Max. También, con las acusaciones de agresión y arrogancia que habían perseguido los inicios de su carrera volviendo a la palestra, incluso proveniente de miembros del equipo Mercedes. Red Bull combatió el fuego con fuego. Días después, Horner aplaudió a los críticos de Max y envió rápidamente una apelación, sugiriendo a la FIA que Mercedes y Hamilton no habían sido suficientemente castigados. Se preguntaban en voz alta en entrevistas, si se debería obligar a Mercedes a pagar la factura. El ruido fue ensordecedor.

Max, más allá del estallido en las redes sociales, hizo todo lo posible para alejarse de eso. No resultó gravemente herido, aparte del tipo de rigidez que cabría esperar de un choque que involucre fuerzas de hasta 51G. Pasó casi seis horas en el hospital, esperando los resultados de las tomografías computarizadas y resonancias magnéticas de su cerebro, pero le dieron el alta para regresar a su hotel suficientemente temprano para ir a la cama antes de las 23.00. A las 10.30 horas de la mañana siguiente, voló de regreso a Mónaco para tener una semana de descanso antes del Gran Premio de Hungría, tradicionalmente una carrera en la que Red Bull era dominante. Pero si Max esperaba que los pasado éxitos de Red Bull y el péndulo oscilante de la temporada le aseguraría tener una carrera pacífica, se vería muy decepcionado. La lluvia recibió a los pilotos el día de la carrera y la pista no estaba completamente mojada o seca para el comienzo, condiciones que, de hecho, tanto Hamilton como Verstappen podrían haber disfrutado, pero ambas carreras se vieron comprometidas antes de que realmente comenzaran.

Por segunda carrera consecutiva, Verstappen fue eliminado por un Mercedes, aunque no de manera tan directa ni tan violenta. En la primera curva, Bottas falló su punto de frenado y chocó contra la espalda de Norris, quien a su vez chocó con Verstappen. El Red Bull resultó gravemente dañado, aunque no de manera irrevocable, y al menos pudo conducirlo de regreso a lo que finalmente (después de las penalizaciones tardías en otros lugares) ascendió al noveno lugar. También tuvo suerte de que Hamilton fuera el único coche que no entró en pits detrás del coche de seguridad cuando la pista se secó, lo que significaba que a diferencia del resto del pelotón aún llevaba sus neumáticos intermedios. Sin embargo, con un automóvil en pleno funcionamiento en lugar del dañado de Verstappen, Hamilton pudo recuperar el tercer lugar y salvar suficientes puntos para retomar el liderazgo en el Campeonato Mundial de Pilotos, mientras que Mercedes también superó a Red Bull en el de Constructores. Hacerlo en una pista en la que Red Bull tradicionalmente había sido tan fuerte, especialmente después de haber sido derribados de su puesto en viejos bastiones como Paul Ricard en Francia, debe haber sido particularmente dulce. Verstappen y Red Bull ahora tenían las vacaciones de verano de cuatro semanas para reflexionar sobre cómo podrían recuperar la ventaja.

La verdad es que al equipo no le pareció que hubiera mucho para corregir. Si no hubiera sido por la mala suerte que tuvieron en Azerbaiyán, Gran Bretaña y luego Hungría, estarían liderando. Sin embargo, esa no era razón para sentarse en sus laureles. Mercedes era vulnerable. Hamilton casi se había desmayado en el podio en Hungría y admitió que creía que sufría de Covid persistente, cuyos efectos nadie entendía completamente en ese momento, pero que ciertamente no conducían al máximo rendimiento físico. La máquina de relaciones públicas de Mercedes, por lo general serena, empezaba a parecer irregular y desarticulada.

Finalmente habían decidido echar a Bottas, que había pasado de ser un N.º 2 servicial, a ser un petulante aspirante a superestrella. Lo cambiarían por el ascendente George Russell, pero mientras tanto tendrían que seguir con Bottas hasta fin de año. Había grietas en la armadura, todo lo que Red Bull tenía que hacer era encontrarlas.

También estaba el pequeño asunto de defender la reputación de Max. No estaba feliz siendo siempre presentado como el chico malo, y el equipo tampoco. Sin embargo, las cosas empeorarían antes de mejorar. Le tomó a Hamilton años de éxito conquistar el mundo, y aún puede que

Verstappen tarde años en conseguir lo mismo. Al menos en Silverstone los comisarios estuvieron de su lado, aunque no de manera tan completa como a Red Bull le hubiera gustado. No se podría decir lo mismo de lo sucedido unas semanas después en Monza.

Habladurías acerca de la creciente rivalidad entre Hamilton y Verstappen habían pasado a un segundo plano en la previa al Gran Premio de Italia, debido al secreto peor guardado de la F1: el acceso de Russell a Mercedes, que finalmente había sido confirmado. La conversación giraba más en torno al desafío que Russell implicaría para Hamilton, en lugar de los esfuerzos de Verstappen por destronar al gran campeón. Fue una bienvenida cortina de humo para el holandés, para quien el calor de las consecuencias de Silverstone habían sido claramente desagradables. Max es impetuoso y conflictivo, pero esa actitud tiende a desvanecerse con rapidez. La animosidad persistente no es su estilo.

Así que difícilmente puede ser justo caracterizar lo que sucedió en Monza como malicioso, aunque a muchos les gustaría pintarlo así. Hamilton se había equivocado en la prueba de velocidad del sábado y saldría cuarto, con Verstappen (en virtud de una penalización a Bottas por cambio de motor) en la pole. «Debería ser una victoria fácil para Max», predijo Hamilton en uno de los intentos más obvios de conseguir perturbar al joven piloto.

Sin embargo, Hamilton también estaba desconsolado. «Traen actualizaciones todas las semanas. Sólo hubo una semana que no trajeron una actualización». Y era cierto. Red Bull había estado agregando constantemente ritmo a su paquete y Verstappen se estaba beneficiando. Sin embargo, el bromista del grupo el día de la carrera fue su antiguo compañero de equipo Daniel Ricciardo. El desarrollo de McLaren también había sido rápido y Ricciardo, en su automóvil con motor Mercedes, salió brillantemente desde el segundo lugar el domingo en Monza y superó a Verstappen. Hamilton subió a la tercera posición y, de repente, estaba detrás de Verstappen. Lo emparejó en una curva más tarde e intentó rodear por el exterior de una de las chicanes notoriamente estrechas de Monza. Max le dejó un espacio muy pequeño, mantuvo la posición y chocaron las ruedas. Ningún daño grave pero ventaja de Verstappen, por el momento.

Esa ventaja se desvaneció cuando Red Bull, los reyes de las paradas de menos de dos segundos, no cumplieron con los nuevos procedimientos en boxes y lo dejaron quieto durante once segundos. Menos de un minuto después, Hamilton volvió a pasar a Norris por el tercer lugar efectivo, y si pudiera encontrar el ritmo antes de su propia parada en boxes, tal vez segundo por delante de Max. Una parada perfecta le habría puesto por delante del Red Bull. Así las cosas, una vacilación de una fracción de segundo lo obligó a esperar un segundo más, lo que significa que emergió al lado de... ¿adivina quién? La pareja a la que los destinos habían mantenido separados en gran medida en las primeras semanas ahora era inseparable.

Hamilton llegó a la primera curva, una chicana cerrada a la derecha y luego a la izquierda, medio coche por delante y por dentro. Significaría que Max tendría la línea interior para la segunda curva, pero probablemente demasiado atrás para que le sirviese. Verstappen frenó un poco más tarde de lo que normalmente haría, con la intención de profundizar en la curva y girar por fuera de Hamilton para competir por el segundo vértice. Cuando llegaron a la segunda parte de la curva, se quedó sin espacio.

Hamilton lo obligó a subir al bordillo naranja, colocado para hacer imposible cortar la curva. En un abrir y cerrar de ojos, Verstappen fue lanzado por los aires y no pudo detener su auto, que se dirigía hacia Hamilton. Aunque a una velocidad relativamente lenta, la visión del coche aplastando la parte superior y posterior del de Hamilton, el roce de la llanta contra el casco del conductor británico fue una experiencia aterradora. Si no hubiera existido la estructura de halo, introducida en 2018, Hamilton podría haber muerto o por lo menos haber sido herido gravemente. Tal como estaban las cosas, simplemente se quedó con un dolor de cuello y un coche destrozado.

«Eso es lo que sucede cuando no dejas el espacio que corresponde. ¡Mierda!», dijo un ofuscado Verstappen, olvidando convenientemente su propia actitud de no dejarle espacio a Hamilton tan sólo unos minutos antes. Así funciona la memoria selectiva de un piloto de carreras, especialmente uno que sabe que los comisarios están escuchando cada una de sus palabras.

No fue suficiente. Los comisarios decidieron que, tal como Hamilton se esforzó en señalar después de la carrera, Verstappen estaba detrás entrando en la primera curva y por lo tanto no se había ganado el derecho a tener el espacio en la segunda parte de la curva. Ese fue un punto controvertido, naturalmente, y Max ni siquiera sintió que Lewis le había dado el espacio que se merecía en la primera parte. Red Bull lo llamó un incidente de carreras, lo que más bien sugería que sabían lo que vendría de los comisarios, es decir, una penalización de tres lugares en la siguiente parrilla de salida, la misma sanción que le habían dado a su rival unas semanas antes. Lo justo es justo.

Sin embargo, rápidamente vieron la luz los cuchillos contra Max. Hamilton criticó la maniobra, naturalmente, pero también la omisión de Verstappen de interesarse por cómo estaba después del incidente. Ciertamente, haber sido tan crítico con las celebraciones de Lewis después del Gran Premio de Gran Bretaña, le daba la oportunidad de situarse en un estado moralmente superior de haberse interesado por el estado de su contrincante. En cambio, Max caminó directamente hacia el *pit lane*. Con toda probabilidad, fue la decisión correcta. Cualquiera que lo conozca sabe que sus emociones habrían sido demasiado intensas en ese momento para ser cortés. Mucha gente se unió a las diatribas contra Max, dada la leve sanción de los comisarios. El expiloto Jackie Stewart lo acusó de tomar mucho tiempo para madurar, un guion familiar para los detractores de Max.

Y lo curioso es que nada más lejos de la realidad. Lo había demostrado apenas una semana antes, cuando superó la presión de una carrera en su tierra natal, una que había sido organizada específicamente debido a su propia popularidad, para obtener la victoria en el Gran Premio de Holanda.

Después de una cancelación y un retraso, ambos debido a Covid, de mayo a septiembre, Holanda finalmente albergaría un Gran Premio por primera vez desde 1985. Bernie Ecclestone había borrado la carrera del calendario por no ganar suficiente dinero, y los organizadores estaban decididos a demostrar que, a pesar de los límites de las restricciones por Covid y de haber reembolsado más de 8 millones de libras en entradas, eso no sería un problema esta vez. Con Max volando en el campeonato mundial, nunca estuvieron más seguros de tener un ganador. Cuando se apagaron las luces del domingo, la carrera apropiadamente patrocinada por Heineken se sintió más como un partido de fútbol que como una carrera de Grand Prix. Los aficionados a la F1 se han acostumbrado a ver una tribuna engalanada de naranja los fines de semana de carreras en el norte de Europa; el sitio de 15 o 20 de ellos bordeando las esquinas inclinadas del circuito de dunas de arena era algo digno de contemplar.

Tampoco fue exactamente un fin de semana discreto. Max nunca había tenido una agenda de medios tan frenética, pero trató de disfrutar cada momento. Incluso hizo una caminata por la pista, algo que afirmó no haber hecho durante cuatro años.

La flor y nata de la sociedad holandesa se dio una vuelta por allí. El domingo, el rey Guillermo Alejandro, la reina Máxima y sus hijas, la princesa Catharina-Amalia y la princesa Ariane, dieron un recorrido por los boxes y chocaron los puños con entusiasmo con Max antes de mostrarle al rey su coche. El DJ holandés Tiësto tuvo el honor de ondear la bandera a cuadros. Y también asistieron cientos de miles más, con millones más viendo la carrera desde casa. Ziggo, el canal de televisión por satélite con los derechos holandeses para la F1, abrieron su emisión para todo el país. Un récord de 3,5 millones de los cuales sintonizaron su televisor para ver la carrera. Sólo hay 17 millones de personas en Holanda, lo que significa que uno de cada cinco hombres, mujeres y niños lo estaba mirando de una forma u otra. Muchos millones más en todo el mundo lo habrían visto también, pero sin duda fue un poco más especial para los que miraban a uno de los suyos.

Como se había vuelto costumbre en 2021, Max compartió la primera fila con Lewis. Cuando le ganó la cuerda en la primera curva, la multitud rugió su aprobación. Los habrías perdonado por perder sus voces al final después de otra conducción impecable de Verstappen. Solamente cuando Bottas lo retuvo durante un largo período, Hamilton pudo acercarse, pero una vez que pasó al finlandés se alejó tranquilamente hacia el final.

«¡Es bueno liderar las 72 vueltas aquí!», le dijo Max a su equipo con una risita. Zandvoort puede no ser un gran lugar para ver carreras rueda con rueda, pero ciertamente es visualmente espectacular y se siente ir rápido todo el trayecto. Después de un verano estresante y la enorme presión y el circo de conducir tu carrera local, Max claramente disfrutó de volver a lo que ama: conducir rápido. Ganar un Gran Premio en casa es algo que pocos pilotos tienen la oportunidad de hacer. Hacerlo por primera vez sería algo que Max siempre tendría consigo. Fue un día especial.

Para ese fin de semana, el título mundial parecía casi irrelevante, o al menos secundario. Cuando Max saltó al escalón más alto del podio con la bandera holandesa sobre los hombros, fue un momento de gran libertad respecto a los adornos y la presión de la F1. Max rara vez parece molesto por ellos, pero no sería humano si no lo estuviera.

Zandvoort se sintió como en pausa, un momento en el que sacó la cabeza por encima de las aguas tumultuosas de la carrera por el título, para respirar el aire fresco del Mar del Norte y llenar sus pulmones con la adoración de un público local, antes de volver a sumergirse bajo la superficie para una pelea final épica contra Hamilton. Sólo cinco puntos separaron a la pareja después de que chocaran en Monza, y cuando el circo de la F1 se alejó de su corazón europeo al final del verano, quedó claro que era poco probable que el título se decidiera mucho antes del Gran Premio final. Nadie podría haber predicho lo cerca que estaría.

14

REY DEL MUNDO

Se puede perdonar a Max Verstappen que no haya celebrado su fiesta por su 24º cumpleaños. Había regresado a casa desde Rusia unos días antes, una carrera en la que tuvo que cumplir una penalización en la parrilla debido al accidente de Monza, luego recibió una penalización de motor que le obligó a salir desde la última posición, y no pudo hacer gran cosa en la calificación. A pesar de ello (y el error de Lando Norris de poner neumáticos mojados) consiguió arribar en segundo lugar, detrás de Lewis Hamilton, quien con esa victoria recuperó el liderazgo en la carrera por el campeonato.

Pero Max estaba agradecido de haber podido limitar el daño, ya que sólo había perdido siete puntos y la penalización por el cambio del motor era inevitable en algún momento bajo las nuevas regulaciones.

Mercedes también tendría que asumir una, pero los analistas también sabían que las últimas tres pistas de la temporada en el Medio Oriente era probable que favorecieran al auto de Hamilton. Los próximos cuatro Grand Prix tendrían que ser favorables a Red Bull: Turquía, Texas, México y San Pablo.

Quizá por eso Max se despertó la mañana de su 24 cumpleaños, levantó algunas pesas en su gimnasio, trabajó con su núcleo cercano y salió a correr por el paseo marítimo de Montecarlo antes de pasar la noche en un yate con su familia. Su pastel de cumpleaños llevaba como decoración un casco (completo con patrocinadores y todo), una réplica 1:1 de una lata de Red Bull fabricada íntegramente de fondant, y una imagen comestible de sus seres más cercanos y queridos: Max, Kelly y la pequeña Penélope. (No aparecen los dos nuevos integrantes de la familia, los gatos Jimmy y Sassy, tal vez estuviesen en la guardería después de interrumpir una de las sesiones de entrenamiento en línea de Max al ponerse justo debajo de los pedales).

Dos semanas después, salía rodando de boxes en Turquía. Se suponía que esa carrera tendría que haber sido el Gran Premio de Japón, en Suzuka, pero fue otra víctima del reordenamiento pandémico. En celebración del último año de Honda en F1, Red Bull había diseñado una librea especial con motivo de la carrera de casa del fabricante del motor. Hubiera sido particularmente conmovedor para los Verstappen: Jos había estado en el corazón de los trabajos del equipo de F1 de Honda para la temporada 2000, probando su prototipo totalmente blanco durante cientos de vueltas al circuito de Jerez antes de que Harvey Postlethwaite cayera muerto en la oficina del equipo y el proyecto se terminase; Max se había sentado en el mismo auto Honda blanco cuando era un niño pequeño, y luego más de diez años después condujo un coche de F1 por primera vez en el circuito de Suzuka. Lo que debería haber sido un momento especial, terminó siendo algo comparativamente menor. Una víctima más de la pandemia.

La decoración especial seguía siendo un gran éxito, pero Red Bull no pudo recompensar a sus proveedores de motores con una victoria en la carrera, ya que Valtteri Bottas sorteó las traicioneras condiciones en Estambul para llevarse la victoria. Sin embargo, hubo más señales de que Hamilton, que terminó quinto después de recibir una penalización en la parrilla, estaba sintiendo la presión. El segundo lugar de Verstappen, detrás de Bottas, fue lo suficiente bueno como para dejarlo por delante de Hamilton, que había terminado la carrera justo detrás de él. Su equipo lo llamó a boxes faltando dieciséis vueltas para el final, pero se negó a entrar, sólo para finalmente terminar entrando nueve vueltas después.

«¿Por qué diablos le dejamos todo ese espacio?», se quejó al equipo por la radio, quienes le dijeron que pensaban que igualmente hubiera terminado en tercer lugar sin importar qué hubieran hecho.

«No deberíamos haber entrado, hombre. Te lo dije».

Estos acalorados intercambios de opiniones no son raros durante una carrera; en el caso del conductor, están tratando de argumentar su punto de vista mientras conducen al límite de sus capacidades y mantienen presionado un botón de radio con un pulgar del que realmente no pueden prescindir. Pero Hamilton estaba furioso. Después de recibir la penalización en parrilla, el objetivo en Turquía fue siempre la limitación de daños, pero Lewis no podía ocultar su frustración. El compañero de equipo de Verstappen, Sergio Pérez, lo había frenado en la pista, y luego lo adelantó gracias a la detención en pits. Al menos su propio compañero, Bottas, había impedido con su triunfo que Max tomara una ventaja aún mayor.

En el gran esquema de las cosas, la brecha era de sólo seis puntos, menos que la diferencia de puntaje entre el primero y el segundo en un fin de semana de carreras. El camino a la última carrera de Abu Dabi y la definición del campeonato rara vez se había visto más tensa o tortuosa.

Otro tema emergente de la temporada fue el papel del director de carreras Michael Masi. El australiano tomó el relevo de Charlie Whiting, el muy querido directivo que murió repentinamente de un ataque de corazón a pocos días del inicio de la temporada 2019. Nunca fue fácil suplir a Charlie, de quien Masi había sido su segundo; Whiting era afable, tranquilo, relajado y accesible. Cuando la F1 empezó a dejar ingresar a las cámaras en la sesión informativa previa a los pilotos, se podía ver a los veinte jóvenes reunidos con Whiting en una habitación antes del fin de semana de carrera para discutir los eventos de la semana anterior y cualquier problema de seguridad en el futuro, el público en general llegó a verlo lidiar con algo que se parecía a una clase difícil de adolescentes. Charlie parecía manejar el nido de víboras con facilidad. y siempre parecía ecuánime y sereno. Él y Max habían pasado un día juntos en Ginebra apenas unas semanas antes de que muriese. Hablaban de todo y de cualquier cosa, porque Charlie era ese tipo de persona afable. Lo último que le dijo Max fue lo emocionado que estaba de poder volver a encontrarse con él en Australia para otra temporada de carreras. El reencuentro nunca se llevó a cabo. Charlie Whiting murió el 14 de marzo de 2019. Tenía sólo 66 años.

Aparte del enorme agujero que quedó en el corazón de amigos y familiares de Charlie, su repentino fallecimiento significó que Masi fuera compelido a ejercer el papel posiblemente más difícil en el deporte: arbitrar veinte coches a 320 kilómetros por durante kilómetros y kilómetros de pista. Whiting había estado trabajando para la FIA desde 1988; Masi sólo tenía diez años en ese momento, y a pesar de haber estado años en el deporte del motor, no podía soñar con tener el mismo tipo de experiencia y seriedad como el hombre al que reemplazó en Melbourne.

En su mayor parte, se las había arreglado para navegar su camino a través de los dos primeros años de su reinado sin controversias.

Los mejores árbitros pasan desapercibidos, así que tal vez había estado haciendo un trabajo bastante decente. La mayoría de las disputas parecían tener lugar fuera de la pista en lugar de dentro de ella, su dominio. La temporada 2021, sin embargo, fue diferente. Con dos corredores luchando por el título más cerca que nadie desde que Nico Rosberg superó a Hamilton en 2016, las reglas se ponían a prueba repetidamente.

Masi había tendido a actuar con un tacto suave, parcialmente debido al deseo de los nuevos propietarios de F1, Liberty Media, de «dejarlos que corran» en lugar de adoptar un enfoque demasiado intervencionista para el deporte. Pero los incidentes entre Hamilton y Verstappen en Silverstone y Monza en particular, lo habían obligado a intervenir y recordar a ambos hombres sus responsabilidades para la seguridad de los demás y la integridad del deporte. Sería esta última la que estaría en el foco de atención sólo unos meses después.

Las advertencias de Masi parecían haber tenido algún efecto en los contrincantes, aunque sus esfuerzos por mantener la paz fueron ayudados por las circunstancias: en Austin, Verstappen llevó a Hamilton al límite de la pista, pero el piloto británico consiguió pasar antes de que Max consiguiera la delantera gracias a un movimiento de estrategia en lugar de un adelantamiento en pista; en México, Verstappen le devolvió la jugada a Hamilton en la curva uno y nunca volvieron a acercarse.

Dos carreras, dos victorias, ventaja de Red Bull y Masi volvía a desaparecer del escenario. El australiano esperaba que en la carrera por el título no tuviese que intervenir.

Sin embargo, la batalla Hamilton-Verstappen necesitó de nuevo arbitraje en Brasil. Probablemente en una era anterior a las redes sociales, la tranquila inspección del alerón trasero del Mercedes por parte de Max habría pasado desapercibida.

Pero el escrutinio de interminables cuentas de Twitter con acceso a cientos de cámaras, todas filmando casi todos los movimientos, culminó con una campaña que metió a Max en algunos problemas. Si hubiera sido Lewis, sus partidarios habrían montado algo parecido. El resultado fue que ambos hombres se metieron en problemas:

Mercedes y Hamilton fueron descalificados de la eliminatoria y enviados a la parte trasera de la parrilla por una irregularidad en el alerón trasero que incumplía reglamentos técnicos; Verstappen fue multado con 50.000€ por tocar la pieza en cuestión mientras los coches estaban en el *parc fermé*, cuando ni siquiera el propio equipo del piloto puede tocar el coche.

«Teníamos nuestras sospechas de que algo estaba pasando allí a principios de año. Todos tuvimos que cambiar nuestra parte posterior... así que creo que todavía está pasando algo con el plano principal que se abría para darles más velocidad punta», explicó Max.

«Es obvio que algo está pasando».

Los equipos de F1 siempre piensan que algo está pasando en otros boxes, porque es un deporte con una larga historia de subterfugios cuando se trata de los reglamentos técnicos. La línea entre soluciones inteligentes, rodeos legales y simples trampas es extremadamente delgada y, a menudo, difuminada. Red Bull y Mercedes no inventaron el hecho de fisgonear lo que otros hacen y no serán los últimos en hacerlo. La investigación de Max, en muchos sentidos, fue bastante rústica en comparación con algunos de los espionajes más escandalosos de la F1. Habría más controversia en el camino, y con mucho más octanaje. Cuando Hamilton quiso pasar a Verstappen por el exterior de la famosa curva cuatro del circuito de Interlagos, se encontró bloqueado por Max. Su equipo dijo después que tuvo un desliz de subviraje en la mitad de la curva, que lo obligó a corregir el derrape más abierto hacia donde estaba el Mercedes tratando de adelantarlo.

«Michael, se trata de dejarlos correr», le dijo Red Bull a Masi por la radio, adelantándose a un posible castigo. No hubo necesidad de preocuparse. El ingeniero de Hamilton lo llamó «echándote de la pista» cuando llamó por radio a su piloto para informarle que los comisarios habían considerado que «no habría investigación».

«Por supuesto», respondió Hamilton con ironía. Tanto Max como Lewis tienen una creencia compartida: Ambos piensan que el mundo está en contra de ellos, y que para poder ganar tienen que continuamente hacer más cosas que lo que otros puedan requerir.

Temiendo que los comisarios estuvieran en su contra, Hamilton aseguró que no tendrían excusa para sancionarlo. La segunda vez que intentó pasar a Verstappen, Max hizo el mismo movimiento hacia adentro y se metió en la curva, pero Hamilton aflojó y mantuvo su pólvora seca. La tercera vez, fue mucho más rápido y lo pasó antes de que llegaran a la zona de frenado.

Al hacerlo, y alejándose de Verstappen durante el resto de la carrera, aseguró que Mercedes se dirigiría a las tres carreras finales en el desierto sólo teniendo que recuperar catorce puntos que le llevaba Max. Estaban seguros de que podían, incluso si pensaban que la FIA no quería que lo hicieran.

En teoría, ninguno de los dos tenía mucho tiempo para contemplar lo que había pasado en la carrera. Debían volver a la pista a más de 10.000 kilómetros de distancia en Qatar justo cinco días después, pero ambos reconocieron la importancia de la salud mental y mantener la frescura antes de lo que sería un intenso encontronazo. Hamilton se quedó en Brasil por un día y pasó un tiempo en la playa disfrutando de las temperaturas del hemisferio sur. Mientras tanto, Verstappen voló de regreso a Mónaco esa noche para reflexionar sobre un fin de semana difícil y pasar al menos una noche en su propia cama. Eso es algo típico de la vida de un piloto de F1 que estaba en su apartamento del octavo piso durante menos de 24 horas antes de volver a su avión privado negro y naranja con destino a Doha.

En Qatar, fue Max quien llamó la atención de los comisarios, al hacerse acreedor de una penalización de cinco lugares en la parrilla por no reducir la velocidad lo suficiente por banderas amarillas durante la clasificación, una sanción que prácticamente garantizaba que no podría atrapar al ganador de la pole, Hamilton. Pero logró conseguir, por segunda vez en una semana, una aceptable limitación de daños. La brecha se había reducido de nuevo y, después un descanso de diez días, la F1 regresó a Oriente Medio. De manera controvertida, Arabia Saudita acogería su primera carrera antes de que Abu Dabi acogiera la final, un lugar que ya se ha convertido en tradicional para el Gran Premio final de la temporada. Cualquier deporte relacionado con el lavado de imagen de un país genera una controversia que palideció hasta la insignificancia, en comparación con lo que continuó entre las líneas blancas, y más allá.

Los organizadores de la carrera en Arabia probablemente estaban complacidos de que la carrera por el título todavía estuviese por decidir, ya que millones de globos oculares estarían puestos en ellos. Recordarían a Hamilton y Verstappen luchando por las calles de Jeddah. Sí, la recordarían, pero pocos la identificarían con Arabia Saudita. Eso es porque quizás los dos momentos más sorprendentes ocurrieron cuando ambos coches iban a velocidades muy bajas o, en un caso, no se movían en absoluto.

La pareja ya había intercambiado posiciones varias veces cuando la carrera fue bandera roja por primera vez debido a un accidente.

En el reinicio, Hamilton arrastró a Verstappen a la primera curva, pero Max frenó mucho más tarde y tuvo que cruzar la segunda curva, reincorporándose a la pista por delante de su rival. Max se lo impidió tanto que el Alpine de Esteban Ocon pasó al segundo lugar, lo que significa que aunque Max quería devolverle el lugar a Hamilton tras obtenerlo ilegalmente, no podía hacerlo sin perder dos lugares. Segundos después, otro accidente importante detuvo la carrera de nuevo, y Mercedes saltó a la radio para quejarse.

Por la letra de la ley, Verstappen había realizado un acto ilegal al adelantar y tendría que ser sancionado. Masi presumiblemente no quería interferir en la carrera por el título penalizando a Max en la penúltima carrera, y le hizo a Red Bull «una oferta». Él les dijo que los bajaría al tercer lugar en la parrilla para comenzar un lugar detrás de Hamilton con Ocon al frente de la parrilla para el segundo reinicio. Fue una pieza de improvisación muy inusual.

Los directores de carrera no suelen hacer ofertas a los equipos, sino que dictan sentencias y sanciones. Red Bull cortésmente aceptó la oferta, antes de que Max, algo menos cortés, pasara al frente del pelotón al reiniciarse la carrera. Hamilton, que tenía un buen ritmo de carrera, una vez que superó a Ocon, se puso a perseguir a Verstappen. Al final de la vuelta 36, se puso a su lado y pasó la mayor parte del coche por delante de él cuando llegaron a la primera curva, pero a Max no le gusta ceder. Frenó tarde de nuevo y, si Hamilton hubiera continuado girando, se habría estrellado contra él. Verstappen una vez más siguió recto, y se saltó en gran medida la curva dos, volviendo a tomar la delantera.

«Eso fue una locura», se quejó Hamilton.

Red Bull estuvo de acuerdo y le dijo a Max que le devolviera el puesto, tal como lo habían hecho bajo la bandera roja. Ahora, debería haber sido más sencillo, dado que Ocon estaba unos 25 segundos por detrás.

Max redujo la velocidad en la recta de atrás y trató de dejar pasar a Hamilton.

«Estaba reduciendo la velocidad, frenando y esperando a que me pasara y luego me toca por atrás», dijo Max después, todavía incapaz de comprender lo que había sucedido.

Parecía que Hamilton no se había fijado que Verstappen estaba ralentizando. Los autos de F1 no tienen luces de freno ni indicadores y los conductores no pueden realmente comunicarse entre sí más allá del típico dejo que se exhibe, generalmente cuando uno está enojado. Así que Hamilton se topó con Verstappen en lo que debe haber sido el choque a más baja velocidad más visto en la historia. Podría haber sido decisivo para el título.

Hamilton perdió algo de carrocería pero no una cantidad crítica y Max evitó un pinchazo que fácilmente podría haber ocurrido. Una épica carrera por el título decidida por un incidente que podría no haber tenido lugar ni en un periódico local si hubiera ocurrido en una calle principal.

Así las cosas, ambos hombres salieron ilesos. Max con éxito devolvió la posición cinco vueltas después, sólo para adelantar a Hamilton de nuevo unos cientos de metros más adelante. No fue suficiente para mantener a Hamilton a raya, ya que retomó el liderato una vuelta más tarde, cuando Verstappen se salió exactamente en la esquina donde había perdido la ventaja dos minutos antes.

Max estaba corriendo tan duro como siempre. Tenía la ventaja de saber que, si Hamilton no terminaba en Arabia Saudita, sería fatal para sus posibilidades de conseguir el campeonato, dado que Max estaba a la cabeza en puntos. Podía correr con esa relajación que algunos llamaban imprudencia, mientras que Hamilton tuvo que hacer de la discreción su arma. Después se enfureció por la injusticia, a pesar de haber reivindicado la victoria. Mientras estaba sentado junto a Max en la conferencia de prensa posterior a la carrera, citó un incidente en 2008 cuando él había realizado el mismo movimiento de «devolver la posición y luego adelantar» que Verstappen le había hecho. El director de carrera Whiting le había dicho al equipo que inicialmente estaba permitido, pero luego le impusieron una pena. Sentía que Max no estaba jugando con las mismas reglas que todos los demás. Si se sintió mal con lo de Jeddah, algo mucho peor estaba por venir.

En lo que rápidamente se había convertido tanto en una guerra de palabras como una carrera automovilística, Hamilton había establecido claramente su posición. Él habló sobre correr dentro de las líneas blancas.

«Sé que no puedo adelantar a alguien fuera de la pista y mantener la posición», dijo en Arabia Saudita. Podría haber estado preparándose para una caída. Max fue menos comprometido, diciendo que tenía que seguir adelante, que no pasaba demasiado tiempo pensando sobre eso.

«Últimamente estamos hablando más de líneas blancas y multas o penalizaciones que de las carreras de Fórmula 1 propiamente dichas».

Ambas actitudes se verían confirmadas en la carrera final.

Es difícil exagerar el furor que precedió a esa final. Mirando lo que sucedió después, fácilmente se podría decir que no fue nada. El circuito de Yas Marina en Abu Dabi rara vez ha proporcionado carreras importantes, aunque había sido remodelado en un esfuerzo por hacerlo. En los países de origen de Max y Lewis, las emisoras que poseían los derechos de emisión hicieron un trato para que estuviera disponible gratis; Ziggo y Sky se dieron cuenta de que el día sería un espectáculo que valía la pena abrir a una audiencia masiva. Más de 5.000 aficionados holandeses desafiaron las dificultades de viajar durante la pandemia y el gasto del viaje para ir a los Emiratos. Destacaban por sus atuendos de color naranja brillante y su capacidad de salir a cualquier parte de la ciudad seca para tomar una copa más tarde. Lewis no tenía pocos aficionados tampoco; hay pocos lugares en el mundo donde no le sigan.

Se habló mucho, como era de esperar, de si se veía una repetición de los infames incidentes entre Ayrton Senna y Alain Prost en 1989 y 1990, donde los accidentes finalizaron con la carrera entre los dos feroces rivales. Michael Masi recordó a los conductores sus responsabilidades, no por primera vez, y también señaló que se podrían aplicar sanciones posteriores a la carrera si se juzgaba que un conductor provocase deliberadamente un final de carrera por colisión, aunque en realidad sería Max a quien le convendría hacerlo porque estaba delante en la cuenta regresiva. El discurso fue febril. Los periódicos no hablaban de otra cosa. Era casi como si Max ya se hubiera estrellado contra Lewis y ahora se estaba llevando a cabo la autopsia.

Tal vez si la pareja hubiera chocado, habría sido más fácil para la FIA. Habría habido culpa y culpabilidades claras en la pista, y su papel como juez, jurado y verdugo habría sido mucho más fácil. En cambio, Masi terminó siendo el centro de atención, que tanto había querido evitar, cuando quedaba una vuelta.

Verstappen fue superado en la salida por segundo fin de semana consecutivo, pero luchó en la curva cerrada seis para retomar el liderazgo que había obtenido en la calificación del sábado. Hamilton tuvo que seguir de largo en la siguiente curva para evitar un choque, al igual que Max en Arabia Saudita, y tal como lo había hecho Max, salió adelante. Hamilton había ganado la posición, fuera de la pista, fuera de las líneas blancas que dijo eran sus límites.

«Tiene que devolver eso», dijo Max en la radio a los comisarios en desacuerdo. Masi le dijo a Red Bull que Hamilton había disminuido la velocidad en la recta y permitió mantener la ventaja que obtuvo. El equipo le dijo que mantuviera el liderazgo. Nadie respondió.

A ojos de muchos, a Max le habían dado a probar su propia medicina.

Tal vez, Lewis estaba jugando con la imagen impecablemente limpia que había intentado mostrar durante esa curiosa guerra.

Lo que Red Bull tenía a su favor era un segundo as para jugar. Verstappen pronto cambió a neumáticos nuevos y Mercedes lo hizo una vuelta más tarde, Red Bull dejó en pista a Sergio «Checo» Pérez, quien heredó el liderato de la carrera. Fue para este tipo de situación que los compañeros de equipo anteriores de Max habían sido despedidos, y habían contratado a Pérez. Si Red Bull quería acabar con la supremacía de Hamilton, tendrían que unirse contra él. Cuando el campeón defensor se acercó a la espalda de Pérez, le dijeron al mexicano que «pensara en la mejor manera» de retener a Hamilton, quien tenía una ventaja de ocho segundos sobre Verstappen. Pérez hizo su coche tan ancho como pudo. Ahorró batería cuando pudo y desafió a Hamilton cada vez que intentaba adelantar. Dos veces Hamilton consiguió pasarlo y dos veces Pérez lo recuperó de inmediato. Una vuelta después, ya no pudo contraatacar, pero el daño ya estaba hecho. Verstappen había cerrado la brecha y Pérez amablemente lo dejó pasar.

«Checo es legendario», dijo Max al equipo.

«Una bestia total», estuvo de acuerdo su ingeniero.

Aunque no fue suficiente. Max lo alcanzó pero no pudo pasar a Hamilton y él comenzó a estirar la brecha nuevamente. Cuando restaban cinco vueltas, la brecha era de doce segundos. El título sería para Hamilton. En el intercambio de apuestas en vivo, apostar por Max ganador se pagaba 25/1 a partir de ese momento, equivalente a una probabilidad de menos del 4 por ciento. Incluso su padre, Jos, había salido del garaje de Red Bull y había subido a sentarse lejos de las miradas indiscretas de las cámaras del mundo. Raymond se unió a él. Se sentaron en silencio y contemplaron cómo se le escapaba el título. Jos tenía algunas sudaderas con capucha hechas a medida en su bolso que decían: «Max Verstappen, Campeón del Mundo», que probablemente estaba pensando en maneras de destruir.

Entonces sucedió el milagro que abre este libro, y que probablemente definirá la vida de Max para siempre. El momento que fue tan increíblemente cronometrado que parecía un final de Hollywood. Nicholas Latifi se estrelló y puso en marcha una cadena de eventos que terminaría con Max pegado a Lewis con una vuelta para el final, puntos empatados en el campeonato y caucho nuevo en comparación con los neumáticos mucho más gastados de su rival.

Se escribirán bibliotecas enteras sobre lo que sucedió en los segundos, minutos y horas —y de hecho días, semanas y meses. Todo fue provocado por Latifi, quien terminó 17° en el campeonato y probablemente nunca tendrá un impacto tan grande en cualquier carrera por el título como lo hizo ese día, al salirse en la curva nueve, ensuciándose los neumáticos y quedando sin agarre para recuperarse de su error en la curva catorce, chocando con las barreras y obligando a Masi a sacar un coche de seguridad.

Michael Masi nunca olvidará un instante de esa tarde.

Su nombre fue tendencia en Twitter durante días después, ya que los fans de Hamilton se enfurecieron por su toma de decisiones. En la tormenta de rabia y culpa que estalló después de la carrera, Masi fue el pararrayos.

El uso del coche de seguridad en la F1 es una cuestión de criterio, pero en última instancia, la decisión de implementarlo se reduce a un tema de seguridad. Si hay un automóvil que debe quitarse o escombros que limpiar de la pista, es una obviedad, porque los comisarios de pista tienen que salir por detrás de la seguridad relativa de las barreras Armco y cercas de tela metálica en la línea de fuego de los coches que de otro modo estarían corriendo a 320 kilómetros por hora. En este caso, hubo poca controversia sobre su introducción, pero su eliminación antes del final de la carrera causó que todo el infierno se desatara.

El coche de seguridad parecía un milagro, hasta que cuando finalmente el pelotón quedó agrupado, Verstappen no quedó, como había esperado, mirando la parte posterior de Lewis Hamilton. En cambio, tenía delante los vehículos de Lando Norris, Fernando Alonso, Esteban Ocon, Charles Leclerc y Sebastián Vettel. Incluso si el coche de seguridad se fuese antes de que acabara la carrera, y los cinco automóviles fueran lo más amables posible y permitieran pasar a Verstappen, no tendría ninguna posibilidad de atrapar a Hamilton. En el box de Mercedes, hubo un silencioso suspiro de alivio. Los dioses les habían arrojado una piedra, pero con la otra mano la habían recogido. El récord de títulos de Hamilton seguramente estaba a salvo.

Entonces Masi tomó su decisión. En lugar de decirle a todos los autos que habían sido doblados que adelantasen al coche de seguridad, algo que tomaría más tiempo del que quedaba para terminar la carrera, esencialmente una llamada a «quítate de en medio», sólo estipuló que esos cinco coches entre los dos autos delanteros tendrían que hacerlo. Entonces la carrera podría recomenzar, con sólo una vuelta para el final. Los suspiros de alivio de Mercedes se convirtieron en furia aterrorizada. Sabían que Verstappen, habiendo cambiado neumáticos, tenía todas las ventajas que necesitaba. Mercedes había continuado en pista con neumáticos viejos para ahorrar el tiempo pasado en los pits. Max se había colocado detrás del coche de seguridad y ahorró tiempo haciéndolo entonces. Red Bull había actuado con la libertad de ser segundo, con nada que perder y todo que ganar.

El jefe de Mercedes, Toto Wolff, atizó a Masi por la radio.

«¡No, Michael, no, no, Michael! ¡Eso no está bien!», dijo Wolff en un clip que se ha reproducido millones de veces desde entonces.

«Esta carrera ha sido manipulada», dijo Hamilton a su equipo después por radio. Dijo poco más durante las semanas posteriores.

Masi, que estaba harto de ser objeto de una intensa especulación mediática (aunque sólo fue para empeorar mucho más), fue cortante en su respuesta: «Toto, se llama carrera automovilística. Hacemos carreras de coches». Lo más sorprendente fue la aparente facilidad con la que Max hizo el adelantamiento final. (De hecho, tenía un calambre en la pierna derecha que hacía que le doliera pisar el acelerador a fondo para ir a toda velocidad, aunque se las arregló para luchar contra el dolor durante sólo una vuelta). Claramente, tenía una gran ventaja mecánica, alcanzada tanto por la estrategia como por la habilidad, y tenía mucho más en sus neumáticos que Hamilton, pero fue francamente sorprendente que el defensor, el campeón, no se defendiera con más fuerza. Cuando Max dio la estocada en la curva cinco, uno de los dos únicos adelantamientos realistas junto a la seis. Lewis no volvió a la línea interior, la forma obvia de defender esa curva. Una vez Max le había pasado, Lewis tenía una oportunidad de vengarse de él, en la horquilla en la curva seis. Con todo en juego y nada que perder, se podría pensar que si las posiciones estuvieran invertidas, Verstappen habría dado todo en esa curva. Pero Hamilton estaba extrañamente apagado. Siguió a Verstappen en la recta para intentar obtener el rebufo, pero cuando llegó a la curva había sido superado. Quizá le quedaba tan poco en los neumáticos que simplemente no quedaba nada para dar, pero todo el incidente se sintió como un buen resumen de sus dos estilos. Max había sido audaz y había ganado; Lewis había tratado de aguantar al frente, gestionando sus neumáticos, y no los tenía.

Pocos aficionados recordarán las celebraciones: algunos porque estaban en el corazón de ellos, uno de los 5.000 Oranje en el Medio Oriente divirtiéndose lo más posible sin incurrir en la ira de la policía en un país donde estar borracho en público es un delito penal; otros no lo recordarán porque los periódicos y sitios web estaban cubiertos de imágenes y palabras sobre Michael Masi. Estaba en peligro de eclipsar a Max. Aunque no en los Países Bajos.

«Es un trabajo realmente duro el que tiene», dijo Verstappen al día siguiente respecto a Masi. La gente dice que tal vez necesita ayuda. Sí, bien visto. Todo el mundo necesita ayuda. Yo también necesito ayuda. Michael es un buen tipo y él hace todo lo posible y es muy injusto comenzar ahora a odiarlo, porque es un trabajo muy duro».

Pero por la noche, no se pensó en qué papel había jugado Masi, sólo en celebrar. A los pocos segundos de la victoria, Jos y Raymond tenían puestas sus sudaderas personalizadas y se abrazaban con cualquiera que pudieran ver. Si alguien portaba Covid esa noche, todos se iban a contagiar. El distanciamiento social era imposible, y francamente inverosímil. Cuando Max salió del coche, todavía llevaba su casco, corrió directamente hacia su novia Kelly antes de ser engullido por Raymond, Jos y todos los que habían sido parte del viaje de Red Bull. Christian Horner no podía dejar de llorar.

Unos minutos más tarde, una vez que Max se había pesado y hecho su primera de muchas entrevistas posteriores a la carrera, se encontró solo durante un instante. Se sentó en un rincón del escenario y trató de calcular lo que había sucedido. Su padre se arrodilló a su lado y compartieron un momento. Era esto por lo que siempre habían trabajado, siempre creyeron que lo podían conseguir y unos 30 minutos antes parecía que no lo iban a lograr, pensó que tal vez nunca lo harían.

Les esperaban muchas cosas: un yate privado de Red Bull que no se vaciaría hasta las 7 de la mañana siguiente, un jet privado de regreso a Holanda, donde millones habían visto en éxtasis cómo se convirtió en el primer campeón mundial holandés; preguntas sobre Masi, sobre Lewis, sobre todo; premios, audiencias con grandes dignatarios, llamadas telefónicas con la familia real; y luego una pretemporada y la revancha con Hamilton, que fue de unos pocos meses de distancia.

Pero todo eso podría esperar. No fue el más intenso de los análisis postcarreras. No habría discusión sobre si podrían haber ganado más fácilmente o por qué, como creía Jos, Max no había esperado hasta la curva seis para hacer su movimiento en lugar de arriesgarse a ser adelantado de nuevo en la recta después de la curva cinco. Hubo un momento de quietud. Sólo padre e hijo, sentados en un garaje, oliendo a combustible, goma quemada y sudor, sabiendo que el trabajo duro había dado sus frutos.

Y apenas estaban comenzando.

RÉCORD DE CARRERAS PROFESIONALES
DE MAX VERSTAPPEN

2014

Florida Racing Series: 12 carreras, 2 victorias, 5 podios, 3 vueltas rápidas, 3º en la general.

Fórmula 3 europea, Van Amersfoort Racing: 33 carreras, 10 victorias, 16 podios, 7 vueltas rápidas, 441 puntos, 3º en la general.

Zandvoort Masters, Motopark: Carrera única, ganador.

2015

Fórmula 1, Toro Rosso: 19 carreras, 0 victorias, 0 podios, 0 vueltas rápidas, 49 puntos, 12º en la general.

2016

Fórmula 1, Toro Rosso: 4 carreras, 0 victorias, 0 podios, 0 vueltas rápidas, 13 puntos, 10º en la general en el momento del ascenso.

Fórmula 1, Red Bull Racing: 17 carreras, 1 victoria, 7 podios, 1 vuelta rápida, 191 puntos, 5º en la general (incluyendo los puntos de *Toro Rosso*).

2017

Fórmula 1, Red Bull Racing: 20 carreras, 2 victorias, 4 podios, 1 vuelta rápida, 168 puntos, 6º en la general

2018

Fórmula 1, Red Bull Racing: 21 carreras, 2 victorias, 11 podios, 2 vueltas rápidas, 249 puntos, 4º en la general.

2019

Fórmula 1, Red Bull Racing: 21 carreras, 3 victorias, 9 podios, 9 vueltas rápidas, 278 puntos, 3º en la general.

2020

Fórmula 1, Red Bull Racing: 17 carreras, 2 victorias, 11 podios, 3 vueltas rápidas, 214 puntos, 3º en la general.

2021

Fórmula 1, Red Bull Racing: 22 carreras, 10 victorias, 18 podios, 6 vueltas rápidas, 395.5 puntos, Campeón.

Récords de Max Verstappen

Piloto más joven en conducir en un fin de semana de Gran Premio (17 años, 3 días)

Piloto más joven en tomar la salida en un Gran Premio (17 años, 166 días)

Piloto más joven en puntuar en un Gran Premio (17 años, 180 días)

Piloto más joven en subir al podio en un Gran Premio (18 años, 228 días)

Piloto más joven en liderar un Gran Premio durante al menos una vuelta (18 años, 228 días)

Piloto más joven en ganar un Gran Premio (18 años, 228 días)

Piloto más joven en marcar una vuelta rápida en un Gran Premio (19 años, 44 días)

Más podios en una temporada (18, en 2021)

Estadísticas de la carrera en la F1 (a partir del inicio de la temporada 2022)

141 Grand Prix

21 triunfos

60 podios

1.557,5 puntos (octavo en la clasificación de todos los tiempos)

13 poles

16 vueltas rápidas

AGRADECIMIENTOS

En primer lugar, a Hannah, que ha aguantado mis interminables quejas durante todo el proceso de escritura y durante más tiempo. Está claro que tiene la paciencia de un santo.

A Alice, que compró el primer ejemplar antes de que terminara de escribirlo. A Manus, por mantenerme cuerdo. A mi familia, por adelantado, por sonreír amablemente cuando desenvuelven un ejemplar cada Navidad. A Julie y Charlie, por prestarme su piso para escribir, y a Linda y Nick, por su habitación libre para hacer lo mismo.

A todos los que han escrito sobre la vida de Max. Al sitio web verstappen.nl dedicado primero a Jos y luego a Max, que registró la vida de Verstappen Jr. desde el primer día. Estoy en deuda con su dedicación al automovilismo holandés, al igual que con todos los escritores, subeditores y editores cuyos periódicos, revistas y sitios web detallaron el crecimiento de su piloto más exitoso desde mucho antes de que estuviera claro que llegaría a serlo.

Y por último, a mi editor Michael y a mi agente Melanie, que creyeron en mí desde el principio. Si no fuera por ellos, no estaría escribiendo estas palabras.

SOBRE EL AUTOR

James Gray es un periodista deportivo y trabaja para *The i*, especializado en Fórmula 1, boxeo, fútbol y tenis.